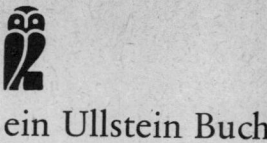

ein Ullstein Buch

W0188771

Ullstein Buch Nr. 3192
im Verlag Ullstein GmbH,
Frankfurt/M — Berlin — Wien
Titel der französischen
Originalausgabe:
Philosophie de la Révolution
française
Übersetzt von Manfred Müller
und G. H. Müller

Ungekürzte Ausgabe

Umschlagentwurf: Kurt Weidemann
Lizenzausgabe mit Genehmigung
des Hermann Luchterhand Verlages,
Darmstadt und Neuwied
Printed in Germany 1975
Gesamtherstellung:
Augsburger Druck- und
Verlagshaus GmbH
ISBN 3 548 03192 7

Bernhard
Groethuysen

Philosophie
der
Französischen
Revolution

Mit einem Nachwort
von Eberhard Schmitt

ein Ullstein Buch

Inhalt

Einleitung

Die Philosophie der Französischen Revolution hat nicht die philosophische Entdeckung neuer Systeme zum Gegenstand, wenigstens nicht im eigentlichen Sinne. Sie handelt von der Evolution, im revolutionären Sinne, bestimmter schon vorgegebener Ideen. Ihre Aufgabe besteht darin, zu zeigen, wie bestimmte abstrakte Grundsätze eine konkrete Form annehmen, sozusagen zu lebendigen Bildern werden, die den Triebkräften des Wollens entsprechen und in gewisser Weise die Ziele verkörpern, denen die Menschen der Epoche zustreben. Sie soll dann diese Grundsätze am Werk verfolgen, ihr Wirken im realen Leben darstellen mit allen Gegenwirkungen, die sie hervorrufen können. Das heißt also einerseits die immanente Logik der Ideen und andererseits die Form, die sie in der Wirklichkeit annehmen, die neuen Probleme, die bei ihrem Kontakt mit dem Leben entstehen. Und dieser ganze Prozeß vollzieht sich dank einer kollektiven, in gewisser Hinsicht anonymen Entwicklung, bei der das Individuum, wenn es aus der Masse heraustritt, nur zum Ausdruck bringt, wie diese Masse die Dinge begreift und empfindet. Grimm war sehr überrascht, als er sah, wie in Frankreich bestimmte Begriffe zu neuem Leben erwacht waren, bestimmte theoretische Grundbegriffe aus der Rechtsphilosophie, die er bei seinem Studium in Leipzig kennenlernte. Diese Haltung Grimms zeigt sehr deutlich das Problem, das wir behandeln werden. Wir werden es mit Begriffen des Naturrechts zu tun haben, die in der theoretischen Form, wie wir sie in Handbüchern des Naturrechts finden, nichts Begeisterndes an sich haben. Solche Begriffe lauten etwa: das Gesetz, die Rechtsgleichheit, der Volkswille.

Nehmen wir zum Beispiel den letzten dieser Begriffe. Was heißt Volkswille? Man wird sagen, es ist der Wille der Mehrheit. Aber eine solche Antwort ist für uns unbefriedigend. Das Volk als Nation, für das wir uns aufopfern sollen, dem wir dienen sollen und dessen Wille immer richtig und gut ist, kann nicht einfach aus seiner Hälfte plus eins bestehen. Man spricht auch ohne weitere Erklärung vom Willen des Volkes. Aber was heißt denn Volk? Die Millionen Menschen, die in Frankreich leben? Diese in Zahlen bestimmbare Menge bleibt für uns völlig abstrakt. Wie erfassen wir den Willen der Masse in ihrer lebendigen Wirklichkeit? Oder aber es sind für die naiven Menschen die Leute, wie wir sie täglich da und dort beobachten, auf der Straße oder bei der Feldarbeit. Aber dabei handelt es sich nur um einen Teilaspekt. Wo finden wir das Volk als Ganzes? Das Volk als Nation, wird man uns schließlich antworten, ist eine Einheit, die es noch zu verwirklichen gilt. Aus allen verschiedenen Willensrichtungen muß *ein* Wille gebildet werden. Aber all das schafft noch nicht den Begriff des Volkes als Nation. Man muß zum Volk Zuneigung empfinden, zum ganzen Volk, es muß uns gegenwärtig sein, es darf keine Masse bleiben, die für uns nichts bedeutet. Das Volk soll herrschen. Sein Wille soll also auf irgendeine Weise erkennbar werden. Hier stehen wir vor einer der Fragen, die zeigen, wie der Begriff des Volkes einen revolutionären Charakter annimmt.

Neben diesem Begriff gibt es andere, wie zum Beispiel den der Freiheit, der Gleichheit. Um zu verstehen, wie diese Begriffe zu lebendigen Ideen werden, wird man versuchen müssen, die Geisteshaltung der Menschen dieser Epoche näher kennenzulernen, die Empfindungen verstehen zu lernen, die damals der einzelne gegenüber der Masse hegte, der er angehörte, dazu seine inneren Beziehungen zur Welt und zur Natur. Wir werden versuchen müssen, sein Verhältnis zum Leben und zur lebendigen Natur zu begreifen und festzustellen, welchen Dingen er Wert beimißt. Das würde natürlich zur Bedingung machen, daß wir in die Geschichte zurückgehen. Doch wir werden uns hier darauf beschränken, uns bestimmter literarischer Aussagen zu bedienen, um den Versuch zu machen, in ihrer gewissermaßen symptomatischen Bedeutung diejenigen Elemente zu entdecken, die es uns ermöglichen, zu einem klaren Bild dieser Evolution zu gelangen.

1. Kapitel
Vom Optimismus zum rationalen Pessimismus

Descartes

Nehmen wir Descartes als Ausgangspunkt. Große, sehr einfache Gesetze bestimmen den Gang der Natur. Das Universum, die Erde, der bestirnte Himmel sind nicht rätselhafter als eine Maschine, die ein Mechaniker anfertigt. Man stelle sich einmal vor, so sagt Descartes, Gott wollte irgendwo im Raum eine neue Welt schaffen. Er sähe sich einem so unentwirrbaren Chaos gegenüber, daß nur ein Dichter es begreifen könnte. Und nun ordnet sich dieses Chaos nach klaren und einfachen Fundamentalgesetzen. Ein Himmel, Planeten, Kometen, die Sonne, Fixsterne und die Erde werden allmählich erkennbar; und auf der Erde Gebirge, Meere, Quellen, Flüsse, bebaute Felder. Der menschliche Körper unterliegt den gleichen Gesetzen, die auch das Weltall lenken. Der menschliche Geist schließlich braucht bei seinem Denken nur den Gesetzen seines Verstands zu folgen, um die Gesetze zu begreifen, die das Weltganze bestimmen, und um dessen Aufbau deutend nachvollziehen zu können. Freilich gibt es außer dem hierzu notwendigen Wissen auf dem Gebiet der Mathematik und Mechanik noch viele sekundäre Kenntnisse, wie Sprachen, Geographie, Geschichte und überhaupt alles, was auf der Erfahrung beruht. Ein ganzes Leben würde nicht ausreichen, sich diese anzueignen. Aber welchen Sinn sollte das auch haben? Ein Weiser braucht die Geschichte der Antike ebensowenig zu kennen wie die Geschichte des kleinsten europäischen Staates. Auch ist es für die Lebensführung nicht erforderlich, den strengen Gesetzen der Logik zu folgen. Sehr oft ist man gezwungen, sich mit Meinungen zufriedenzugeben, die nur Wahrscheinlichkeitscharakter haben. Deshalb kann man auch nicht den Versuch wagen, das ethische Verhalten der Menschen zu reformieren oder auf dem Gebiete der Politik Ratschläge zu geben, denn dazu bedürfte es einer genauen Kenntnis der Intrigen des Hoflebens. Der Weise wird auch nicht versuchen, die Frage nach dem Sinn der Welt und nach dem Zweck ihrer Erschaffung zu beantworten. Soziologische Gedankengänge sind dem Denken von Descartes fremd. Vielleicht hat die Vollkommenheit dieses Universums einen kollektiven Charakter, vielleicht gehört es sogar zum Wesen der Vollkommenheit dieses Universums, daß eine Welt untergehen muß, damit eine andere entstehe.

Es bedarf einer anderen Geisteshaltung, um sich in der lebendigen Wirklichkeit zurechtzufinden. Dem mathematischen Denken setzt Pascal das differenzierte Denken entgegen.

»Es gibt zwei Arten des Denkens«, schreibt er, »die eine ergründet die Bedeutung der Prinzipien in ihrer lebendigen Tiefe, das differenzierte Denken, die andere erfaßt eine große Zahl von Prinzipien und scheidet sie streng voneinander, das mathematische Denken. Die eine Form bedeutet Kraft und Geradlinigkeit des Denkens, die andere umfassendes Denken. Beide Denkformen können ganz voneinander getrennt sein, das Denken kann stark und eng begrenzt oder auch umfassend und schwach sein.«

»Das mathematische und das differenzierte Denken weisen eine grundsätzliche Verschiedenheit auf. Beim einen sind die Prinzipien faßbar, stehen aber allem Gewohnten so fern, daß es Mühe kostet, sich mit ihnen zu befassen; tut man dies aber, so gelangt man zu einer vollständigen Kenntnis der Prinzipien, und nur mangelnder Verstand könnte dazu führen, daß man nicht vernünftig über diese Prinzipien nachdenkt, die so auffallend sind, daß sie uns unmöglich entgehen können.

Aber für das differenzierte Denken sind die Prinzipien durchaus im gewohnten Bereich und für jeden offensichtlich. Man kann sich ihnen ohne besondere Mühe zuwenden. Man muß nur klar sehen, aber wirklich klar, denn die Prinzipien hängen untereinander so lose zusammen und sind so zahlreich, daß es beinahe unmöglich ist, daß uns nicht eines entgeht; übersieht man jedoch nur eines dieser Prinzipien, führt dies zu einem Fehlschluß: deshalb muß man einen besonders klaren Blick haben, um alle Prinzipien zu sehen, und dazu die angemessene Kraft des Geistes, um aus den erkannten Prinzipien nicht irrige Folgerungen zu ziehen.

Alle Mathematiker dächten auch differenziert, wenn sie jenen klaren Blick hätten, denn aus den ihnen bekannten Prinzipien ziehen sie keine falschen Schlüsse; und alle differenziert Denkenden wären Mathematiker, wenn sie sich den für sie ungewohnten Begriffen der Mathematik zuwenden könnten.

Bestimmte Vertreter des differenzierten Denkens sind keine Mathematiker, weil sie einfach die mathematischen Begriffe nicht erfassen können; umgekehrt denken die Mathematiker nicht differenziert, denn sie sehen nicht, was ihnen vor Augen steht; und da sie an die klaren und groben Begriffe der Mathematik gewöhnt sind und nur Schlüsse ziehen, nachdem sie ihre Prinzipien sorgfältig geprüft haben, verlieren sie sich bei differenzierten Fragen, bei denen sich die Begriffe nicht so handhaben lassen. Man sieht solche Begriffe kaum, man fühlt sie mehr, als daß man sie sieht. Es macht eine unendliche Mühe, bei Menschen ein Gefühl dafür zu wecken, die es nicht von sich aus haben; diese Dinge sind so fein und ohne Zahl, daß es eines sehr offenen und klaren Sinnes bedarf, um sie zu spüren. Meistens lassen sie sich nicht in einer konsequenten Ordnung darlegen wie in der Mathematik, weil dazu die entsprechenden Grundbegriffe fehlen und es eine unendliche Aufgabe wäre, dies zu versuchen. Man muß also gleichzeitig die Dinge mit einem Blick erfassen und nicht durch eine Aneinanderreihung von Schlüssen, wenigstens in einem gewissen Maße. Deshalb denken die Mathematiker selten differenziert, und differenzierte Denker sind selten Mathematiker.

. . . Die Mathematiker, die nur Mathematiker sind, haben ein geradliniges Denken, sofern man ihnen die Dinge mit Definitionen und Begriffen erläutert; außerhalb dieses Bereichs ist ihr Denken falsch und unerträglich, denn die Geradlinigkeit ihres Denkens bleibt auf eindeutig definierte Begriffe beschränkt. Ausschließlich differenzierten Denkern fehlt die Geduld, bis zu den Grundlagen der spekulativen Abstraktion hinabzusteigen, denen sie auf der Erde und im täglichen Leben niemals begegnet sind[1].«

Wenn alle Dinge eine Einheit bilden, so sind sie doch untereinander äußerst verschieden. Sie haben unterschiedliche Eigenschaften, und die Seele hat vielfältige Neigungen. Nichts, was sich der Seele zeigt, ist einfach, und die Seele ist in der ihr eigenen Anschauung der Dinge niemals einfach. Nur »durchschnittliche Menschen sehen keine Unterschiede zwischen den Menschen. Je mehr Geist man hat, um so mehr Individuen entdeckt man«[2]. Das Individuum wiederum bleibt sich selbst niemals gleich. Je nach dem gewählten Zeitpunkt weicht es sowohl von sich selbst wie von andern ab. Im Laufe unserer Existenz sehen wir die Dinge nicht nur von einer andern Seite, sondern auch mit andern Augen. Wir sind nicht mehr der gleiche Mensch.

Aber zugleich erscheint Pascal diese Verschiedenartigkeit der Dinge absurd. »Wahrheit diesseits der Pyrenäen, Irrtum jenseits.« – »Ein Unterschied von drei Breitengraden wirft die ganze Rechtswissenschaft über den Haufen.« – »Eine lustige Gerechtigkeit, die von einem Fluß oder Gebirge begrenzt wird«[3], die von einer Epoche zur andern wechselt, die der Mode

<hr />

1-3 Pensées. Die Übersetzung des für Pascal zentralen Begriffs »l'esprit de finesse« mit »differenziertes Denken« kann bestenfalls einen Annäherungswert erreichen. Daß »l'esprit de finesse« in den folgenden Kapiteln auch noch vom 18. Jahrhundert hinzugebrachten Nuancierungen erfassen soll, macht eine deutsche Wiedergabe noch schwieriger. Die relativ neutrale Überset-

folgt. Einst hatte Pascal an die menschliche Gerechtigkeit geglaubt, aber bald entdeckte er, daß sie je nach Menschen und Ländern verschieden ist und daß der Mensch einem dauernden Wandel unterworfen ist. Und als er sich fragte, wem denn diese fortgesetzte Wandelbarkeit, Veränderlichkeit und Unruhe zuzuschreiben sei, begann er zu begreifen, daß die Menschen sich nur deshalb so quälen lassen, weil sie unfähig sind, mit sich selbst allein zu bleiben, unfähig, ihrem eigenen Elend ins Auge zu schauen. Sie fürchten die Stille, die innere Sammlung; sie lauern auf alles, was sie von sich selbst ablenken könnte. Sie wählen einen Beruf, werden Kanzler, Präsident, damit sie auch nicht eine Stunde am Tage haben, in der sie Muße hätten, über sich selbst nachzudenken. Das ganze Elend des Menschen kommt von einer Hilflosigkeit, einer unerträglichen Hilflosigkeit, die ihn überfällt, sobald er sich auf sich selbst zurückzieht und sich nicht mehr ablenkt. Unfähig, den Tod, das Elend oder das Nicht-Wissen zu überwinden, hat der Mensch kein anderes Mittel gefunden, als nicht mehr daran zu denken, ablenkende Unterhaltung zu suchen oder sich allen möglichen Aufgaben zu widmen und die Stille zu meiden. So verläuft das ganze Leben des Menschen, und nur dieses Mittel konnte er herausfinden, um sich glücklich fühlen zu können.

Und wenn der Mensch sich der Welt zuwendet, welchen Platz nimmt er in ihr ein? Der von ihm überhaupt wahrgenommene Teil der Welt ist nur ein Atom im Unendlichen. Und was ist der Mensch im Unendlichen? Wendet er sich dann dem denkbar Kleinsten zu, steht er wieder vor einem Unendlichen, ein Unendliches mit einer eigenen Welt, einem eigenen Sternenhimmel, mit einer Erde wie der unsrigen, auf der Tiere leben und so weiter, immer und ewig. Der Mensch steht also zwischen dem Nichts und dem Unendlichen, zwischen zwei Unendlichkeiten, dem unendlich Kleinen und dem unendlich Großen. Wir stehen zwischen diesen beiden Unendlichkeiten und können keinen sicheren und festen Halt finden. Das Endliche läßt sich nicht definieren zwischen diesen beiden Unendlichkeiten, die es einschließen und zugleich fliehen. Der Mensch sieht sich an irgendeine Stelle des Universums verirrt und lebt ringsum eingeschlossen von Unendlichkeiten. Weiß er, warum er sich gerade an dieser Stelle befindet und nicht irgendwo anders im unendlichen All? Weiß er, warum ihm zwischen einer vergangenen und einer kommenden Ewigkeit gerade dieser bestimmte Zeitraum und kein andrer vorbehalten blieb? Und doch vermei-

zung »differenziertes Denken« sollte bei der Verwendung des Begriffs in zahlreichen Zusammenhängen einen wenigstens noch angemessenen Sinngehalt bekommen. (Anm. d. Übers.)

det er es, an diese Unendlichkeit und an diese Ewigkeit zu denken, als seien sie nicht mehr existent, wenn er nicht mehr an sie denkt. Es ist Pascal, als hätte man ihn auf eine einsame Insel gebracht, als wüßte er beim Erwachen nicht mehr, wo er ist, als hätte er vergeblich zu fliehen versucht. Um sich sieht er andere Wesen, die ihm ähnlich sind und in der gleichen Lage wie er, aber sie scheinen sich dessen nicht bewußt zu sein. Sie schauen sich um und haben hübsche Dinge gefunden, über die sie sich freuen. Was kann er denn mit diesen Menschen gemeinsam haben? Sie helfen ihm nicht, wenn er sterben muß. Er muß so leben, als sei er ganz allein. Er kann keine andere Lösung finden, als dem Menschen einen transzendenten Sinn zu verleihen, an ein anderes Leben zu glauben, an eine andere Welt. Das ganze Elend, an dem der Mensch leidet, zeugt nur von seiner transzendenten Größe. Er ist groß, weil er sein Elend erkennt; er ist ein entthronter König, der weiß, daß er König ist. Vergeblich suchte man einen Sinn in dem Elend und der rastlosen Sorge, die sein Leben bestimmen.

Die Menschen des ausgehenden 17. Jahrhunderts werden beherrscht von dem Gedanken, daß das Leben absurd ist, daß in der geistigen Welt nichts sinnvoll ist und daß die Welt der Natur ein undurchdringliches Geheimnis bleibt. Pascal wird gepackt von der Angst vor der Unendlichkeit des Alls, die der menschliche Geist nicht begreifen kann. Das Unbekannte erfüllt ihn mit Schrecken. Descartes geht von einer völlig anderen Anschauung aus. Was kann ihm die Größe der Welten bedeuten, wenn er voraussetzen kann, daß der Verstand die Grundgesetze klar erkennt, welche die Struktur des Mikrokosmos wie des Makrokosmos bestimmen? Mag sie auch in beiden Richtungen unendlich sein, so ist doch der Geltungsbereich dieser Gesetze nur um so größer. Das selbstsicher logische Denken kennt keine Angst vor dem Unbekannten. Wie auch der Gegenstand, der sich dem souveränen Verstand darbietet, geartet sein mag, dieses Denken wird ihn durch seine Klarheit beherrschen. Was kann es für die Sonne für eine Bedeutung haben, wohin ihr Licht fällt? Ist sie mehr oder weniger Sonne entsprechend dem Wert der Dinge, denen sie Licht gibt? Pascal vermag einem solchen systematischen Denken nicht zu folgen. Was kann es uns liefern, sagt er: einige Grundgesetze der Mathematik und Mechanik mit Beweisen dafür? Aber worin kann dieses Wissen den Forderungen des menschlichen Denkens genügen? Pascal will das Wesen des Menschen erfassen und den Sinn seiner Existenz.

Bei Racine zeigt sich das Absurde des Lebens in der Gestalt des inneren Dramas. Es ist ein Bestandteil des Wesens des Menschen. In seinem Innern findet sich etwas, das ihm zwar fremd ist, von dem er aber zutiefst betroffen ist: die Leidenschaft. Sein Leben wird von diesem Element bestimmt, das nicht er selbst ist, das er haßt und gegen das er vergeblich ankämpft. Dies ist sein Schicksal, das ihm zugefallen ist, das er in sich trägt, ohne zu wissen, woher und warum. Und langsam hat die Leidenschaft ganz von ihm Besitz ergriffen; jeder Gedanke, jedes Gefühl, jeder Augenblick des Lebens sind von ihm geprägt. Es ist eine erlittene Leidenschaft.

Ganz anders ist es bei Corneille. Seine Dramen sind die Dramen der Freiheit. Der Mensch ist seinem innersten Wesen nach frei; im Kampf gegen die Leidenschaften zeigt er seine Größe, den heroischen Aspekt der Freiheit. Er entscheidet souverän und frei: ein heroischer Akt. Diese souveräne Entscheidungsfreiheit ermöglicht es ihm, frei und heroisch zu handeln. Größe und Glanz des Menschen beruhen auf seiner Vernunft, auf der absoluten Freiheit seines Willens. Anders gesagt, in der cartesianischen Sprache: wahre ethische Größe beruht auf dem Bewußtsein des Menschen, daß nur etwas ihm wirklich eigen sein kann, was ihm die Freiheit gibt, seinem Willen zu folgen und beständig auf dem einmal eingeschlagenen Weg zu bleiben. Dies ist die höchste Stufe des Ich-Bewußtseins, der Selbstachtung des Menschen und seiner Achtung gegenüber andern. Denn diese Freiheit ist jedem Menschen gegeben, und das gleiche kann für den guten Willen gelten, neben dem alles andere ohne Bedeutung ist. Dank dieser Seelengröße können die Menschen ihre Leidenschaften meistern; sie ist die Quelle der Genesung von der Unrast des Lebens. Und da diese Freiheit Besitz aller Menschen ist, ist es auch den schwächsten Seelen möglich, eine vollkommene Beherrschung ihrer Affekte zu erreichen. Denn nicht die Leidenschaften als solche sind böse, sondern ihre mangelnde Übereinstimmung mit der Wirklichkeit, und hier liegt auch die Wurzel allen Übels. Die Aufgabe der Weisheit, der Vernunft muß es gerade sein, sie widerspruchslos in die allgemeinen Gesetzmäßigkeiten des Lebens mit hineinzunehmen. Dann wird den Menschen eine tiefe Befriedigung erfüllen und das Bewußtsein, daß alle Anfechtungen von außen seinem Inneren nichts anhaben können. Seine Seele wird sich, bewußt ihrer Vollkommenheit, ihrer Freiheit, der reinen Selbstkontemplation erfreuen.

Aber gerade dem kann Pascal nicht zustimmen. Der Mensch, der auf sich selbst zurückgeht, wird sich nur seines eigenen Elends bewußt. Wie sollte ihn das glücklich machen? Andere glauben, wenn man gegen die Leidenschaft ankämpfen wolle, müsse man ihr andere Leidenschaften entgegenstellen. Für Corneille wie für Descartes gibt es kein ungeeigneteres Mittel, die Leidenschaften zur bekämpfen, als ihnen andere entgegenzusetzen, als die Seele in einen Konflikt zu bringen, der sie nur noch unglücklicher machen muß und immer neu zum Kampfe zwingt. Die Seele muß ihre innere Unruhe mit ihren eigenen Waffen bekämpfen und den festen und wohl bestimmten Grundsätzen, nach denen sie ihr Leben lenkt. Aber man glaubt nicht mehr an die Lehre der Stoa. Diese großen Anstrengungen der Seele sind nur plötzliche Aufschwünge, die Seele fällt sofort wieder auf ihren Ausgangspunkt zurück. Die Tragödien Racines scheinen nur geschrieben worden zu sein, um die Ohnmacht der Vernunft zu beweisen.

La Bruyère, La Rochefoucauld, Lesage

Es ist nicht wahr, sag La Bruyère, wenn die Stoiker behaupten, man brauche nur in sich selbst zurückzukehren, um dort Frieden zu finden. Man predigt den Menschen einen Heroismus, dessen sie gar nicht fähig sind. Man verlangt von ihnen Unmögliches. Die Lehre der Stoa geht von dem Gedanken aus, daß das Leben vernünftig ist und daß die Menschen von der Vernunft geleitet werden. Hier irrt sie. Und mit Hilfe literarischer Porträts von bestimmten Menschentypen, die er in seinen »Charakteren« entwirft, unternimmt es La Bruyère zu beweisen, wie unvernünftig die Menschen sind. Es gibt nichts Verworreneres als die Vorstellungen der Menschen von Größe und Wert, nichts Schwankenderes als ihre Ansichten, nichts Zusammenhangloseres als ihr Handeln. Man würde vergeblich versuchen sich vorzustellen, was sich in Hirn und Herzen eines Menschen im Laufe eines Tages abspielt, so wirr ist dessen Denken und Fühlen. Der Mensch ist ein undefinierbares Wesen. In manchen Fällen spielt er sein ganzes Leben lang eine Rolle, die nicht zu ihm paßt. Er hat keinen Charakter, und wenn er einen hat, dann gerade den, keinen zu haben. Blickt der alte Mensch auf sein Leben zurück, bietet sich ihm ein zugleich verworrenes und trostloses Bild. Er würde vergeblich versuchen, eine einheitliche Linie zu finden, die sein Leben durchzieht; er weiß nur eines bestimmt, daß er eine lange Zeit geschlafen hat.

Auch für La Rochefoucauld gibt es nichts Vernunftgemäßes in unserem Leben. Ein unberechenbares Schicksal bestimmt diese Welt. Welch eine Illusion zu glauben, wir könnten die Folgen unseres Handelns vorhersehen, wir könnten begreifen, warum dies oder jenes einem von uns widerfährt! Wir sind unter einem guten oder unter einem schlechten Stern geboren, und wer sich als Held in diesem Leben sieht, gehört ganz einfach zu den Menschen, die eitler sind als andere.

Für Lesage schließlich, um noch einen Autor aus einem ganz anderen Umkreis heranzuziehen, ist die Welt ein Narrenhaus: ein Karneval von Masken aus aller Herren Ländern und allen sozialen Schichten, und allesamt sind sie nicht in der Lage, sich mitzuteilen oder zu verstehen. Nur ein bunter, aufgeputzter Wirbel; Narren, die einen eingesperrt, die andern in Freiheit gelassen. Der »hinkende Teufel« will seinem Cléophas zeigen, was in der Welt vor sich geht. Er nimmt die Hausdächer ab und zeigt ihm die Zimmer mit ihren Bewohnern: überall der gleiche Irrsinn in wechselnder Gestalt. Ein Kommen und Gehen ohne jeden Sinn. Unser Leben ist eine Kette von Abenteuern, bei denen der einzelne hin- und hergeworfen wird, ohne zu wissen warum. Und sein Romanheld Gil Blas hat dieses Leben satt; er würde am liebsten irgendwo zurückgezogen in einer kleinen Hütte hausen. Aber das Leben packt ihn erneut und stürzt ihn in neue Abenteuer.

Bayle

Bei Bayle erreicht die Vorstellung vom Absurden des Lebens einen Gipfelpunkt, ein letztes logisches Ergebnis. Hier wendet sich die Vernunft gegen sich selbst, übt an sich selbst Kritik. Bayle will alle Irrwege der Menschen zusammengefaßt darstellen; er will aus dem Material, das ihm die menschliche Unwissenheit liefert, einen Triumphbogen errichten, damit die Menschen lernen, sich selbst zu verachten. Wer seine Meinung über den Gang der Welt darlegen will, ist einfach ein Narr. Er erinnert an einen Menschen, der nur ein paar Worte eines Theaterstücks gehört und dann die Stirn hat, darüber zu sprechen. Verglichen mit dem großen Weltgeschehen ist das ganze Leben eines Menschen wie ein einziges Wort auf Hunderttausenden von Seiten in Großfolio. Wie kann sich da der Mensch erlauben, von dem Schauspiel zu sprechen, das die Weltordnung darbietet? Je mehr man sich in die Philosophie vertieft, auf um so mehr Ungewißheiten stößt man. Die Lehren der philosophischen Schulen: nur Meinungen mit einer größeren oder geringeren Wahrscheinlichkeit. Aristoteles, Epikur, Descartes, bestenfalls Hypothesen, die sich alle widersprechen. Aus dieser mangelnden Übereinstimmung muß man schließen, daß die Dinge verschiedene Aspekte zeigen, daß jeder dieser Aspekte das Bild der Wahrheit annimmt und daß die Bezüge der Wahrheiten untereinander nicht geeignet sind, wechselseitige Beweise zu liefern. Und die praktische Vernunft ist ebenso nichtig wie die theoretische. Selbst wenn man voraussetzt, daß uns die Vernunft mitgegeben wurde, um uns den rechten Weg zu zeigen, wie soll man sich ihr denn anvertrauen, da sie doch selbst nur etwas Ungewisses ist, schwankend, veränderlich und lenkbar in jede beliebige Richtung? Und der Mensch selbst gleicht einem Chaos: Seele und Leib, Vernunft und Empfinden, fühlende und vernunftbegabte Seele bekämpfen sich haßerfüllt. Auf keiner Bühne der ganzen Welt vollzieht sich ein so ungewöhnliches Schauspiel wie das in der Seele des Menschen; auf der ganzen Welt gibt es keine seltsamere und für die Vernunft schwerer faßbare Kreatur als dieses sogenannte vernunftbegabte Wesen, das seine Überzeugung und sein Handeln nicht in Übereinstimmung bringen kann und dessen Gefühlsregungen von einem Tag zum andern wechseln. Betrachtet man die Beziehungen der Menschen untereinander, die Völker, die gegeneinander Krieg führen, die Nachbarn, die sich bekämpfen, was ist das doch alles für ein phantastisches Durcheinander! Die Vernunft steht einem solchen Schauspiel machtlos gegenüber; sie kann weder in das Geschehen eingreifen, noch kann sie es begreifen. Zudem ist es nicht ihre Aufgabe, aufzubauer, Beweise für die Wahrheit beizubringen. Sie kann nur die Probleme erkennen, sie aber nicht lösen. Ihre Aufgabe besteht darin, ihre eigenen Grenzen zu sehen, zu sehen, welche Grenzen dem Denken des Menschen gesetzt sind und es zur Kapitulation zwingen.

So schwindet der Glaube an die Vernunft dahin. Als mathematisches Denken ist sie unfähig, die lebendige Vielfalt zu erfassen, machtlos steht sie vor dem Unendlichen; den Kampf gegen die Leidenschaften hat sie schon im vorhinein verloren, denn es liegt nicht in ihrer Macht, den Gang des Lebens zu bestimmen. In ihrer kritischen Haltung sich selbst gegenüber sieht sie sich also gezwungen, ihre eigene Nichtigkeit einzugestehen. »Wie armselig ist doch der Geist des Menschen!« ruft Bayle aus. Und von diesem Geist glaubte man, er verleihe dem Weltganzen seine Gesetze, den Dingen das edle Maß und schaffe die Einheit zwischen der Seele und dem Leben. Aber dieser Glaube ist tot. Ein rationaler Pessimismus ist an seine Stelle getreten. Dieser Pessimismus leidet an dem Mangel an Klarheit und Harmonie, an dem Fehlen von Gesetzen für die menschliche Existenz; es ist ein Pessimismus, für den es unerträglich ist, nirgends einen vernünftigen Sinn zu entdecken, der sich nicht abfinden kann mit der Unlogik, der Wirrnis, die das Leben bestimmen. Er fühlt sich dem klassischen Ideal verpflichtet, und der Mangel an Ordnung und Proportionen im Leben des einzelnen wie in den Beziehungen der Menschen untereinander erscheinen ihm häßlich und abstoßend.

Das 17. Jahrhundert bleibt also bis zu seinem Ausgang dem Ideal des edlen Maßes und der vernunftgemäßen Lebensführung treu. An seinem Beginn hatte man an die wirksame Kraft der Vernunft, an die Freiheit des Willens geglaubt; dem Irrationalen maß man nur eine sekundäre Bedeutung bei. Aber gegen Ende des Jahrhunderts ließ der im Leben augenfällige Gegensatz zwischen Maß, Klarheit, Vernunft einerseits und Wirrnis, Unklarheit, Unvernunft andererseits den Glauben an die Vernunft schwinden und machte ihn zum Gegenstand der Kritik, der Satire, ja sogar der Tragödie. Freilich enthält dieser Pessimismus noch andere Elemente, deren Ursprung woanders zu suchen ist, so z. B. bei Pascal das Gefühl der Unvereinbarkeit des Seelischen mit dem Ablauf des Lebens, das durch das Leben selbst erzeugte Leiden, durch die Abfolge der Ereignisse in der Zeit, durch die räumliche Bedeutungslosigkeit des Individuums in der Unendlichkeit des Alls. Das sind alles Elemente, die man dann in einem späteren Stadium wiederfindet, zu Beginn des 19. Jahrhunderts, etwa bei Chateaubriand, Sénancour, Stendhal, Flaubert, Sainte-Beuve. Dabei wird nicht nur der tragische Grundcharakter des menschlichen Lebens sichtbar, sondern darüber hinaus das Absurde der menschlichen Beziehungen überhaupt, die ganze Sinnlosigkeit der menschlichen Begegnung in der Gemeinschaft, das konkrete Bild des bunten Durcheinanders menschlichen Zusammenlebens.

Das 18. Jahrhundert bewahrt sowohl das Ideal der beherrschenden und alles bestimmenden Vernunft als auch die pessimistische, negative und kritische Einstellung gegenüber der lebendigen Wirklichkeit, gegenüber dem tatsächlichen Ablauf des Lebens, wie er sich allerorts täglich beobachten läßt. Man braucht nur an die Romane Voltaires und an die Komödien von Beaumarchais zu denken. Die Antinomie zwischen dem Leben und der Vernunft wird folgendermaßen begriffen: auf der einen Seite die Natur in der Verfolgung von Zielen, die ihr die ihr eigene rationale Gesetzmäßigkeit vorschreibt und der Mensch innerhalb dieses teleologischen Ganzen, in dem die Vernunft sich ihrer selbst bewußt wird, indem sie allem seine Gestalt im Weltganzen verleiht – und auf der andern Seite das Irrationale, von dem das menschliche Leben Zeugnis gibt. Wenn nun die Gesetzmäßigkeit der Natur selbst auf einem rationalen Prinzip beruht, und wenn die Menschen kraft ihrer Vernunft sich dieses Prinzips bewußt werden, wie ist es dann möglich, daß es in diesem Weltganzen so viele Menschen gibt, die sich zwar der hier herrschenden Harmonie bewußt sind, aber ihr Leben damit nicht in Einklang bringen können und es nicht nach dem Prinzip der

Vernunft führen, das ihnen doch mitgegeben ist? Auf der einen Seite also die Natur, der vernunftbegabte Mensch, auf der andern das Leben. Aber warum sollte es für die Vernunft unmöglich sein, den Menschen in den Gesamtbereich, den die Natur bildet, hineinzustellen, die Menschen selbst in diesem Bereich wirksam werden zu lassen nach dem ihn bestimmenden Vernunftprinzip, derart, daß sie selbst dazu beitragen, den Sinn des Ganzen der Natur zu vollenden? Die Vernunft, die zu ihrer eigenen Vollendung gelangt, die im Laufe der Entwicklung der Welt konstruktiv wird, weil sie die kollektiven Lebensbedingungen verwandelt, weil sie für die zwischenmenschlichen Beziehungen eine vernunftgemäße Ordnung schafft und damit dem absurden Charakter des menschlichen Lebens ein Ende setzt, daß schließlich in ihm alles den Sinn erhält, den die Natur ihm weist, das ist die mystische Idee der Revolution. Zunächst gilt es, eine Methode des Denkens zu entwickeln, die es erlaubt, sich in der Vielfalt der von der Geistesgeschichte erschlossenen Fakten zurechtzufinden. Es gilt, neue Mittel der Erkenntnis zu schaffen, durch sie eine souveräne Stellung des Geistes zu erreichen, stark genug, da Ordnung zu schaffen, wo bisher ein Chaos zu herrschen schien. Zwischen der Epoche des rationalen Pessimismus, in welcher der Mensch eine rein negative und kritische Haltung gegenüber der Vernunft einnahm, und der Epoche, in der die Vernunft konstruktiv wird und die Gestaltung des sozialen Lebens bestimmt, liegt ein Zeitabschnitt, in dem der Mensch auf der Suche nach neuen Erkenntnissen von der Neugier beherrscht wird, von der Freude über die Vielfalt der die Dinge verbindenden Bezüge. Diese Formen des differenzierten Denkens ist für die Anfänge des 18. Jahrhunderts charakteristisch.

Das 17. Jahrhundert sucht im Stil die ernste Würde, den mit strenger Sorgfalt gebauten Satz, den treffenden Ausdruck. Von mehreren möglichen Ausdrücken kann nur einer unseren Gedanken wiedergeben. Jeder andere ist daneben unzureichend und kann einen denkenden Menschen nicht befriedigen. Oft ist es gerade das einfachste und natürlichste Wort, das Wort, das uns hätte sofort einfallen sollen. Denn die Wahrheit ist immer einfach und klar. Nur mittelmäßige Köpfe sind unfähig, das treffende Wort zu finden, und reihen Synonyme aneinander. Nun gibt es in der Kunst wie in der Natur, in denen die Dinge sich zur Vollkommenheit entwickeln, einen bestimmten Maßstab für die Vollkommenheit. Geschmack haben heißt, davon eine so treffende Vorstellung zu besitzen, daß man dieses Niveau weder über- noch unterschreitet. Dem 17. Jahrhundert mißfällt der ungenaue Ausdruck, der seiner selbst nicht sicher ist, ihm mißfällt der mangelnde Ernst, der sich darin zeigt, daß man sich eines Wortes bedient, das nicht zwingend ist, das nicht durch eine innere Notwendigkeit des Denkens begründet ist und genausogut durch ein anderes ersetzt werden könnte. Ein Stil ohne geistige Würde verrät Schwäche, mangelnden Ernst, Unsicherheit.

Das 18. Jahrhundert denkt ganz anders. Man liebt jetzt die Feinheiten, die Differenziertheit des Ausdrucks, die Feinheiten, die darin bestehen, vieles nur ahnen zu lassen, ohne es zu sagen, die Differenziertheit, die keine scharf treffenden Ausdrücke benützen will und, wie Voltaire sagt, »in der Kunst besteht, seinen Gedanken nicht direkt auszudrücken, sondern ihn leicht erraten zu lassen: es ist ein Rätsel«, fügt er hinzu, »zu dem geistreiche Menschen schlagartig die Lösung finden«[1]. Das 17. Jahrhundert strebte nach einer festen Struktur, einer logischen Verknüpfung der Gedanken, die auf der Objektivität eines Systems außerhalb der Zeit beruht, ganz im Gegensatz zu einer möglichen Gedankenfolge, die durch die Zeit, den Zufall und die Subjektivität des Geistes bestimmt ist. Das 18. Jahrhundert bestreitet allerdings nicht, daß unsere Gedanken einer logischen Struktur bedürfen, aber diese Struktur muß verborgen bleiben und darf nie spürbar werden. Bedarf es einer Verknüpfung der Gedanken, soll sie dem Leser nicht bewußt werden. Im 18. Jahrhundert liebt man das geist-

---

1 Dictionnaire Philosophique. Artikel: Finesse.

reiche Denken; es ist – so lautet wenigstens jetzt seine Definition – bald ein Vergleichen, eine feine Anspielung, bald die Verwendung eines Worts in einer bestimmten Bedeutung, wobei man aber die Möglichkeit einer anderen Interpretation offenläßt. Mit andern Worten: es beruht auf feinsten Beziehungen zwischen Gedanken, die zunächst wenig gemeinsam haben, es ist eine Annäherung voneinander entfernter Dinge, und auch eine Trennung dessen, was zusammengehörig scheint. Es ist bald ein kühner Vergleich, bald eine gewagte Metapher, die zwischen bekannten Dingen ganz besondere Beziehungen aufdeckt, die bisher unbemerkt geblieben sind. Es ist die Kunst, einen Gedanken nur halb auszusprechen und ihn erraten zu lassen. Dieses geistreiche Denken macht den ganzen Charme des Gesprächs aus. Beim Dialog scheint sozusagen eines aus dem andern hervorzugehen, wie bei der Entstehung der Gedanken in unserem Gehirn. Aber es läßt sich nicht sagen, wie die Ideen in uns entstanden sind. Glaubt einer die Wahrheit in seinem Besitz, entgleitet sie ihm doch gleich wieder. Nimmt der nächste diesen Gedanken auf, macht er daraus etwas ganz anderes, ohne es zu ahnen. Und plötzlich scheint ein Vergleich alles zu klären. Aber es war nur ein Irrlicht. Neue Gedanken treten plastisch in Erscheinung. Dann muß man abbrechen, bevor alles zu klar wird, um die unhöfliche Banalität von allzu offenkundigen Behauptungen zu vermeiden. Jede Feststellung muß so viel Ungenauigkeit enthalten, daß die andern immer sagen können: »Aber . . .« Es müssen Dunkelheiten bestehenbleiben, die das geistreiche Denken anregen. Man darf dem Kommen und Gehen der Gedanken nicht entgegenwirken. Es bedarf einer leichten Nuance des Falschen, wenn man einen Gedanken differenziert ausdrücken will, der *bella falsitas* des Epigramms. Der vernünftige Mensch sagt nie etwas Vernunftwidriges. Ganz anders der geistreiche Mensch. Man sagt besser: »Das ist nicht so verrückt, wie es zunächst scheint« als: »Geben Sie gut acht, Sie hören jetzt weise Worte!« Die funkelnde Kette von Einfällen, ihr Kommen und Gehen, der Gedanke, den man im Fluge erhascht, ein neues Motiv, das einsetzt, bevor das andere abgeklungen ist, die Kreuzung, Verflechtung, Überschneidung verschiedener Themen machen das »je ne sais quoi« des Gesprächs aus. Dieses »ich weiß nicht was« muß man überall im Leben und in der Kunst wiederfinden.

Dieses »je ne sais quoi« findet man irgendwo in einem Garten, sagt Marivaux in einer seiner Allegorien. Es sieht so aus, als herrsche nur Zufall und Unordnung in diesem Garten. Frauen kommen und gehen; im Vorübergehen geben sie ein Zeichen und verschwinden wieder, ehe man sie überhaupt recht wahrnehmen kann. Andere und wieder andere folgen. Sie sind überall vorübergegangen, doch ohne irgendwo zu verweilen. Da vernimmt man die Stimme des »je ne sais quoi«. Man wendet sich um, aber man kann es nicht wahrnehmen. Und wieder ist seine Stimme zu hören. Wo ist es? Es sagt: »Schaut euch um. Ich bin in allem, was ihr hier seht, wie einfach, wie regellos es auch sei, sogar in dem, was nur nachlässig hingeworfen scheint. Ich bin überall. Sucht mich nicht in irgendeiner Gestalt, welche es auch sei. Ich nehme tausend Formen an und verweile doch in keiner von allen.« Man kann dieses »je ne sais quoi« in jedem Gewand, in jedem Gegenstand wiederfinden. Das Auge darf nie auch nur andeutungsweise die geschlossenen Umrisse eines Gegenstandes wahrnehmen, stets muß die eine oder andere Einzelheit den Blick auf sich ziehen und fesseln.

Nicht anders ist es auf den Bildern von Watteau: man sieht Paare, Männer, Frauen auftreten. Sie gehen wieder und wenden sich vor dem Weggehen noch einmal um, als wollten sie noch einen Augenblick stehenbleiben; ihr Knie ist leicht gebeugt, um ihren Gang nicht zu unterbrechen. Sie setzen sich an die Seite, ohne sich anzulehnen, den Oberkörper leicht vor- oder zurückgeneigt, oder sie stützen sich mit einer Hand auf den Boden. Was man ihnen zuflüstert, hören sie nur mit halbem Ohr, und wenn ein Gegenstand ihre Aufmerksamkeit einen Augenblick auf sich zu lenken scheint, so schauen sie doch kaum hin. Zögern, Unentschlossenheit, widersprüchliche Regungen, gerade hinreichende Impulse, um eine Bewegung des Körpers anzudeuten, das liebt Watteau. Ein Liebhaber zieht seine Geliebte an sich. Sie läßt ihn gewähren und versucht doch, sich zu entziehen: zwei entgegengesetzte Bewegungen. Zugleich zieht ein Gegenstand ihre Aufmerksamkeit auf sich. Sie schaut hin. Ihr Körper deutet eine dritte Bewegung an. Schließlich verliert sie bei so verschiedenen Haltungen beinahe das Gleichgewicht. Neue Stellungen, um eine Stütze zu finden und sich festzuhalten. Alle diese Neigungen des Körpers verleihen dem Kleid einen vielfältigen Faltenwurf. Die Formen des Körpers kann man nur ahnen, die Grundzüge der Komposition, die die Gedanken, das Gespräch, die Kunst bestimmen, nur vermuten.

Aber ein solches Vorgehen hat keinen subjektiven Charakter. Es ist keine besondere Eigenart der schöpferischen Phantasie des Künstlers. Die Natur handelt nicht anders. Die Kunst ahmt sie in dieser Hinsicht nur nach, meint Diderot. Die Natur verbirgt auf die subtilste Weise die Verbindungen, die ihren Erscheinungsformen Einheit verleihen. Nicht anders durchläuft die menschliche Seele die verschiedensten Zustände. So sieht es wenigstens Marivaux. Und jeder einzelne Seelenzustand erweckt eine Fülle von Gedanken, Gefühlen, Impulsen, Wünschen, Regungen, deren innere Zusammenhänge nur äußerst schwer festzustellen wären. Man denkt an etwas Bestimmtes. Man stellt sich darauf ein. Man glaubt nicht wirklich daran und erwartet es doch. Schließlich ist auch nicht ausgeschlossen, daß es eintritt. Und dann kommt einem plötzlich wieder etwas in den Sinn. Es ist bedrückend. Man denkt über sich selbst nach und macht sich Vorwürfe. Doch warum sich quälen? Ferne Erinnerungen stellen sich ein. Und die Ruhe kehrt wieder. Aber da tauchen die alten Zweifel erneut auf. All das vollzieht sich in einem einzigen Augenblick. Tausende kleiner Bewegungen, zitternde Regungen der Seele, der Gedanken, der Gefühle, die sich kaum abzeichnen, reihen sich aneinander ohne innere Folgerichtigkeit. Bald ist es ein kaum erkennbarer Wunsch, bald der kurze Augenblick einer Resonanz, das Verschwinden und Wiederauftauchen eines Bilds. Wie soll man dafür Worte und Sprache finden? Man kann bestenfalls einige Fetzen erhaschen. Der Psychologe muß dem schweigenden Denken das Wort geben, der Dramatiker die leisesten Regungen der Seele erfassen, das »Ja« und das »Nein«, das »Aber« und das »Also«, das »Vielleicht«, die Fragen und die Antworten, den fortwährenden Monolog der Seele.

Und die Seele wird noch komplizierter, wenn es sich um mehrere Personen handelt, die einander gegenübergestellt werden. Dann muß man die ganze Fülle der Reaktionsweisen einer Seele auf eine andere klären. Zwei Personen werden einander in einer bestimmten Situation gegenübergestellt, häufig, wie etwa in den Komödien von Marivaux, mit Hilfe einer Verkleidung. Es ist eine Form des Auf-die-Probe-Stellens; sogleich beginnt das Wechselspiel von Anziehung und Abstoßung zwischen zwei Seelen. Bei Racine handelte es sich nur um ein Auf und Ab, um das Kommen und Gehen einer einzigen Leidenschaft, ihre Rückwirkungen auf die Seele, die sie erleidet. Die Leidenschaft fragt, hofft und verzweifelt, bittet und fleht. Diese Reaktionen waren nur die verschiedenartigen Formen, die Variationen eines einzigen großen Themas, angeschlagen von dem Gefühl, das eine Seele ganz beherrschte und sie bei aller Verschiedenartigkeit zu einer Einheit machte. Aber in der Zeit von Marivaux scheint sich die Seele in einer Serie von Komplexen aufzulösen, von sich abwechselnden

Gedanken und Gefühlen, hinter denen eine Einheit des Individuums kaum noch zu erkennen ist. Die verschiedenen Seelenzustände spiegeln sich auf dem Gesicht, das ebenfalls in ständiger Bewegung ist. Wer alle sich zeigenden Nuancen des Gesichtsausdrucks erfassen will, muß ein sehr feiner Psychologe sein. Diderot sieht sich nicht in der Lage, das Gesicht einer seiner Freundinnen in seinen wesentlichen Zügen zu bestimmen, er weiß vielmehr nur, wie es gestern aussah, in einem ganz bestimmten Augenblick; danach änderte sich sein Ausdruck sofort wieder. Sicher war es das gleiche Gesicht, ob sie lachte oder weinte, aber ihr wirkliches Gesicht bleibt ihm verborgen. Jedes Gesicht, so stellt Marivaux fest, hat Augen, Mund und Nase, und doch gleicht keines dem andern. In der Menge sehen wir vielleicht den gleichen Menschen in tausendfacher, sich wandelnder Gestalt, aber den Menschen selbst kennen wir nicht. Und an diesem Punkt erkennt man die Grenzen dessen, was man den Individualismus des 18. Jahrhunderts nennen könnte. Vielleicht mit Ausnahme von Diderot, dringen die zwischen den Formen des Denkens und Fühlens der Menschen festgestellten Unterschiede nicht in die Tiefe. Es gibt vielleicht unendlich viele Kombinationsmöglichkeiten mit ähnlichen Elementen. Aber dabei sind gerade diese Kombinationsmöglichkeiten gegeben und nicht die Elemente selbst oder die Konstruktionsprinzipien, die für sie bestimmend wären. Man bemüht sich nicht um den Versuch, individuelle Seelenzustände als solche zu begreifen; man geht von einem psychologischen Standpunkt aus, der die Dinge nach einer bestimmten Denkweise zu beobachten sucht, nach einer bestimmten Geisteshaltung, nach der Art, wie sie für ein Individuum bezeichnend sind, von einem Standpunkt, der die Verflechtungen irgendwelcher vernunftbestimmter Motive analysiert, nach der besonderen Abfolge der Gedanken bei diesem Individuum. Man sucht zu erfahren, was jemand denkt, wenn er in einer bestimmten Weise spricht oder handelt, man sucht seine Hintergedanken zu erraten oder man versucht Seelenzustände zu erfassen mit Hilfe der konkreten Formen, die sie in Gesten oder im Mienenspiel annehmen. Man genießt es, was man denkt, mit Worten und Mimik zu verbergen und es nur ahnen zu lassen. Es handelt sich hier mehr darum, die Menschen zu beobachten, sie kennenzulernen, nicht um Psychologie im eigentlichen Sinne. Man amüsiert sich damit, literarische Porträts zu entwerfen nach einem ersten, flüchtigen Eindruck, nach dem Mienenspiel und den Gesten eines Menschen. Man schätzt den steten Wandel geistvoller Nuancen, eine ununterbrochene Folge von Gedanken und Einfällen, die sich lückenlos aneinanderreihen.

Marivaux sieht in einer solchen Folge von Gedanken den sich mehrenden

Schatz des menschlichen Geistes im Laufe der Entwicklung der Menschheit. Generationen sind vorübergegangen, ohne eine Spur zu hinterlassen, und doch haben sie die späteren Generationen mit ihren Gedanken bereichert. Das erworbene Gut des menschlichen Geistes wächst unaufhörlich; dies wird dauern, solange es Menschen gibt, die einander nachfolgen und ihr Leben leben. Wie man noch nicht alle Formen gefunden hat, die die Materie annehmen kann, so hat die Seele noch nicht alle ihre möglichen Erscheinungsformen erfüllt, hat man noch nicht alle Arten des Denkens und Fühlens vollständig erfaßt.

Im 18. Jahrhundert suchte der Geist neue Möglichkeiten für die Erkenntnis der Dinge und ihre Erhellung; er wollte alle ihre Aspekte sichtbar machen, die kleinsten Nuancen, zu ihnen neue Bezüge erschließen, sie anders ordnen als bisher und die diesen Entdeckungen entsprechende vollständige Skala der Begriffe finden. Angesichts der lebendigen Wirklichkeit und der Vielfalt der Fakten, die ihm die Geschichte des Geistes liefert, findet er tausend Möglichkeiten für neue Begriffsbestimmungen. Er läßt sich nicht mehr von der logischen Vernunft und dem mathematischen Denken leiten, die zu starr sind, um sich der Vielfalt der Realitäten dieser Welt anpassen zu können. Er läßt seiner Phantasie freien Lauf, pflegt das differenzierte Denken, das es ihm erlaubt, die Möglichkeiten ins Auge zu fassen, die den vielfältigen Gegebenheiten der Natur entsprechen. »Es gibt unendlich viele Gesichtspunkte des menschlichen Denkens«, sagte Fontenelle, »und die Natur selbst ist auch unendlich[2].« Einerseits: das souveräne Spiel des Geistes, der die sich ihm bietenden Möglichkeiten abwiegt, der einen Gedanken fallenläßt und wiederaufnimmt, der gedankliche Zusammenhänge vorausahnt und auf ein »je ne sais quoi« anspielt, ein geschmeidiges Denken, das sich den wechselnden Einfällen anpaßt, das Widersprüchliches zusammenfaßt und Ähnliches scheidet, eine Einbildungskraft, die immer neue Gedankenverbindungen schafft, neue Möglichkeiten. Andererseits: die Seele, eine Welt ohne eine einheitliche, feste Struktur, die in der Vielfalt ihrer Bezüge, in ihrem eigenen Reichtum dem Geist alle Möglichkeiten der Formen und Bezüge darbietet, ihm die vielgestaltigsten Wahrnehmungen erschließt. So vergegenwärtigt sich der Geist in der Kunst das Spiel der Linien, die sich kreuzen, berühren, verflechten, voneinander entfernen, sich überschneiden, verschwinden, um später wieder aufzutauchen, die ganze Vielfalt aller möglichen Kombinationen, die zufälligen, unbeabsichtigten, willkürlichen Gruppierungen von Dingen und Menschen. Das bringt einer-

2 Fontenelle, De la pluralité des Mondes.

seits eine metaphysische Sicht der unendlichen Vielfalt der Wirklichkeit, andererseits das Gefühl der Souveränität des Geistes, der in dieser Überfülle feste Formen zu schaffen vermag. Jetzt müßte es sich darum handeln, für diesen Reichtum, dem sich der menschliche Geist gegenübersieht, eine theoretische Basis zu finden, die es ihm erlaubt, die Dinge für sich allein und in ihren Wechselbezügen zu erkennen, wie auch eine Methode, die eine Entwicklung dieser Erkenntnisse ermöglicht.

Diderot

In Diderots Weltauffassung findet das differenzierte Denken seinen letzten Ausdruck. Die Welt: eine unendliche Vielfalt in ewiger Bewegung. Das Weltall: eine riesige Anhäufung von Körpern, die aufeinander einwirken und wo alles in der einen Form untergeht, um in einer anderen neu zu erstehen. In dieser Welt kann es keine homogene Materie geben; die Materie muß in sich heterogen sein. Es muß eine unendliche Zahl verschiedener Elemente geben; jedes dieser Elemente hat seine ihm allein eigene Kraft und Wirkungsweise, wie in der Anhäufung von Molekülen, die man »Feuer« nennt, jedes Molekül ein eigenes Wesen und seine eigene Wirkungsweise hat. Zwischen dem jedem Molekül eigenen Merkmalen gibt es ebenso viele gesetzmäßige Gemeinsamkeiten wie Unterschiede. In einem solchen Universum kann es keinen absoluten Frieden geben. Alles ist in Bewegung, alles in einem fortdauernden Fluß. Die Gestalt, die die Dinge in der Natur annehmen, ist nie endgültig. »Alle Wesen bewegen sich ineinander, also auch alle Arten. Jedes Tier ist mehr oder weniger Mensch; jeder Mensch ist mehr oder weniger Pflanze; jede Pflanze ist mehr oder weniger Tier. Im Bereich der Natur gibt es nichts Bestimmtes ... Jedes Ding ist mehr oder weniger irgendein Ding, mehr oder weniger Erde, mehr oder weniger Wasser, mehr oder weniger Luft, mehr oder weniger Feuer, gehört mehr oder weniger in diesen oder jenen Bereich[3].« Es kann in dieser Welt keine Individuen geben, deren Wesen ein für allemal eindeutig bestimmt ist. Was ist ein menschliches Wesen? Die Summe einer gewissen Zahl von Neigungen. Was ist das Leben? Eine Folge von Aktionen und Reaktionen. Solange ich lebe, handle oder reagiere ich als Masse, wenn ich tot bin, handle und reagiere ich als eine Anhäufung von Molekülen. Ich sterbe nicht im eigentlichen Sinne des Wortes, ich sterbe nicht mehr als alles andere.

3 Rêve de d'Alembert.

Geboren werden, Leben und Sterben bedeuten nur einen Gestaltwandel. Doch was besagt die Gestalt, die man annimmt? Jede Gestalt schließt das ihr eigene Glück und Verhängnis mit ein. Alles wandelt sich, alles vergeht, nur das Ganze bleibt, die Welt beginnt und endet unaufhörlich, in jedem Augenblick steht sie an ihrem Anfang und an ihrem Ende.

Die Natur löst sich auf in eine unendliche Vielfalt, ist immer im Fluß und in jedem Augenblick wieder von sich selbst verschieden. »Kein Molekül gleicht einem andern, kein Molekül sich selbst nur einen Augenblick[4].« So ist es auch im Leben der Menschen. »In jedem Erdteil, jedes Land; in einem bestimmten Land, jede Provinz; in einer Provinz, jede Stadt; in einer Stadt, jede Familie; in einer Familie, jedes Einzelwesen; in jedem Einzelwesen hat jeder Augenblick sein eigenes Gesicht und seinen besonderen Ausdruck[5].« In der ganzen Menschheit gibt es auch nicht zwei menschliche Wesen, die sich nur im geringsten ähnlich sind. Tatsächlich kann es keinem Menschen je gelingen, einen andern zu verstehen. Man stellt wohl gewisse Unterschiede im Urteil der Menschen fest, aber es gibt tausendmal mehr Unterschiede, die man gar nicht bemerkt. Jeder besitzt seine eigene Sicht, jeder sieht und erzählt die Dinge anders. Und jedes Individuum ändert unaufhörlich seinen Standpunkt. In den verschiedenen Lebensabschnitten bleibt sich die Seele nicht gleich, im gleichen Menschen wandelt sich alles unaufhörlich. Wir sind keinen Augenblick die gleichen. Der Zustand der menschlichen Wesen verändert sich unaufhörlich. »Ein Gedanke folgt auf den andern, der Mensch weiß selbst nicht wie . . .[6]« – »So löst ein erster Gedanke einen zweiten aus, beide zusammen einen dritten, alle drei einen vierten und so weiter«[7], unendlich oft. Wir brauchen nur in unser Inneres hinabzusteigen und in Dunkel und Schweigen zu horchen, was in uns geschieht, um in uns den beständigen Fluß der Gedanken zu spüren und uns der Tatsache bewußt zu werden, daß es da weder ein endliches Ziel noch ein Gesetz gibt. Dann können wir »erstaunliche Sprünge im Ablauf unseres Denkens« feststellen. Oft »läßt ein erweckter Gedanke einen Akkord erklingen, dessen Intervalle unbegreiflich sind«[8].

Das ist die Welt des differenzierten Denkens, eine immer neue Welt, eine Welt, die sich unaufhörlich erneuert, in der sich jedes Ding von den verschiedensten Seiten zeigt und von einem Moment zum andern sein Aus-

4 Id.
5 Id., Essai sur la Peinture, chap. IV.
6 Id., De l'Interprétation de la Nature, LVIII.
7 Entretien avec d'Alembert et Diderot.
8 De l'Interprétation de la Nature.

sehen ändert. Denn jedes Ding enthält einen kleinen Teil aller andern und ist mehr oder weniger ein anderes, und so bezeichnen nur die feinsten Nuancen die Unterschiede und so kommt man mit unmerklichen Schritten von einem zum andern, ohne es zu bemerken. Der Bau dieser Welt beruht auf keinem umfassenden, einheitlichen Grundprinzip. Es gibt nur die Entfaltung einer unendlichen Zahl von Kräften, die alles in Bewegung und Aufruhr versetzen. »Alles ist ein großer Strom[9].« So ist auch jedes Wesen nur eine Summe von Bestrebungen, die sich unaufhörlich und auf die verschiedenste Weise miteinander verbinden.

Die Welt von Diderot ist in dem beständigen Strom ihrer heterogenen Elemente ein Bild des Geschehens in seinem eigenen Denken: Gedanke folgt auf Gedanke, die Gedanken überschneiden sich, stoßen sich, bleiben nie ganz gleich, schließen sich in tausendfacher Vielfalt zusammen, ein Gedanke weckt tausend andere, die im Unterbewußten schlummern, die auf diesen Gedanken ansprechen, einmal stärker, einmal schwächer, um dann abzuklingen wie ein Echo, die schließlich wiederkehren, sich verbinden in unmerklichen, in jedem Moment wieder andern Nuancen, bis letztlich ein neuer Gedanke sich dem andern anschließt, immer beherrschender wird und alles umwandelt. »Wenn ich an Diderot zurückdenke«, schreibt Meister, »an die gewaltige Vielfalt seiner Gedanken, den erstaunlichen Reichtum seines Wissens, den lebhaften Schwung, die Wärme, den stürmischen Aufruhr seiner Einbildungskraft, an den ganzen Zauber, auch an die ganze Wirrnis seiner Gespräche, möchte ich seine Seele mit der Natur vergleichen, wie er sie selbst sah, reich, fruchtbar, mit einer Fülle von Keimen jeglicher Art, sanft und wild zugleich, einfach und majestätisch, gut und erhaben, aber ohne jegliches beherrschendes Prinzip, ohne Gebieter und ohne Gott[10].«

Die Enzyklopädie

Man hatte alles erforscht, von den Grundprinzipien der profanen Wissenschaften bis zu den Grundlagen des Glaubens, von der Metaphysik bis zu den Fragen der Ästhetik, von den Rechten der Fürsten bis zu den Rechten der Völker, von der Erde bis zum Saturn, von der Geschichte des Himmels bis zur Geschichte der Insekten. Dies alles wurde diskutiert, analysiert oder zumindest erörtert, sagt d'Alembert. Es war ein neues

9 H. Meister, Aux Mânes des Diderot.
10 Diderot.

Denken entstanden, eine neue Wissensbegierde, eine neue Freude, die Dinge zu beobachten, eins nach dem andern, in ihrer besonderen Eigenart, weit abliegende und seltsame Dinge, ihre Unterschiede oder verbindenden Merkmale. Man war bemüht, die Vielfalt aus der Nähe zu betrachten, die uns die Welt darbietet. Aber es kam der Augenblick, an dem man sich fragen mußte, wie diese Wahrnehmungen, diese Einzelentdeckungen, in ihrem Zusammenhang zu erfassen seien, ohne wieder in die alte Illusion eines Systems zu verfallen. Diese Aufgabe versuchten Diderot und d'Alembert in der Enzyklopädie zu lösen.

Wenn wir auf die bis dahin von den Wissenschaften erzielten Ergebnisse einen Blick werfen, stellen wir fest, daß man auf keinem Gebiet bis zu den Grundprinzipien vorgestoßen ist, die immer von einer Wolke verdeckt bleiben. Das Universum ist wie ein Ozean, in dem wir einige Inseln erkennen, die einen kleiner, die andern größer, aber es bleibt uns unbekannt, wie sie mit der festen Erdoberfläche zusammenhängen. Wir entziffern nur ein paar Silben des Weltganzen, von denen wir keinerlei sinnvolle Ergebnisse ableiten können. Die Kette der uns bekannten Wahrheiten ist an tausend Stellen unterbrochen. Einige Glieder dieser Kette sind untereinander verbunden, andere stehen einzeln und vertreten Wahrheiten, die mit keiner andern in Verbindung stehen. »Das weite Gebiet der Wissenschaften« ist »wie ein großer Landstrich, der mit dunklen und hellen Stellen übersät ist«, schreibt Diderot. »Unsere Arbeiten müssen also zum Ziel haben, entweder die Grenzen der hellen Stellen zu erweitern oder aber die Zahl der Lichtzentren um ein Vielfaches zu vergrößern[11].« Dieses Ziel erreicht man durch die Erforschung einzelner Fakten. Will man die Ergebnisse dieser Einzelforschungen gliedern, dann bietet der denkende Geist – und damit geben wir eine Antwort auf die Frage, die wir uns gestellt haben – kraft seiner kombinatorischen Fähigkeiten eine unendliche Menge von Gesichtspunkten, von Möglichkeiten für eine Systematisierung. Aber keines dieser Systeme kann einen realen Wert beanspruchen. Die Natur ist nicht in Abschnitte eingeteilt, sie zeigt keine Schnittlinien. In der Natur kann man keine realen Teile erkennen.

Aber wenn uns das menschliche Denken eine Reihe von Kombinationsmöglichkeiten bietet, um unser Wissen zu ordnen, welches methodische Prinzip soll uns dann bei unserer Auswahl leiten? Dieses Auswahlprinzip unter den verschiedenen Kombinationsmöglichkeiten in jeder Wissenschaft kann nur durch das Ziel bestimmt werden, das diese Wissenschaften

11 Diderot, De l'Interprétation de la Nature, xiv.

verfolgen. Für die Auswahl ist das der Wissenschaft immanente teleologische Prinzip entscheidend. Jede Wissenschaft hat nur die ihr eigenen Prinzipien und bildet ein individuelles Ganzes, das mit einer ihm eigenen besonderen Struktur auf ein bestimmtes Ziel hin ausgerichtet ist. Diese jeder Wissenschaft eigenen Prinzipien darf man ihr nicht nehmen. Man kann die in der Enzyklopädie verfolgte Methode mit dem Vorgehen der Geographen vergleichen. Die Enzyklopädie ist wie eine geographische Karte. Man sieht darauf die wichtigsten Länder, ihre Lage, wie sie aneinander grenzen. Und dann gibt es spezielle Karten: die einzelnen Artikel in der Enzyklopädie. Man folgt der Methode des Geographen und zeichnet die Karten der erforschten Gebiete mit größter Sorgfalt und Genauigkeit. Aber man hat auch keine Bedenken, da und dort weiße Flecken zu lassen, wo es noch unerforschte Gebiete gibt. Und wie eine Erdkarte von dem Standpunkt abhängt, den der Geograph einnimmt, so muß die Gestalt der Enzyklopädie von dem geistigen Standpunkt ihrer Mitarbeiter abhängen und von der Art der Darbietung des einzelnen Gegenstands. Man könnte sich für die Gliederung des menschlichen Wissens ebenso viele Systeme denken, wie es verschiedene kartographische Darstellungen der Erde gibt. Die Enzyklopädie erinnert an einen großen Landstrich mit Gebirgen, Ebenen, Felsen, Wasserflächen, Feldern, Tieren und all den vielen Dingen, die zu einem Landstrich gehören können. Alles erhält vom Himmel das gleiche Licht, aber jeder einzelne Gegenstand ist wieder anders beleuchtet. So findet auch jeder Mitarbeiter, jede Wissenschaft, jede Kunst, jeder Artikel, jeder Gegenstand in der Enzyklopädie die eigene Sprache und den eigenen Stil.

Von hier aus kann man einen Zugang finden zum Verständnis der Entwicklung des differenzierten Denkens im 18. Jahrhundert. Im 17. Jahrhundert sieht man in der Natur eine logische und mathematische Folgerichtigkeit, deren Gesetzmäßigkeit dem Verstand zugänglich ist. Ebenso gilt es in der Kunst Proportionen zu finden, die man als vollkommen bezeichnen kann, und eine Struktur mit einer vollkommenen Gesetzmäßigkeit. Diese Gesetzmäßigkeit in Natur und Kunst ist aber in der unendlich viel differenzierteren geistigen Welt nicht zu finden, ebensowenig im sozialen Bereich. Hier liegt im 17. Jahrhundert ein unlösbarer Widerspruch vor.

Im 18. Jahrhundert dagegen widmet man sich in den Naturwissenschaften im Gegensatz zu den cartesianischen Denkern experimentellen Forschungen – wir können hier diese Methode gerade nur anführen, in der jede systematische Sicht beiseite gelassen wird –, andererseits findet man sich dabei in der individuellen Vielfalt wieder: man läßt dem menschlichen Denken freien Lauf, das souverän in immer neuen Formen das Seiende in seiner ganzen Vielfalt gliedert nach den verschiedensten Gesichtspunkten, sei es unterscheidend oder vergleichend oder nach anders gearteten Bezügen.

Die Wissenschaft, so sagen die Enzyklopädisten, will einzelne Fakten erfassen, und es handelt sich zunächst darum, eine möglichst große Zahl solcher Fakten zu sammeln. Man kann sich die verschiedensten Beziehungen zwischen solchen einzelnen Feststellungen denken je nach dem Standpunkt, den man einnimmt. Jede Einzeltatsache kann mit der einen oder andern in irgendeine Verbindung gebracht werden. Es ist deshalb möglich, die Dinge auf tausend verschiedene Weisen zu ordnen. Die Natur selbst liefert uns dafür kein reales Ordnungsprinzip; man findet in ihr keine reale Gliederung oder feststehende Begriffe wie etwa den des Menschen, des Tiers oder der Pflanze. Die Ordnung von Einzelseienden in der Vielfalt, die uns das Weltganze darbietet, ist eine Funktion des Geistes.

Der wissenschaftliche Positivismus

Aber wie kann man, geht man von all diesen willkürlichen Gliederungen aus, die uns auf unerklärliche Weise in den Sinn gekommen sind, zu wissenschaftlichen Erkenntnissen gelangen, die sozusagen in sich selbst begründet sind? Wie wir gesehen haben, kann das nicht so geschehen, daß man objektive Gesetze sucht, reale Bezüge zwischen den Dingen, denn es kann gar nicht davon die Rede sein, daß man sie erkennt. Hingegen muß es durch das Bemühen geschehen, in einem idealen Ganzen, das von den Wissenschaften gebildet wird, unter allen denkbaren Bezügen diejenigen zu finden, die am besten begründet sind. Das ist der Standpunkt des Positivismus, der dann in der Philosophie von Auguste Comte seine Vollendung erreicht. Die Beziehung zwischen diesem Standpunkt und der geistigen Haltung des Menschen im 18. Jahrhundert, also dem differenzierten Denken, ist klar. Angesichts der verschiedenen Möglichkeiten von Bezügen zwischen den Dingen, wie sie von der menschlichen Einbildungskraft geschaffen werden, kommt das differenzierte Denken zu der Erkenntnis, daß solche Bezüge ihrem Wesen nach relativ sind und es ihm unmöglich ist, ihnen einen absoluten oder exklusiven Wert beizumessen. Der wissenschaftliche Positivismus stellt sich in Gegensatz zur klassischen Metaphysik und findet ein wissenschaftliches Auswahlprinzip unter den zahlreichen möglichen Beziehungen zwischen den Dingen. Jetzt kann man zu den Philosophen des 17. Jahrhunderts sagen: Wir können zwar die objektive Gesetzmäßigkeit der lebendigen Wirklichkeit nicht erfassen, aber der Mensch bemerkt doch, kraft der durch sein Denken gegebenen Bezugsformen, unaufhörlich neue Aspekte dieser Welt und ordnet die Dinge so, daß sie wohldefinierte Ergebnisse erreichen. Die Regeln, nach denen er seine Ordnungen aufbaut, stehen in einer funktionalen Beziehung zu ihrer teleologischen Wirkungskraft, und darüber hinaus sind sie so zu begreifen, daß die besten Ordnungen auch diejenigen sind, die es dem menschlichen Denken erlauben, die größtmögliche Zahl von Fakten zu erfassen bei einer möglichst kleinen Zahl von Grundprinzipien. Die Wissenschaft hat also ein doppeltes Ziel: die Erforschung von Einzeltatsachen, und dann, mit den aufeinanderfolgenden oder gleichzeitigen Entdeckungen, die sie so gemacht hat, nicht etwa ein System im metaphysischen Sinne zu schaffen, sondern ein wohlgeordnetes Ganzes, in dem die Dinge nach Arten gegliedert und in Rubriken klassifiziert sind oder integriert in Gruppen mit bestimmten Gesetzen. Aber damit ist nicht auch gesagt, daß eine systematische Beherrschung einzelner Materialien das eigentliche Ziel der Wissenschaft sei. Die Tatsache allein, einem allgemeinen Ganzen des Wissens zuzugehören, verleiht der einzelnen Erkenntnis noch keinen Wert. Diese Zugehörigkeit ist nur von sekundärer Bedeutung; ihr Wert beruht nur auf den Einzelerkenntnissen, die sie zum Ganzen hinzubringt. Es handelt sich dabei nur um ein Hilfsmittel zur besseren Erfassung der einzelnen Tatsachen. Wer sich mit den Allgemeinheiten eines konventionellen Einteilungsschemas zufriedengäbe, gliche einem Menschen, der sich mit einem Blick auf die Karte eines Landes begnügt, ohne in dieses Land zu reisen. Das letzte Ziel der Wissenschaften ist es immer, Einzeltatsachen zu erkennen, wie sie uns vorliegen.

Diese positivistische Sehweise gleicht, wie wir gesehen haben, dem differenzierten Denken, das sich der Feststellung von Einzeltatsachen zuwendet wie auch der Feststellung der schöpferischen Wirksamkeit des menschlichen Geistes in der Vielfalt der Möglichkeiten, welche die Wechselbeziehungen zwischen diesen Fakten darbieten. Diese Sehweise läuft parallel zum Vorgehen der Naturwissenschaften, die auf die experimentelle Forschung und auf Einzelentdeckungen ausgerichtet sind, wie auch zu den Klassifizierungsversuchen der Botanik und Geologie – es mag genügen, hier Linné und Buffon zu zitieren –; sie steht der sensualistischen Erkenntnistheorie nahe, wie sie von Locke und dann von Condillac entwickelt wurde. Das Einzelseiende, das den Sinnen zugänglich ist, das vorgegebene Faktum, das *hic et nunc*, geht den Begriffen, die wir einführen, voraus.

Die neue Art, die Wissenschaft zu werten, die auf einem anderen Begriff wissenschaftlicher Erkenntnis beruht, ist hier wesentlich. Am Anfang des 17. Jahrhunderts setzt sich die Wissenschaft zum Ziel, die Welt zu erkennen, das System der Welt. Darauf beruht ihr Wert, ihr Sinn. Im 18. Jahrhundert dagegen ist es das Ziel der Wissenschaft, einzelne Fakten zu erkennen, davon eine möglichst große Zahl zusammenzustellen und unter diesen vielfältige Beziehungen herzustellen, die den gesteckten Zielen entsprechen.

Aber sobald die Verfolgung bestimmter Ziele zum Sinn der Wissenschaft gemacht wird, kann man auch noch weiter gehen. Auch wenn man einräumt, daß die Wissenschaft nicht die Erfassung der Wirklichkeit des Lebens oder die Erkenntnis der absoluten Wahrheit beanspruchen kann, kann man ihren Wert einem System von Werten, die über sie hinausgehen, unterordnen. Die Enzyklopädie ist das Werk der Aufklärung, des den Gesetzen einer schöpferischen Vernunft unterworfenen Denkens, deren Überlegenheit es anerkennt. Die Wissenschaft steht im Dienste der Vernunft.

Die wissenschaftlichen Erkenntnisse selbst, die Erfahrung, die von der Geschichte festgestellten Tatsachen können für die schöpferische Vernunft nicht als Basis dienen und können keine Grundsätze liefern, nach denen das Leben einzurichten wäre. Es handelt sich hier nur um relative Fakten, dem Zeitablauf unterworfen, die der Wahrheit bestenfalls nahekommen. Dagegen haben die der Vernunft innewohnenden strukturellen Grundlagen einen absoluten Wert und beruhen auf unserem Rechtsbewußtsein, das unfehlbar ist und unabhängig von der Zeit. Wir wissen nur wenig von dem, was die Welt ist, was alles bis heute geschehen ist, was alles ist. Was aber sein soll, damit das Gute und das Recht herrsche, dessen sind wir sicher. Unsere revolutionäre Pflicht besteht darin, die Herrschaft des Rechts und des Guten aufzurichten nach den uns innewohnenden absoluten Grundsätzen.

Die Wissenschaften haben also die Aufgabe, der Organisierung des kollektiven Lebens zu dienen, und damit kommen wir zum zweiten Abschnitt der Evolution des 18. Jahrhunderts. Sie sollen den Menschen lehren, was recht und gut ist; sie werden ihn lehren, das Schöne zu erkennen; sie werden ihm aus der Geschichte Beispiele liefern, aus denen er Nutzen ziehen kann; sie werden seine Vorurteile beiseite räumen und ihm neue Wege zu einem glücklichen Leben erschließen. So sieht die Französische Revolution, wenigstens in ihren Anfängen, die Aufgaben der Wissenschaften. Sie finden ihren Platz, ihre Funktion in einem kollektiven, von der Vernunft geschaffenen Gemeinwesen. Aus sich heraus nicht fähig, die Grundlagen eines solchen Gemeinwesens zu schaffen, werden sie zum Mittel, dessen sich die Vernunft bedient, um nach ihren unfehlbaren Rechtsbegriffen ein besseres Leben für die Menschen zu schaffen. In dem Chaos, das die geistige Welt bis jetzt darbot, hatte man vergeblich ein Grundprinzip gesucht, eine Einheit mit festen Gesetzen. Doch allein die schöpferische Vernunft konnte die Regeln schaffen, nach denen das Leben in menschlichen Gemeinschaften gelenkt werden kann.

Es bleibt uns jetzt noch zu klären, wie die Vernunft schöpferisch werden konnte und wie man neben der Relativität aller wissenschaftlichen Erkenntnis die Grundsätze entdeckte und die sprachlichen Schlüsselbegriffe, um sie formulieren zu können.

III. Kapitel
Montesquieu

Die konstruktive Vernunft

Nehmen wir als Ausgangspunkt Montesquieu. Auch Montesquieu findet, wie die andern Menschen seines Jahrhunderts, Gefallen an der Vielfalt der Gestalten, die die Existenz der Menschen annimmt. »Unsere Seele ist zum Denken, also zum Wahrnehmen geschaffen«, schreibt er. »Ein so geartetes Wesen muß neugierig sein; denn wie alle Dinge Glieder einer Kette sind und jede Idee eine andere im Gefolge hat und ihrerseits die Folge einer anderen Idee ist, so kann man ein Ding nicht mit Wohlgefallen betrachten, ohne noch andere Dinge sehen zu wollen . . . Deshalb ist die Seele stets auf der Suche nach neuen Dingen und gelangt nie zur Ruhe. Man kann mithin stets gewiß sein, daß man der Seele Gefallen bereitet, wenn man ihr viele Dinge vorführt oder mehr, als sie zu sehen gehofft hatte[1].« Diese Anlage der Seele, die sie zu immer neuen Gegenständen weitertreibt, bewirkt, daß »sie an allen Freuden der Überraschung Geschmack findet«[2]. Das Hübsche gefällt ihr besser als das Schöne. »Eine Frau«, schreibt Montesquieu, »kann eigentlich nur auf eine Art schön sein; hübsch dagegen auf hunderttausenderlei Art[3].« – »Ferner bereitet es der ›Seele‹ großes Vergnügen, den Blick in die Ferne zu richten«, und deshalb hat sie eine Vorliebe für große, weit ausgreifende Gedanken. »Was für gewöhnlich einen großen Gedanken ausmacht«, sagt Montesquieu weiter, »ist, daß die Äußerung eines einzigen Gedankens uns zahlreiche weitere erkennen läßt und daß wir mit einem Schlag etwas entdecken, das wir uns nur als Ergebnis ausgiebiger Lektüre erhoffen konnten.« Ihn entzückt, daß die lebendige Wirklichkeit, so wie er sie vorfindet, ihm stets neue, vielfältige Gegenstände der Meditation liefert. Die Aufgabe ist nicht, alles in eine Einheit zu bringen. Das philosophische Denken besteht gerade darin, die Dinge voneinander zu unterscheiden, ihre Nuancierungen zu erkennen.

Aber diese lebendige Wirklichkeit ist nicht etwa eine Gegebenheit, die unabhängig vom menschlichen Geist da ist. Überall haben die Menschen schöpferisch eingegriffen. Sie haben Gewohnheiten, Sitten, Gesetze, Staaten

---

1 Essai sur le Goût. De la curiosité.
2 Id., Du plaisir de la surprise.
3 Id., Du Je ne sais quoi.

geschaffen. Die einzelnen sind nicht auseinandergelaufen, der eine hierhin, der andre dorthin; sie haben sich zu Vereinigungen, Völkern, Nationen, sozialen Klassen zusammengeschlossen; sie haben Organisationen gebildet. Montesquieu will diese Organisationsformen, in denen das kollektive Leben auftritt, in ihrer ganzen Vielfältigkeit abschreiten, sie miteinander vergleichen und feststellen, wodurch sie sich unterscheiden und worin sie einander ähnlich sind.

Innerhalb dieser unterschiedlichen Gesetze und Sitten werden die Menschen nicht einzig und allein durch ihre persönlichen Neigungen gesteuert. In diesen Institutionen, Sitten und Gesetzen muß es einen Sinn geben, einen *Geist*. Es sind Produkte des Willens, von Handlungen, die bestimmte Ziele verfolgen. Es sind Gebilde, die durch das Einwirken des Menschen in der Vielfalt der menschlichen Manifestationen im Laufe der Geschichte entstanden sind, Schöpfungen des Geistes, vermittels deren die Menschen ihr Schicksal bestimmen. Montesquieu will die Organisationsformen der Völker im Hinblick auf die Ziele untersuchen, die sie anstreben. Er versucht, Grund und Vernunft der Gesetze zu begreifen. Wenn ein Gesetz einem zuerst seltsam erscheint, so muß man zunächst davon ausgehen, daß es vernünftiger ist, als es den Anschein hat, daß es einen vernünftigen Seinsgrund hat.

Der Gesetzgeber steht bei der Ausübung seiner Tätigkeit gewissen Bedingungen gegenüber, einer Materie, die in gewisser Weise vorgegeben ist. Er muß einem Volk Gesetze geben. Dieses Volk hat eine spezifische Daseinsform. Was Montesquieu bei seinen Reisen beeindruckt und verblüfft, ist die Tatsache, daß die Venezianer so ganz anders sind als die Genuesen, als die Bewohner des Südens, als die Leute im Norden. »Ein Engländer, ein Franzose, ein Italiener: drei verschiedene Wesensarten[4].« Jedes Volk hat seine eigene Individualität. Diese so unterschiedlichen Individualitäten gilt es zu analysieren, jede für sich in ihrem Gesamtzusammenhang, und dabei die wechselnden Umstände zu berücksichtigen, unter denen jede lebt, die unterschiedlichen Bedingungen des Klimas, der Wirtschaft, die innerhalb des jeweiligen Gemeinwesens etablierten Hierarchien, die Moralvorstellungen und die religiösen Vorstellungen – alles, was mit der psycho-physischen Konstitution des Menschen und mit den zwischen ihnen bestehenden Beziehungen zusammenhängt. Man muß zu erfassen versuchen, wie die Individualität eines Volkes, der für dieses Volk charakteristische Geist, aus diesen komplizierten und wechselnden Beziehungen entsteht. Der Gesetzgeber

---

4 Montesquieu. Pensées et Fragments inédits, publiés par le baron de Montesquieu, 1901. T. II, p. 171, XVI: Caractères ethniques, 1382 (376, I, p. 359).

steht also in einer komplexen Gesamtheit moralischer und ökonomischer Gegebenheiten. Seine Gesetze müssen sich dem speziellen Charakter dieser Organismen anpassen. »Es wäre ein ganz ungewöhnlicher Zufall . . ., wenn die Gesetze einer Nation für eine andere Nation gleichfalls geeignet wären[5].«

Die Gesetze haben sich vielmehr der Wesensart dieser Gesamtheit anzupassen, der sie Struktur verleihen sollen, die konstruktive Tätigkeit des Gesetzgebers setzt gewisse Gedankenketten voraus, sie hat es mit bestimmten Regierungstypen zu tun und gehorcht einer Logik, die diesen Regierungsformen eigentümlich ist und die der Gesetzgeber entdecken muß. Die Gesetze bilden Gesamtzusammenhänge, innerhalb deren das eine sich aus dem andern ergibt. Da sind zuerst die Gesetze, die einer Regierung ihre demokratische, monarchische oder despotische Grundform verleihen. Ist diese Regierungsform einmal gegeben, so impliziert sie durch ihr Wesen selbst bestimmte Gesetze, so zum Beispiel jene, welche das Wahlrecht regeln, oder jene, welche eine soziale Hierarchie unter den Bürgern schaffen; es sind Gesetze, die sich aus der inneren Logik der gewählten Regierungsform zwangsläufig ergeben.

Der Gesetzgeber muß also von zwei Gegebenheiten ausgehen: zum einen von einer Regierungsform, die sich gemäß den ihr innewohnenden Gesetzen konstituiert hat, zum andern von dem individuellen Charakter des Volkes, auf das die Gesetze Anwendung finden sollen und der zugleich von bestimmten religiösen und moralischen Vorstellungen und von den äußeren Gegebenheiten des Landes bestimmt wird. Damit diese Gesetze die lebendige Gemeinschaft in schöpferischer Weise verändern können, damit sie wirksam werden, muß der *Geist* des Volkes eine bestimmte Richtung erhalten, muß die Individualität des Volkes auf ein bestimmtes Ziel hin orientiert werden. Jede Regierungsform setzt eine spezifische Denkart voraus, einen Geist, der in der Verfassung aller Kollektivorgane vorhanden sein muß. Das Prinzip der Demokratie ist die Tüchtigkeit, das der Monarchie die Ehre, das der Despotie die Furcht. Damit die Gesamtheit diesen Prinzipien folgt, muß auch ihre Organisation überall und vollständig ihnen entsprechen, muß sie im gleichen Geiste eins werden: die das Erziehungswesen regelnden Gesetze, die Rechtspflege, die Institutionen, die Sitten, alles muß zusammenwirken, um die Gemeinschaft so zu gestalten, daß sie einer bestimmten Regierungsform entspricht. Es muß eine so starke Übereinstimmung in Denken und Fühlen vorhanden sein, daß alle unterschied-

5 De L'Esprit des Lois, L. i, chap. iii.

lichen Willensrichtungen, die leicht von persönlichen Motiven bestimmt werden, in eine gemeinsame Richtung gelenkt werden. Alle Teile des Ganzen müssen ein und demselben Antrieb gehorchen.

Der Gesetzgeber hat also als Stoff eine größere Zahl von Menschen vor sich, denen die ökonomischen und geistigen Bedingungen eine ganz bestimmte Geisteshaltung eingeprägt haben. Der Mensch des Südens hat seine eigene Geisteshaltung, der Bewohner des Nordens wieder eine andere. Sämtliche Gesetze, sämtliche Institutionen müssen sich dieser Geisteshaltung anpassen, sie zugleich aber auch verstärken und lenken, so daß der gegebene Stoff schließlich den für eine bestimmte Regierungsform geeigneten Inhalt bildet. Soll zum Beispiel eine Monarchie errichtet werden, so muß ein kollektives Ehrgefühl geschaffen werden, wobei von der Geisteshaltung des betreffenden Volkes auszugehen ist, beispielsweise von der, die England seiner Insellage verdankt. Später können dann die Regierungsformen und die von ihnen geprägten Gesetze ihrerseits dazu beitragen, den Geist des Volkes zu formen und weiterzuentwickeln. Das gilt zum Beispiel für bestimmte parlamentarische Institutionen, die die Art des Denkens und Fühlens einer Gemeinschaft beeinflussen und verwandeln.

Jede Gesellschaft hat ihren besonderen Charakter, ihre eigene Denkungsart, einen Geist, der im Lauf der Jahrhunderte entstanden ist. Ist dieser Geist einmal da, so ist er allmächtig. Alles, was die an der Macht Befindlichen und ihre Funktionäre tun, steht mit ihm in Zusammenhang. Gegen den Geist des Volkes kann sich keine Macht durchsetzen. Ja, richtiger noch: es gibt keine Macht, die nicht auf ihn gegründet ist. Er herrscht bis zur völligen Zerstörung des Kollektivorganismus, dessen Triebkraft er sozusagen ist und mit dem er durch eine ununterbrochene Folge gegenseitiger Reaktionen verbunden ist. Die Gesetze werden lebendig, Neuschöpfungen entsprechen neuen ideologischen Strömungen innerhalb der Kollektivität. Gesetze und psychische Gegebenheiten eines Volkes treten einander unaufhörlich gegenüber. Nun kann es so sein, daß die Konflikte, die sich im Lauf dieser dialektischen Bewegung zwischen dem Kollektivgeist und den jeweiligen Erscheinungsformen der Gesetze ergeben, fortlaufend überholt werden. Es kann aber auch geschehen, daß sie die Völker zum Ruin führen. In diesem unaufhörlichen Spiel von Aktionen und Reaktionen zwischen den Gesetzen und dem Gesamtgeist der Völker unterscheiden sich die Staatsorganismen in den verschiedenen Phasen, die sie in fortschreitender historischer Entwicklung durchlaufen, voneinander – und auch jeder einzelne Organismus verändert sich in den verschiedenen Phasen. Man kann so das Leben der Völker verfolgen, indem man die fortwährenden Umwandlungen analysiert, die sich in ihrer Gesetzgebung vollziehen. Aber sobald die Einheit zwischen dem Gesetz und dem Geist eines Volkes hergestellt ist, sobald die Gesamtstruktur sichtbar ist, vollzieht sich die Weiterentwicklung des Geistes in den durch diese Struktur gegebenen Formen. Es sind Vorwärts- oder Rückwärtsbewegungen innerhalb der Grenzen bestimmter Möglichkeiten. Und es wäre eine äußerst heikle Aufgabe, diese Grenzen zu überschreiten oder ihren Verlauf zu ändern. Der Gesetzgeber kann gar nicht vorsichtig genug vorgehen, wenn er sich daran macht, in einer Nation die fundamentalen Gesetze zu ändern, die von der Geschichte geheiligt sind und an denen das Volk noch hängt. »Es ist manchmal notwendig«, schreibt Montesquieu, »bestimmte Gesetze zu ändern, aber der Fall ist selten und wenn er eintritt, darf man nur mit zitternder Hand daran rühren[6].«

Das Hauptziel eines jeden dieser Kollektivorganismen, eines jeden Staates, besteht darin, sich zu behaupten. Die Gesetze sind die äußeren Formen seines Selbsterhaltungstriebes. Das ist ihr Existenzgrund. Dank ihrer werden die Völker groß und mächtig. Es kann jedoch der Fall eintreten, daß im Lauf der Geschichte einer Nation innere Widersprüche zwischen ihren fundamentalen Gesetzen entstehen, oder aber, daß der Geist der Nation, ihre psychische Organisation, nicht mehr mit dem Geist der Gesetzgebung übereinstimmt – sei es, daß die Gesetze, die diese psychische Organisation schaffen sollen, nicht mehr von der Regierungsform geprägt sind, sei es, daß äußere Einflüsse dem Wollen eine andere Richtung geben.

Aber »obwohl alle Staaten im allgemeinen das gleiche Ziel haben, nämlich sich zu behaupten, hat doch jeder Staat auch sein eigenes, besonderes Ziel«, schreibt Montesquieu. »Das Ziel Roms war es, sich auszudehnen; das Spartas der Krieg; die Religion das der judaischen Gesetze; der Handel das von Marseille«[7], die politische Freiheit das Englands. Ein solches vorgegebenes Ziel bedarf zu seiner Verwirklichung spezieller Gesetze. Aber die Gesetze haben noch andere Gegebenheiten zu berücksichtigen, wie etwa die klimatischen Bedingungen, die Bodenbeschaffenheit, die Bevölkerungsdichte, die herrschende Religion – und jede dieser Gegebenheiten verlangt eine ihr angepaßte Gesetzgebung, die mit der Gesamtgesetzgebung in Einklang stehen muß.

Jeder Staat stellt also ein Ganzes dar, dessen gesamte Struktur ganz bestimmten Zielen zustrebt, einen Organismus, in dem all die verschiede-

6 Lettres Persanes, Lettre xxix.
7 De L'Esprit des Lois, L. xi, chap. v.

nen, möglicherweise von den Menschen vertretenen Tendenzen eine einheitliche Zielsetzung in den Gesetzen finden, die dazu dienen, entweder die kollektive Gesamtheit aufrechtzuerhalten, oder aber bestimmte gemeinsame Interessen zu fördern; und diese Gesetze sind unterschiedlichen Charakters, je nach der Natur des Inhalts, dem sie Gestalt geben müssen. Montesquieu sieht die Gesetze als Kunstwerke an. Es gibt »schöne Gesetze« und es gibt häßliche. Die Kunst, Gesellschaften zu schaffen und zu organisieren, ist die höchste aller Künste, der alle anderen Künste Tribut zollen sollten, denn von ihr hängen Leben und Glück der Völker ab. Der Gesetzgebungskünstler findet eine unerschöpfliche Quelle der Inspiration in der unbegrenzten Vielfalt der Tatsachen, die sich ihm darbieten; unaufhörlich fallen ihm neue Kombinationen von Gesetzen ein. Aber die meisten Gesetzgeber waren beschränkte Naturen. »Es scheint«, sagt Montesquieu, »daß sie die Größe und Würde ihres Werkes gar nicht erkannten ... Sie stürzten sich auf unnötige Einzelheiten; sie verrannten sich in Einzelfälle: und das ist kennzeichnend für einen beschränkten Kopf, der die Dinge Dinge nur in Einzelaspekten sieht und keinen umfassenden Überblick hat[8].« Die oberste Pflicht eines Gesetzgebers ist es aber gerade, die Dinge nur in ihrer Funktion für die Gesamtheit, die sie bilden, zu sehen; er muß wissen, wann zwischen den Teilen des Ganzen Einklang herrschen muß und wann sie sich im Widerstreit befinden dürfen. »Man muß die Gesetze in ihrer Gesamtheit nehmen und sie in ihrer Gesamtheit vergleichen[9].« Es kommt vor, daß scheinbar völlig gegensätzliche Elemente zum Wohl des Staates beitragen. »Macht es nicht vielleicht eher die Größe des Genies aus«, sagt wiederum Montesquieu, »zu wissen, in welchem Fall Gleichförmigkeit nötig ist und in welchen Unterschiedlichkeiten notwendig sind?« – »Was man bei einer politischen Körperschaft Einheit nennt, ist eine sehr zweideutige Sache; die wahre Einheit ist die in einer Harmonie, die bewirkt, daß alle Teile, so gegensätzlich sie uns auch erscheinen mögen, zum Gesamtwohl der Gesellschaft beitragen, wie die Dissonanzen in der Musik zum richtigen Gesamtklang beitragen. Es kann Einheit herrschen in einem Staat, wo man nur Unordnung zu erkennen glaubt, eine Harmonie nämlich, aus der das Glück erwächst, das allein der wahre Friede ist. Es verhält sich damit wie mit den Teilen des Weltalles, die durch Wirkung und Gegen-

8 Lettres Persanes. Lettre LXXIX.
9 De L'Esprit des Lois, L. XXIX, chap. XI.
10 Ib., chap. XVIII.

wirkung miteinander in einem fortdauernden, nie endenden Zusammenhang verbunden sind[11].«

Wenn man sich eine Vorstellung vom Wert dieser Gesetzeskomplexe
machen will, muß man sich zuerst fragen, ob sie wirklich ihr Ziel erreichen,
ob die Völker, die von ihnen regiert werden, im Niedergang begriffen sind
oder wohl gedeihen. Die Verhältnisse, unter denen die Völker leben, wandeln sich oder werden komplizierter; Gesetze, die einmal wohl begründet
waren, sind es nicht mehr. Die entscheidende Frage lautet, ob die in Kraft
befindlichen Gesetzgebungsverfahren imstande sind, sich diesen neuen Verhältnissen anzupassen. Davon hängt das Schicksal der Völker ab. Es kommt
nicht darauf an, sich ein Urteil über den absoluten Wert der Gesetze zu
verschaffen, oder darauf, die vollkommene Regierungsform zu finden. Die
Gesetze haben einen durchaus relativen Wert, bezogen nämlich »auf die
Menschen, die ihnen gegenüberstehen«. Es kann zwar sein, daß es absolute
Werte gibt, unser Geist ist jedoch außerstande, sie zu bestimmen. »Es ist
unerläßlich, daß man sich diesen Grundsatz einrichtet; durch ihn werden
die meisten Vorurteile weggefegt. Er ist die Geißel der gesamten antiken
Philosophie, der Physik des Aristoteles, der Metaphysik Platons: liest man
die Dialoge dieses Philosophen, so stellt man fest, daß sie nur ein Gespinst
von Sophismen sind, das die Unkenntnis dieses Grundsatzes gewoben
hat[12].«

Wenn Montesquieu auf Reisen ist, stellt er mit Verblüffung fest, daß die
verschiedenen Formen der menschlichen Gemeinschaften nur relativen
Wert besitzen. Man kann sie nicht unter einem einzigen Gesichtspunkt
beurteilen. »Reisen«, sagt er, »erweitern den geistigen Horizont beträcht-
lich: man tritt aus den Vorurteilen des eigenen Landes heraus und belastet
sich in der Regel nicht mit denen der Fremden[13].« Man muß die Länder
nehmen, wie sie sind, und »alle Völker Europas mit der gleichen Unpartei-
lichkeit« betrachten »wie die verschiedenen Völker der Insel Madagas-
kar[14].« Man kann von den Sitten und Gebräuchen einer Nation nicht sagen,
sie seien besser als die einer anderen. Welchen Maßstab könnten wir im
übrigen anlegen, um zu einem solchen Urteil zu gelangen? Montesquieu
stellt sich mit Vorliebe vor, wie ein Ausländer, etwa ein Perser, in Europa
ankommt und alles seltsam findet, was er sieht und hört – in einer Welt,

11 Grandeur et Décadence des Romains, chap. XI.
12 Pensées et Fragments inédits, publiées par le baron de Montesquieu, 1901, T. II, p. 477,
   IX. Philosophie, 1. Métaphysique, 2062 (410, 1, p. 374).
13 Mélanges inédits. Essai sur les causes qui peuvent affecter les esprits, p. 144, 1892.
14 Pensées et Fragments inédits, T. I, p. 34. Bordeaux, 1899, 86* (1297, II, F° 137).

an der für uns nichts außergewöhnlich ist. Er beobachtet die unterschiedlichen Aspekte, die das Schauspiel der Welt bietet, die vielfältigen Einstellungen der Menschen gegenüber den Dingen, das kindliche Erstaunen, das wir vor den Sitten und Gebräuchen anderer Völker empfinden, die Beschränktheit unserer Werturteile, die von unseren nationalen Vorurteilen und von der Epoche, in der wir leben, bestimmt sind. Und das hat zur Folge, daß er die Dinge nur noch unter relativen Gesichtspunkten bewerten kann.

Auf seinen Reisen kann er die mannigfaltigen Erscheinungen des menschlichen Lebens nicht mehr als bloßer Beobachter betrachten. Wie könnte er ihnen gegenüber ungerührt bleiben, da doch Unglück oder Glück der Menschen von ihnen abhängt, und da doch hinter den unterschiedlichsten Erscheinungskomplexen das eigentliche Lebensprinzip der Völker sichtbar wird?

»Als ich in fremden Ländern reiste«, sagte er, »wandte ich mich ihnen innerlich zu wie meinem eigenen Land, ich nahm an ihrem Geschick Anteil und wünschte, sie befänden sich in einem gedeihlichen Zustand[15].« Das ist der Standpunkt, von dem aus er die verschiedenen Gesetze einschätzt. Ihr Wert bemißt sich nach dem Grad ihrer Anpassung an die Bestrebungen, die geistigen Einstellungen der Menschen, die sich ihnen fügen müssen, und nach der mehr oder weniger großen Ökonomie der Mittel, die sie einsetzen. Und da die Menschen und Menschengruppen sich unterscheiden, ist es unmöglich, von bestimmten Gesetzen zu sagen, sie seien die besten. »Die menschlichen Gesetze befinden darüber, was gut ist«, nicht »darüber, was besser ist.« Oder: »Es gibt verschiedenerlei Gutes, aber das Bessere gibt es nur einmal[16].« Man muß sich deshalb davor hüten, »ein Gesetz mit einem anderen zu vergleichen«[17]. Es kommt stets darauf an, das betreffende Gesetz in dem Gesamtzusammenhang zu sehen, den es mit anderen Gesetzen zusammen bildet, und dann die Gesetze insgesamt zu vergleichen und dabei die verschiedenen Ziele zu berücksichtigen, die sie anstreben. Die einzige Frage, die sich bei dieser relativen Bewertung der Gesetze stellt, ist die, ob ein in Kraft befindliches Gesetz gut ist, oder anders ausgedrückt, in welchem Maß es sich wohl günstig auf den Bestand eines Volkes auswirkt und sich dem Gesamtgeist einer Nation anpaßt.

Die vernünftige Welt, wie sie Montesquieu begreift, ist eine Summe der

15 Pensées et Fragments inédits, T. 1, p. 9 (4, 213, 1, p. 220).
16 De L'Esprit des Lois, L. xxvi, chap. 11.
17 Ib., L. xxix, chap. xi.

Gemeinschaften, die nach unterschiedlichen Prinzipien geregelt sind. Es ist ihm nicht wichtig, ob diese Gemeinschaften ein Ganzes bilden, das einem universalen Gesetz unterworfen ist, welches sie alle umfaßt. Ihre Beziehungen sind mehr oder weniger eng, mehr oder weniger feindselig; sie bekämpfen einander; einige verständigen sich auf Kosten anderer; sie schließen Verträge, gehorchen jedoch nicht den Gesetzen einer allgemeinen Entwicklung.

Montesquieu sieht also die ganze grenzenlose Vielfalt der politischen Gegebenheiten in der Geschichte als Aufeinanderfolge oder Nebeneinander von Organismen relativen Wertes, deren jeder einem bestimmten Ziel zustrebt, von Gemeinschaften, deren jede ihren individuellen Charakter und ihre eigene Legalität besitzt. Die Völker steigen auf und sinken wieder ab, gemäß der inneren Notwendigkeit ihrer Gesetzesstruktur. Gesetze zu entdecken, die diesen unterschiedlichen Organismen gemeinsam sein könnten, diese Frage scheint Montesquieu nicht beschäftigt zu haben. Er geht nicht bis zu der Annahme, daß die Nationen ein und demselben Evolutionsprozeß folgen. Das wird erst später ins Auge gefaßt, als man die Entwicklung der Menschheit unter dem Gesichtspunkt des Fortschritts begreift. Montesquieu beschränkt sich darauf, die eigenen Gesetze jedes Staates zu untersuchen und sie in ihrer unterschiedlichen Struktur zu vergleichen; er macht nicht den Versuch, aus dem Material, das ihm die Geschichte liefert, durch Induktion die allgemeinen Regeln bestimmter Formen der Gesetzgebung zu entdecken.

Das 17. Jahrhundert hatte gefragt, welchen Sinn dieses Weltall wohl habe. Montesquieu beschäftigt diese Frage offenbar nicht. Die Erde ist nur ein »Atom« in der Unermeßlichkeit des Universums. »Wozu Bücher für diese kleine Erde schreiben, die kaum größer als ein Punkt ist?« ruft er aus[18]. Ihn interessiert nur eines: in der Vielfalt der Fakten, welche die Geschichte der vernünftigen Welt liefert, die Bedeutung der kollektiven Einzelexistenzen zu entdecken, die der menschliche Geist bei der Verfolgung bestimmter Ziele geschaffen hat, und nach ihrem relativen Wert zu fragen. Was dem Wandel unterworfen und unterschiedlich ist, was isoliert betrachtet keinen Sinn hat, erlangt einen Sinn im Rahmen der kollektiven Gruppierungen, deren Aufbau bestimmten Gesetzen folgt und auf die Erreichung eines speziellen Zieles ausgerichtet ist. Gewiß, es kann nicht die Rede davon sein, daß die von den Menschen erdachten Gesetzesstrukturen ebenso großartig wären wie jene, die den Bau des Weltalls bestimmten. Es ist möglich, daß

---

18 Pensées et Fragments inédits, T. II, p. 305, 1752 (1057, II, F° 61, V°).

das Leben des Menschen, wie sein Körper und wie auch die Tiere, von Gesetzen regiert wird, die ihrer Natur nach unabänderlich, da von Gott geschaffen, sind. Aber der Mensch ist »ein beschränktes Wesen ... der Unwissenheit und dem Irrtum ... und tausend Leidenschaften unterworfen«, und andrerseits liegt es in seiner Natur, daß er aus eigenem Antrieb handelt. »Er muß sich selbst führen«, er muß hervorbringen. »Zum Leben in der Gesellschaft geschaffen«[19], muß er Formen einer gemeinschaftlichen Existenz finden. So schafft der Mensch sich selber Formen, die in der Lage sind, seinem sich wandelnden Leben und dem Leben der Völker ein gewisses Maß an Beständigkeit zu geben. Er ersinnt Gesetze, die nichts anderes sind als die menschliche Vernunft, die die Völker der Erde regiert und sich auf tausenderlei Weise den unterschiedlichen Objekten anpaßt, die sie zu gestalten hat.

Das ist die neue Geisteshaltung gegenüber der lebendigen Wirklichkeit. Letztere ist nicht mehr ein ungeordnetes, sinnloses Chaos, vor dem der Mensch sich ohnmächtig fühlt. Der Menschengeist ist Herr über die Veränderungen, die seine Schöpfungen durchlaufen; er verfügt über sie, gestaltet sie und wandelt sie um nach seinem Gutdünken. Es geht hier auch nicht um eine einzig durch Wissen gewonnene Ordnung; es geht nicht einfach darum, daß man sich in den verschiedenen möglichen Beziehungen zwischen den Dingen wiederfindet, daß man sich in den unterschiedlichen Formen auskennt, deren sich die Vernunft bedient, um die Fakten der Wirklichkeit zu gruppieren. Hier kommt ein anderes Element als das differenzierende Denken ins Spiel. Der Mensch fühlt sich fähig, selbst in die Wirklichkeit einzugreifen, sie zu gestalten; er ist der Künstler, der Architekt, der dem Leben der Völker eine Form gibt. Er erkennt, daß die Gesellschaften nicht mehr bloße Fakten, vielmehr Baumaterial sind. Man lernt, einen Staat nach den Grundsätzen seiner Struktur zu analysieren und die Gesetze in ihrer wechselseitigen Abhängigkeit zu erfassen, eine ganze Gemeinschaft als Funktion des Zieles, das sie verfolgt, zu sehen. Sobald das Ziel einer Gemeinschaft gegeben ist, müssen bestimmte Gesetze folgen, und diese Gesetze müssen ein Ganzes ergeben, das in einer bestimmten Richtung angelegt ist. Bei jedem dieser Gesetze muß man sich die Frage vorlegen, ob es zur Erreichung des angestrebten Zieles beiträgt. Bei Montesquieu kann jedoch ein Staat nur zwei Ziele haben: das eine, das Hauptziel, ist das der Selbsterhaltung, das andere ist ein ihm eigenes, spezielles Ziel, wie etwa die Eroberung anderer Länder, der Handel etc. Es gibt kein Ziel

19 De L'Esprit des Lois, L. 1, chap. 1.

von absolutem Wert, und man kann von keinem Gesetz sagen, es sei als solches gut. Ein Gesetz kann zu gewissen Zeitpunkten gut und unter anderen Verhältnissen schlecht sein. Sein Wert bemißt sich nach dem Grad seiner Anpassung an die Individualität des Volkes, für das es gilt. Man kann nur dann ein Urteil darüber abgeben, wenn man es in den Zusammenhang stellt, der zugleich durch die bestehenden Verhältnisse und durch eine bestimmte, teleologische Gesetzgebung gebildet wird.

Der Liberalismus von »L'Esprit des Lois« und die Freiheit, wie sie die Revolution versteht

Die Französische Revolution konnte natürlich nicht bei dieser Meinung stehenbleiben. Montesquieu – so sagen die Revolutionäre – untersucht und analysiert die Zusammenhänge und Beziehungen zwischen den Gesetzen mit außerordentlichem Scharfsinn. Aber er beschränkt sich bei seinen Forschungen auf die Untersuchung, in welchem Grad die Gesetze mit dieser oder jener Verfassungsform in Einklang stehen. Geht es jedoch nicht vor allem darum, festzustellen, ob die betreffende Verfassungsform richtig oder falsch ist? Seine Botschaft an die Völker scheint zu lauten: Diese Regierungsform muß so sein, einfach weil sie so ist, und aus demselben Grund muß sie auch bleiben wie sie ist. Aber das sagt überhaupt nichts über die Frage aus, ob diese Regierungsform vernünftig ist oder nicht, ob sie unter dem Gesichtspunkt des Rechtes Gültigkeit beanspruchen kann. Montesquieu ist es stets mehr darum zu tun, die Ursachen dessen, was ist, herauszufinden, als festzustellen, was sein sollte. Wie kann man aus einem Faktum auf seine Berechtigung schließen? Das läuft darauf hinaus, daß man einen faktischen Staat an die Stelle eines rechtmäßigen Staates setzt. Geht man so vor, so werden alle Irrtümer, alle Absurditäten, alle Verbrechen legitim. Man muß bei Montesquieu zwischen dem Historiker und dem Gesetzgeber unterscheiden. Historiker ist er beinahe immer, Gesetzgeber nur selten. Er zeigt uns die Sitten bestimmter Völker, sowie die Bedingungen, unter denen sie leben. Im Wege der Induktion gelangt er zu bestimmten Folgerungen, die aus den Umständen abgeleitet sind. Aber folgt daraus denn zwangsläufig, daß seinen Schlüssen eine allgemeine Bedeutung zukommt? Was seinem *Esprit des Lois* fehlt, ist der Anfang und der Schluß. Seine Gesetze haben weder eine juristische Grundlage, noch ein juristisches Ziel. Und das eben ist der Vorwurf, den man während der Französischen Revolution unablässig gegen Montesquieu erhebt. Man hält es für unzulässig, daß er von den Fakten auf das Recht schließt, daß er sich nur mit dem Bestehenden befaßt und sich nicht um das kümmert, was sein sollte. Auch wenn eine Sache in diesem oder jenem Land geschehen ist – hält man ihm entgegen –, wenn sie in dieser oder jener Epoche vorgekommen ist, vor tausend Jahren oder in der Gegenwart, unter diesen oder jenen klimatischen Bedingungen – sei sie nun durch das vom Staat verfolgte spezielle Ziel gerechtfertigt oder nicht: die Frage bleibt immer noch offen, ob sie gerecht oder ungerecht, gut oder schlecht ist. Ein Mord, ganz gleich unter welchem Breitengrad oder Längengrad er begangen wird, bleibt immer ein Mord. Den mannigfaltigen Unterschieden in Zeit und Raum steht die Universalität, die Einheit, die Allgemeinverbindlichkeit der Rechtsmaximen gegenüber. Und von da aus kann man noch sehr viel weitergehen. Wenn wir bei jeder Tatsache, die uns die Geschichte des Menschengeistes in ihrer Vielfalt bietet, sagen können, ob sie gut oder schlecht, rechtmäßig oder unrechtmäßig ist, kann man dann nicht auch bestimmen, wie die Dinge in ihrer Gesamtheit sein müssen, daß sie der Moral und der Gerechtigkeit Genüge tun? Kann man nicht eine Norm für die Gestaltung der menschlichen Gemeinschaften finden?

Dieses oder jenes Gesetz ist schlecht oder ungerecht. Ich weiß es, ich bin dessen gewiß. Aber wie muß es sein, um gut oder gerecht zu sein? Das Werturteil beruht auf dem universalen Charakter des Wertes. Wo aber finden wir die Norm, die für alle gültig ist und uns sagt, wie alles sein muß, damit absolute Werte zustande kommen? Montesquieu hatte die Kollektivorganisation, den Staat, als einen Organismus begriffen, der ein Ziel verfolgt, als ein Ganzes, das nach Gesetzen aufgebaut ist, die dahin tendieren, eine genau definierte Gesamtheit, eine teleologische Einheit zu bilden. Wie aber kann man das von den Gemeinschaften verfolgte Ziel an Wertmaßstäben von universaler Gültigkeit messen? Auf der einen Seite Voltaire: die universale Kritik auf Grund von Wertmaßstäben, die unterschiedslos auf alle anwendbar sind und stets gleich bleiben; auf der andern Seite Montesquieu: die Strukturprinzipien von Gesellschaften, deren Gefüge auf die Erreichung bestimmter Ziele gerichtet ist. Auf der einen Seite das souveräne kritische Gewissen, das sich auf ein einziges Prinzip, das des Rechtes, beruft; auf der andern, Prinzipien von unbegrenzter Variabilität, deren sich die konstruktive Vernunft bedienen kann, um die Menschen zu kollektiven Einheiten zu gruppieren, deren jede ein anderes Ziel verfolgt.

Wir wissen also, ob eine Sache rechtmäßig ist oder nicht, wir wissen auch, wie wir die lebendige Wirklichkeit angehen müssen, um sie umzuformen, den Gesetzen gemäß zu lenken. Es geht jetzt bei der teleologischen Gestaltung der Gemeinschaften darum, so vorzugehen, daß ein Ziel erreicht wird, das einen absoluten Wert besitzt. Dieses absolute Ziel findet sich im Recht. Jeder Mensch ist, unter dem Gesichtspunkt des Rechtes betrachtet, ein absoluter Wert. Gleichgültig, an welchem Ort der Welt er sich befindet, gleichgültig, in welcher Epoche er lebt: dieser Mensch hat, einfach weil er Mensch ist, bestimmte naturgegebene Rechte. Diese Rechte sind mit dem Menschen selbst gesetzt. Der so begriffene Mensch besitzt unter dem Gesichtspunkt des Rechtes einen absoluten Wert, sein Wesen wird durch seine Rechte bestimmt. Er hat das Recht, zu leben, nicht in seinen Handlungen eingeengt zu werden, Verträge zu schließen usw. Wenn wir wissen wollen, ob eine Handlung gut oder schlecht, rechtmäßig oder unrechtmäßig ist, müssen wir uns also die Frage vorlegen, ob die Handlung dem ursprünglichen Charakter zuwiderläuft, den das Recht dem Menschen verleiht. Ein Mensch tut einem andern Gewalt an, damit der ihm einen Dienst leistet; damit verletzt er ihn in seinem Recht auf Freiheit; besteht jedoch zwischen diesen beiden Menschen ein Vertrag, in dem der zweite sich unter bestimmten Bedingungen verpflichtet, dem ersten Dienst zu leisten, dann liegt keine Rechtsverletzung vor. Nicht anders verhält es sich, wenn die im Staat organisierte Gemeinschaft von einem einzelnen einen Dienst verlangt. Wenn zwischen den beiden Parteien ein Vertrag besteht, ist dieses Verlangen berechtigt, im gegenteiligen Falle nicht. Alle Gesetze müssen danach beurteilt werden, ob sie im Einklang oder im Widerspruch mit den Rechten des Menschen stehen. Das Recht hat Vorrang vor dem Gesetz. Jedes Gesetz muß auf das Recht gegründet sein und die Herstellung des Rechtes anstreben. Der Staat ist eine Vereinigung von Einzelmenschen, die zum Ziel hat, die Rechte aller zu befriedigen. Um einen Staat zu schaffen, der diese Voraussetzungen erfüllt, bedarf es einer auf Gesetzen beruhenden Kollektivorganisation. Wir müssen zunächst die natürlichen Rechte der einzelnen bestimmen; dann können wir von jedem Gesetz sagen, ob es auf das Recht gegründet ist oder nicht, ob es gerecht ist oder nicht, und können vom Rechtsstandpunkt aus über seinen Wert und seine Zweckmäßigkeit urteilen. In den Prinzipien des Rechtes müssen wir die absolute Norm suchen, die uns gestattet, eine Gemeinschaft zu errichten.

Es bestehen also tiefgehende Divergenzen zwischen der Anschauung Montesquieus und der der Französischen Revolution. Montesquieu versteht die vernünftige Welt als eine Vielzahl von Gemeinschaften. Jedes Individuum steht in einer bestimmten Beziehung zu einer Gemeinschaft. Sein Leben, sein Schicksal, die Richtung, in der sich sein Geist bewegt, sind zum großen Teil durch die Gemeinschaft bedingt, der er angehört. Er lebt und entwickelt sich mit ihr, manchmal stirbt er sogar für sie. Jeder einzelne muß in sich etwas vom gemeinschaftlichen Leben, vom Gemeinschaftsgeist verspüren. Dieser Gemeinschaftsgeist, der ihn bestimmt und leitet, dessen er jedoch unbewußt ist, muß in ihm lebendig werden. Er muß in ihm bewußt und zur Triebfeder seines Tuns werden. Montesquieu setzt damit die Richtpunkte dessen, was man den Bürgersinn nennen kann; er hebt den Wert der Gemeinschaft hervor und erklärt sie zum Mittelpunkt der Gefühle und Gedanken der einzelnen, aus denen sie sich zusammensetzt. Die Französische Revolution jedoch will als schöpferische Kraft auf das Leben der Völker einwirken, will es in seinen Grundlagen verändern. Wir müssen neue Formen des Gemeinschaftslebens, ein neues, glückliches Volk schaffen – verkündet sie –, dann wird auch das Individuum sein Glück in der Gemeinschaft finden und sich ganz selbstverständlich an sie anschließen.

Montesquieu sagt ferner, das Leben der Gemeinschaften werde durch eine unpersönliche Macht, das Gesetz, bestimmt, das in das Leben jedes einzelnen eingreift, über ihn hinausreicht, die Generationen überdauert und sich nach einer immanenten Logik entwickelt, das beständig und objektiv bleibt, im Gegensatz zu der Willkürlichkeit und dem subjektiven Charakter der Individuen. Die Individuen können sich nur innerhalb dieser unpersönlichen Organisationsform betätigen. Die Senatoren in einer Republik, der König und die Beamten in einem Königreich, sind nur einzelne Räder in dem Gesetzesmechanismus, der die Gesamtheit der Mitbürger lenkt. Ihre Tätigkeit kann sich nur in den durch das Gesetz gegebenen Formen entfalten. Wenn sie gegen das Gesetz handeln, müssen sie verschwinden. Andernfalls ist es das Volk, das seinem Ruin entgegengeht. Wir haben es also hier mit einer historischen Gegebenheit zu tun. Eine unpersönliche Macht herrscht über das Individuum. Nur ihr dürfen wir gehorchen, dem Gesetz, das die menschliche Vernunft verkörpert – nicht dem Menschen. Es muß eine Macht geben, die höher ist als alle Menschen, den König nicht ausgenommen. Der König darf nur im Namen des Gesetzes regieren und darf nur jene Gesetze ausführen, die »notwendige Beziehungen« darstellen und aus »der Natur der Dinge« abgeleitet sind.

Aber auch in diesem Punkt geht die Französische Revolution über Montesquieu hinaus. Welche Macht, fragt sie, erläßt eigentlich die Gesetze? Bei Montesquieu sind die Gesetze das Produkt eines historischen Prozesses. Sie sind in manchen Fällen einem Gesetzgeber zu verdanken, in anderen Fällen einem Weisen, in wieder anderen den Einflüssen eines benachbarten Volkes. Es kann auch vorkommen, daß sie einer besiegten Nation von einer siegreichen Nation aufgezwungen wurden. Je nachdem, wie die Verfassung gestaltet ist, übt hier ein Senat, dort ein Parlament, oder auch das ganze Volk oder ein König die Funktion des Gesetzgebers aus. In allen Fällen handelt es sich um Manifestationen der menschlichen Vernunft, die sich im Lauf der Geschichte und bei den verschiedenen Völkern in der vielfältigsten Weise ausdrückt.

Die Französische Revolution hingegen betrachtet das Gesetz nicht als etwas, was das Werk eines Individuums oder einer Gruppe von Individuen sein kann. Das Individuum kann seiner Natur nach nur willkürlich, beschränkt und durch persönliche Beweggründe bestimmt sein. Der unpersönlichen Natur des Gesetzes kann nur eine unpersönliche gesetzgebende Macht entsprechen. Deshalb muß der Gesamtwille einer Gemeinschaft das Gesetz schaffen, das Ganze muß über sich selbst bestimmen, das Ganze, in dem sich die Einzeltendenzen verschmelzen und in dem die Einzelinteressen dem Gesamtinteresse weichen. Die Nation allein kann sich das Gesetz geben. Schon Montesquieu hatte die Nation, wie sie sich ihm in der Geschichte zeigte, als ein psychisches Ganzes betrachtet, als einen Organismus, der eine Seele besitzt, mit welcher die Gesetze im Einklang stehen müssen. Aber die Individuen, denen bei ihm die Aufgabe anvertraut ist, diese Gesetze zu machen, unterscheiden sich je nach den Verhältnissen und der Verfassung, die im jeweiligen Land in Kraft ist. Das durch den Geist der Nation gebildete Ganze war bei ihm nur das OBJEKT der Geschichte; unter der Französischen Revolution wird es zum SUBJEKT der gesetzgebenden Macht.

Montesquieu hatte der souveränen Vernunft die Macht zugesprochen, Gesetze zu erlassen, über das Schicksal künftiger Generationen zu entscheiden; während der Französischen Revolution führt dieser Glaube an die Macht der Vernunft, die durch das Gesetz ausgeübt wird und das Leben sämtlicher Individuen einer Gemeinschaft bestimmt, zu der Überzeugung, daß eben diese Gemeinschaft als Souverän über die sie selbst betreffenden Maßnahmen entscheiden muß. Gewiß, Montesquieu hatte in den Gesetzen, die auf die lebendige Wirklichkeit angewandten Manifestationen der menschlichen Vernunft gesehen. Aber bei ihm ist es eine Vernunft, die unter wechselnden historischen Erscheinungen auftritt, die sich in die unterschiedlichen Gegebenheiten fügt, sich ihnen anpaßt, listig mit ihnen umgeht, sie klug in Rechnung stellt, die selbst tausend Irrtümern unterworfen ist; es ist eine Vernunft, die Kombinationen von Gesetzen mit stets relativem Wert und stets verschiedenem Charakter schafft, Gesetze, die nichts von der Einheit der Naturgesetze, von der großartigen und konstanten Gesetzesmäßigkeit der Natur haben. Dieser vielgestaltigen und relativen Vernunft setzt die Französische Revolution die universale, absolute Vernunft entgegen, die stets ihrer selbst sicher ist, da sie sich auf Rechtsprinzipien beruft, die auf die gesamte Welt anwendbar sind und alles regeln müssen – Prinzipien, die für alle Völker gültig sind. Wendet man diese Prinzipien an, so folgt man nur der Gesetzmäßigkeit der Natur, so verwirklicht man lediglich, was in der Natur des Menschen selbst begründet ist.

Es trifft freilich zu, daß es in der Art und Weise der Verwirklichung dieser Rechtsprinzipien zahlreiche Unterschiede geben kann. Und in dieser Hinsicht übte Montesquieu am Anfang wie am Ende der Revolution großen Einfluß aus. Unter den Zielen von relativem Wert, die sich die von einem Staat gebildete Gemeinschaft geben kann, führt Montesquieu die Freiheit der Bürger an. Das ist zum Beispiel das Ziel, das sich England gesetzt hat. Wenn ein Staat dieses Ziel erreichen will, fügt Montesquieu hinzu, müssen bestimmte Dinge vollbracht, bestimmte Bedingungen durch Gesetz festgelegt werden; so dürfen zum Beispiel gesetzgebende und ausübende Gewalt nicht in einer Hand vereinigt sein. Während der Französischen Revolution wird dieses Ziel, das für Montesquieu nur relative Bedeutung hatte, zu einem absoluten Ziel, zu einer Norm. Die Freiheit ist ein Naturrecht, sie muß deshalb Ziel des Staates sein. Montesquieu gibt übrigens auch die Mittel an, auf die man zurückgreifen muß, um die Freiheit zu verwirklichen. Man kann also sagen: Wir wollen frei sein, das ist unser Recht, und damit wir frei werden, müssen – wie Montesquieu dargelegt hat – Legislative und Exekutive getrennt sein, müssen die beiden Gewalten sich die Waage halten, damit keine von ihnen die Bürger unterdrücken kann. Das Ideal, das die Männer der Revolution anstreben, ihre Werte, ihre Art zu fühlen, verwandeln sich, Montesquieu jedoch bleibt der Künstler, der sie lehrt, wie man bestimmte Ziele verwirklicht, der Baumeister, der ihnen das Strukturgesetz einer Gesellschaft zeigt, die Kunstregeln der Gesellschaftsgestaltung, der Gesetzgebung.

iv. Kapitel
Voltaire oder die Leidenschaft der Vernunft

Das universale Moralgesetz

Voltaire begreift wie Montesquieu die Welt in ihrer Vielfalt, wie sie von der Geistesgeschichte erschlossen wird, die Welt des Menschen, die nicht weniger erstaunlich ist als alle Wunder der Natur und dazu für uns von größerem Interesse, weil man schließlich mit Menschen zusammenlebt. Und wie Montesquieu sieht er auch die Vielfalt der Gesetze, unter denen die Menschen leben. Da gibt es Ephoren, dort Konsuln, einen Areopag oder einen Senat, von denen die Völker regiert werden; die Regierungsform der einzelnen Staaten ist einmal demokratisch, einmal aristokratisch, einmal monarchisch. Hier darf man nur eine Frau haben, dort mehrere; hier bestimmt der Vater nach seinem Gutdünken, wer sein Erbe ist, dort gilt die Erbfolge des Ältesten.

Aber – und da unterscheidet sich Voltaire vom Verfasser des »Geistes der Gesetze« – seine historischen Studien bringen ihn zu der Überzeugung, daß kein Volk unter guten Gesetzen lebt. All diese Gesetze verdanken ihre Entstehung dem autoritären Willen des Gesetzgebers, einer Entscheidung des Augenblicks. Sie beruhen auf Unwissenheit und Aberglauben. Man hat Gesetze gemacht, wie man Städte baute, ohne vorgefaßten Plan, wie es der Zufall wollte, nach den räumlichen oder zeitlichen Voraussetzungen und den Bedürfnissen der Menschen. »Die Gesetze«, schreibt er an Katharina ii., »sind nachträglich entstanden nach der Art, wie man ein leckes Schiff abdichtet; sie sind zahllos, weil sie immer neuen Bedürfnissen angepaßt wurden; sie widersprechen sich, weil diese Bedürfnisse sich immer wieder änderten; sie sind sehr schlecht abgefaßt, weil sie fast immer von Pedanten unter barbarischen Regierungen niedergeschrieben wurden. Sie gleichen unseren zufällig und unregelmäßig gebauten Städten, in engen und gewundenen Straßen stehen Patrizierhäuser und Strohhütten wild durcheinander[1].«

Prüfen wir die Ansichten der Menschen, so ist es nicht anders. Wir stoßen überall auf andere Meinungen und Widersprüche. Was bleibt von allen philosophischen Systemen? Ein Chaos von Zweifeln und Hirngespinsten. Von all diesen Philosophen, die ein System aufgebaut haben, gibt es keinen, der nicht am Ende seines Lebens sich hätte sagen müssen: »Ich habe meine Zeit unnütz vertan.« All diese metaphysischen Systeme, Ontologien, Psy-

1 Lettre de Voltaire à Catherine ii, 20-vii-1770.

chologien: Seelenromane, Träume. Wir stellen das fest, aber wir haben nichts, was wir an ihre Stelle setzen könnten. »Sie lieben die Wahrheit«, schreibt Voltaire an die Marquise du Deffand, »aber erwisch sie, wer kann. Ich habe sie mein ganzes Leben lang gesucht, ohne ihr je zu begegnen. Ich habe nur einen vagen Schimmer entdeckt, den man für die Wahrheit hielt[2].« Nichts ist gewiß. Und warum wundern wir uns darüber? »Wir schwimmen in einem Meer von Ungewißheit; wir haben nur sehr wenige klare Gedanken, und das muß so sein, denn wir sind nur tierische Wesen, etwa $5^1/2$ Fuß groß, mit einem Hirn von 4 Quadratzoll[3]«, schreibt er in einem Brief »über Fragen der Metaphysik«. Und was ist der Mensch im Vergleich zum gewaltigen Universum? »Ein winziges Wesen«, »ein Wassertropfen in einem gewaltigen Ozean«; »seine Existenz ist wie ein Punkt, seine Lebensdauer ein Augenblick«, der Erdball, auf dem wir leben, »ein Atom[4]«. Sicher, man kann zu unbestreitbaren Ergebnissen kommen, wenn man zum Beispiel die historisch überlieferten Tatsachen einer Kritik unterzieht. Das gleiche gilt für die Naturwissenschaften: Hier befaßt sich das menschliche Denken mit Messungen, Berechnungen, Gewichtsbestimmungen und hütet sich wohl, irgend etwas nur zu vermuten. Diesen Weg sind Galilei und Newton gegangen. »Newton hat nie ein System entwickelt; er hat beobachtet, er hat seine Beobachtungen erläutert, aber er hat seine Vorstellungen nie mit der Wahrheit gleichgesetzt. Was unsere Augen und die Mathematik uns beweisen, das muß man für wahr halten; bei allem übrigen kann man nur sagen: Ich weiß es nicht[5].« Newton hat die Gravitation berechnet, aber er hat nicht ihre Ursache entdeckt ... »Wir haben die Bewegungsgesetze, aber die Ursache der Bewegung, ihr fundamentales Prinzip, wird uns immer verborgen bleiben[6].« Oder auch: Man hat bestimmten Fähigkeiten unserer Psyche Namen gegeben: Gedächtnis, Urteil, Einbildungskraft. Aber was sind diese Fähigkeiten als solche, was liegt ihnen zugrunde? Wir werden nie eine Ahnung davon haben, was die Seele ist. Wir haben zwar die Fähigkeit, zu ordnen, zusammenzustellen, zu trennen, zu zählen, zu wiegen, zu messen, aber mehr können wir nicht tun.

Ganz anders liegt der Fall bei der Erkenntnis moralischer Gesetze. Die Erkenntnis eines Teils der Naturgesetze bedurfte vieler Jahrhunderte; für die Erkenntnis der Pflichten des Menschen genügt dem Weisen ein Tag.

2 Lettre de Voltaire à la marquise du Deffand, 18-v-1772.
3 Lettre à M . . . sur des questions métaphysiques, 1776.
4 Micromégas, chap. II, VI.
5 Lettre de Voltaire à L. M. C., 23-XII-1768.
6 Id., Sur les qualités occultes, 1768.

Von den Philosophen hat jeder eine andere Vorstellung von den Grund-
gesetzen des Seins, aber sie lehren alle dieselbe Grundüberzeugung: Sokrates und Epikur, Konfuzius und Cicero, Marc Anton und Murat, von Zaratustra bis Shaftesbury. Das gleiche gilt für die verschiedenen Religionen.
Die Menschen haben über die Dogmen gestritten, sie haben gegeneinander
Krieg geführt; ein Volk hat ein anderes vernichtet, weil es an Christus und
nicht an Mohammed glaubte. Man findet in der Religionsgeschichte die
absurdesten Formen des Aberglaubens, die verschiedensten Kultformen,
und doch sind es immer die gleichen sittlichen Forderungen, die die Reli-
gionsgründer aufgestellt haben, sei es Zaratustra oder Mohammed oder
Christus. Diese Moral hängt weder mit dem Aberglauben noch mit den
religiösen Gebräuchen zusammen, sie hat nichts mit dem Dogma zu tun.
Die Dogmen sind von Religion zu Religion verschieden, aber die Moral-
lehre ist ein und dieselbe bei allen, die ihre Vernunft gebrauchen. Trotz
aller Unterschiede der Sitten, der beteiligten Interessen, der Sprachen, der
Erscheinungsformen von Gesetz und Kultus findet man doch überall eine
gemeinsame Basis, ein Gesetz, das für alle Länder gilt und dessen Evidenz
wir in uns selbst wiederfinden: es ist das moralische Gesetz. Man findet in
jedem Volk besondere religiöse Bräuche, die oft völlig widersinnig erscheinen. Desgleichen vertreten Metaphysiker und Theologen die empörendsten
Ansichten. Geht es jedoch um die Frage, ob man gut oder schlecht handeln
soll, ist die ganze Menschheit einig. Es genügt, wenn man die Grundregeln
des Rechts befolgt. Alles übrige ist nur willkürliche Zutat.

Es gibt also eine Vorstellung von dem, was recht oder unrecht ist, die
von allen Gesetzen, Verträgen und jeder Religion unabhängig ist. Sicher
kann es in bestimmten Fällen schwierig sein, die Grenze zwischen Recht
und Unrecht festzustellen, wie es auch oft schwer fällt, sich über die Grenzen zwischen Krankheit und Gesundheit zu einigen, zwischen Übereinstimmung und Widerspruch, zwischen wahr und falsch. Aber wenn es dabei
auch Unklarheiten gibt, betrifft das doch nur Gradunterschiede; die unter-
scheidenden Farben springen ins Auge. Es gibt nur eine Moral, wie es nur
eine Geometrie gibt, und sie gilt für alle vernunftbegabten Menschen. Wie
das Gravitationsgesetz für alle Himmelskörper, für die ganze Materie gilt,
ist auch das moralische Grundgesetz für alle Völker gültig, die wir kennen.
Bei der Auslegung dieses Gesetzes mag es tausend Unterschiede geben, in
tausend verschiedenen Fällen, doch das Grundgesetz bleibt immer dasselbe,
also der Begriff von Recht und Unrecht. Wir besitzen ein Gefühl dafür, was
recht ist, einen Sinn für die Gleichheit aller Menschen; er entspringt dem
Naturgesetz, welches nur das für wahr setzt, was schon zuvor unserem

Innern eingepflanzt wurde und frei ist von der Willkür politischer Gesetze. Es kommt allerdings häufig vor, daß die Menschen dieses Naturgesetz vergessen, aber das beweist nichts, denn es ist nur natürlich, daß es Sieche, Lahme und Kranke gibt. Die Menschen haben die Stimme der Natur erstickt; sie haben an die Naturgesetze andere Gesetze angehängt; deshalb der Mangel an Gleichheit, von dem ihre Gesetzgebung zeugt; und doch hat das göttliche Wesen den Keim des moralischen Sinns jedem Menschen eingepflanzt, so daß er ihn nur zu entwickeln braucht.

Diese Moralbegriffe machen also das für den Menschen allein notwendige Wissen aus, alles andere Wissen ist für ihn unnütz. Und der beste Beweis dafür ist, daß man sich über alles übrige Wissen uneinig ist, daß wir hier nichts Sicheres aussagen können, daß wir es nicht verstehen, daß es sein Geheimnis nicht preisgibt. Was nicht immer und überall den Menschen nützt, nützt niemandem. Was ewig umstritten ist, bleibt für immer nutzlos; das Sicherste bei »all diesen Zweifelsfragen, mit denen man sich seit 4000 Jahren herumschlägt«, ist es, niemals gegen sein Gewissen zu handeln. »Da wir in tiefster Unwissenheit befangen sind, wollen wir unser Bestes tun[7].«

Nur die sittlichen Begriffe können uns helfen, unser Leben so zu führen, daß es durch das Zusammenleben mit unseren Mitmenschen bestimmt ist. Deshalb bedürfen wir nur der Kenntnis der Moralbegriffe, und deshalb muß diesen alles übrige Wissen untergeordnet werden. Nehmen wir einmal die Geschichte als Beispiel. Wir können nicht an eine vollständige Dokumentation denken, weder von dem, was für uns nicht von unmittelbarem Interesse ist, noch von dem, was uns wesentlich erscheint. Allein zur Geschichte Frankreichs gibt es über 20 000 Werke, die meisten in mehreren Bänden. Ein fleißiger Forscher, auch wenn er hundert Jahre alt würde, könnte sie nicht alle lesen. Diese gewaltige Materialanhäufung, der wir uns gegenübersehen, ist wie ein ausgedehntes Arsenal, aus dem wir uns heraussuchen, was uns nützlich erscheint. Was nützt es schon, wenn wir alle Einzelheiten über die Kriege studieren, die uns ebenso langweilig wie unzuverlässig überliefert werden, alle kleinen Verhandlungen, die nur der gegenseitigen Übervorteilung dienten, alle abenteuerlichen Besonderheiten, die nur die Aufmerksamkeit von den großen Ereignissen ablenken. All diese Einzelheiten, die zu nichts führen, sind wie der Troß einer Armee: Ballast. Die Geschichte verfolgt ein ganz anderes Ziel. Ihr Nutzen beruht darauf, daß sie es uns erlaubt, die Sitten unseres Landes mit denen fremder

7 Lettre de Voltaire au prince royal de Prusse, Frédéric Guillaume, 28 nov. 1770.

Länder und vergangener Zeiten zu vergleichen, um den eigentlichen Wert unserer Sitten besser abschätzen zu können. Man lernt aus den Fehlern alter Völker, um sie nicht noch einmal zu begehen. Es handelt sich also um einen pragmatischen Geschichtsbegriff, der das Vergangene nur deshalb ins Auge faßt, weil er nach möglichen Lehren für die Gegenwart sucht, die eine bessere Lebensgestaltung ermöglichen.

Bis hin zur Philosophie muß sich alles konkret am Leben orientieren, nach seinen sittlichen Werten. »Ich suche immer, so gut ich kann, einen Rückbezug von meiner Metaphysik zur Ethik«, schreibt Voltaire an den Kronprinz von Preußen, Friedrich Wilhelm. Man mag über das Wesen des Menschen denken, wie man will, eine Frage muß man sich immer wieder stellen, die Frage nach Tugend und Laster. Die Aufgabe der Philosophie ist es also, mit der Entwicklung absoluter Begriffe in die lebendige Wirklichkeit einzugreifen, wirksam zu sein zum Wohle der Gesellschaft und zur Heranbildung des menschlichen Geistes beizutragen. »Die Menschheit«, fügt er hinzu, »ist das Prinzip meines Denkens[8].«

Für Voltaire schafft also der ethische Wert die Einheit in der Vielfalt der Einzeltatsachen, die von der Geistesgeschichte beigebracht werden. Er tritt überall und in jedem einzelnen in Erscheinung als ein Element von objektiver Gültigkeit. In jedem von uns ist das gleiche Prinzip wirksam, ein Naturgesetz, das die Direktiven setzt für unser Handeln und die Aufgabe des Menschen im Weltganzen bestimmt. Und hier zeigt sich am deutlichsten der Unterschied zwischen Voltaire und Montesquieu. Sicher, auch Montesquieu hält es für möglich, daß es eine stets sich selbst gleichbleibende Vernunft gibt, die in der Vielfalt der Gesetzgebung zum Ausdruck kommt, aber diese Vernunft wird nicht durch etwas Feststehendes bestimmt; der Mensch hat eine konstruktive Fähigkeit, die immer neue Formen schafft, eine Fähigkeit, die sich nach den jeweiligen Gegebenheiten abwandelt und deren Grundstruktur nur einen formalen Charakter haben kann. Für Voltaire dagegen genügt es, wenn der Mensch sich zu sich selbst zurückwendet und über die ethischen Grundsätze nachdenkt, die er in sich trägt, damit seine Vernunft in ihm selbst eine allgemeine Gesetzmäßigkeit findet, die über allen Einzelgesetzen steht. Diese Vernunft läßt ihn im Sittengesetz die Einheit des Menschengeschlechts erkennen, eine Einheit, die in den Worten der Weisen ihre Sprache findet wie auch in den immer sich selbst gleichen Ergebnissen der Selbstbestimmung eines jeden einzelnen.

So kommt Voltaire zu einem Menschheitsbegriff, der so angelegt ist, daß

8 Lettre de Voltaire au prince royal de Prusse, Frédéric Guillaume, 1737.

er wie die Natur ein Ganzes bildet, für das die gleichen Gesetze gelten, nur entspringen sie jetzt dem ethischen Bereich. Diese universalen ethischen Gesetze werden objektiv erkennbar durch die Erforschung der Geschichte der verschiedenen Völker, Religionen und philosophischen Systeme. Überall findet sich eine gemeinsame Basis in der Entwicklung der Menschheit. Und da diese gemeinsame Basis, also der Moralbegriff, jedem Menschen als solchem eigen ist, ist auch jeder Mensch imstande, sich dieses Begriffs bewußt zu werden, mit der ganzen Evidenz sittlicher Postulate und den Axiomen gleichzusetzen.

Der ethische Wert ist also einerseits ein objektives Faktum, ein Naturgesetz, ein in sich geschlossener Menschheitsbegriff, und andererseits ein subjektives Faktum, das jeder Mensch vorfindet, wenn er in sich selbst hinabsteigt. Dieser Wert ist der Menschheit ebenso eigen wie dem Innern jedes Einzelmenschen, und da jeder Mensch die Fähigkeit hat, diesen Wert in sich als evidenten Begriff zu erfassen, hat er auch die Fähigkeit, über die verschiedenen Gegebenheiten, die ihm die Welt darbietet, nach allgemeingültigen Wertmaßstäben zu urteilen. Er kann, wenn er sich denkend bemüht, den Wert von allem, was sich ihm darbietet, ohne Irrtumsvorbehalt ermessen nach Maßgabe des ihm eigenen Wertbewußtseins.

Gerade an diesem Punkt stellt sich Voltaire in Gegensatz zu Montesquieu. Montesquieu ist zwar auch der Meinung, daß der Historiker die verschiedenen Erscheinungsformen der Gesetze auf ihren Wert prüfen kann, ja sogar muß, aber sein Urteil variiert nach den Zielen, die die verschiedenen sozialen Organismen verfolgen; dieses Urteil geht nicht von einem eindeutig feststehenden, vorgegebenen Wertbegriff aus; es differenziert und individualisiert seinen Wertmaßstab von Fall zu Fall. In der Vergangenheit kann etwas gut gewesen sein und es doch in der Gegenwart nicht mehr sein; ein und dasselbe Gesetz kann in einem Lande gut sein, im andern nicht. Das Urteil Voltaires dagegen geht von einem allgemeingültigen Wertmaßstab aus, es beruht auf der absoluten Souveränität der Vernunft gegenüber den sich wandelnden Gegebenheiten. Ob etwas geschieht oder geschehen ist, wir wissen, was wir davon zu halten haben.

Als Historiker unterzieht Voltaire alles vergangene Geschehen einer Kritik, er betrachtet das Ganze der historischen Entwicklung von der Warte eines absoluten Wertbewußtseins. Das Bild, das er entwirft, steht daher in einem ganz besonderen Licht. Die Geschichte, zumindest die Geschichte des Mittelalters und der Neuzeit, ist für ihn nur eine große dunkle Masse, durch die da und dort ein paar Lichtstrahlen dringen. Die Kirche ist sozusagen die Basis dieses Dunkels; sie ist in der Geschichte die große amorphe

Masse. Um über alles, was in der Gegenwart irgendwo, irgendwann geschieht, urteilen zu können, braucht der Mensch nur auf die Stimme seines Gewissens zu hören. Es geschieht etwas. Ich höre davon; es ist eine Ungerechtigkeit. Ich bin empört, und diese Empörung ist nicht etwa meine persönliche Anlegenheit, etwas Subjektives. Nein, es ist der Ausdruck eines höheren und allgemeinen Rechtsbewußtseins, das sich in mir regt. Es ist die Empörung, die wir über die Verletzung eines naturgegebenen Gesetzes empfinden, über etwas, das objektiv gesehen nicht sein sollte. Ich weiß es aus dem ethischen Empfinden, das allen Menschen gemeinsam ist, kraft dessen es niemand gibt, mit dem ich nicht meine Empörung teilen könnte.

Man soll mir bloß nicht sagen: »Was geht Sie das an?« »Was immer die Menschheit betrifft, ist für uns von einem wesentlichen Interesse«, schreibt Voltaire an die Marquise du Deffand, »denn wir gehören zu dieser Menschheit. Haben Sie keine Seele, sind Sie nicht Frau? Wenn es eine Vorsehung gibt, gilt sie nicht ebenso für Sie wie für die dümmsten Zierpüppchen von Paris? Wenn gerade die Hälfte von Santo Domingo zerstört wurde, wenn Lissabon zerstört wurde, kann das gleiche nicht mit Ihrer Wohnung in Saint Joseph passieren[9]?« Alle Menschen verbindet eine moralische Solidarität, weil sie auf einer gemeinsamen ethischen Basis stehen, weil jeder Mensch einen moralischen Instinkt besitzt und weil jeder durch den allen gemeinsamen Sinn für Gerechtigkeit ein Gefühl hat für das Unrecht, das einem andern angetan wird, weil das sittliche Bewußtsein eines jeden Menschen verletzt wird, wenn einem andern Unrecht geschieht.

Dieser Standpunkt läßt für Voltaire auch die Geschichte der Menschheit in einem neuen Licht erscheinen. An die Marquise du Deffand schreibt er: »Mein tägliches Erleben der Zeitgeschichte ist zugleich die Geschichte der Menschheit«, das sind die Gedanken Friedrichs des Großen, die Reformen von Katharina II., »die Türken, die aus der Moldau, aus Bessarabien, aus Asoph, Erzerum und einem Teil der Heimat von Medea vertrieben wurden[10].« Das sind die von den Gerichten begangenen Verbrechen, die Prozesse von Calas, Sirven, des Chevalier de la Barre, von Lalli. Er beobachtet alles, er unterzieht alles seiner Kritik wie ein Richter. Und diese Kritik steigert sich in ihm immer mehr zur Revolte, zur Empörung. Wenn sein Rechtsempfinden verletzt ist, verwandelt es sich in leidenschaftliche Anteilnahme. »Mit Vernunft gepaarter Enthusiasmus«, so schreibt er, »ist das Teil der großen Dichter ... Ein solcher Enthusiasmus ist die Vollendung

---

9 Lettre de Voltaire à la marquise du Deffand, 8-XII-1770.
10 Id., 2-XII-1769.

ihrer Kunst. Er ließ einst die Menschen glauben, daß aus den Dichtern die Stimme der Götter spricht[11].« Es ist die Leidenschaft, die von einem vernunftwidrigen Handeln geweckt wurde, von einer Absurdität, von einer Verletzung des Rechts, durch die der Mensch sich beleidigt fühlt, weil er ein »denkendes Wesen« ist, ein vernunftbegabtes Wesen. Diese Leidenschaft, die die Vernichtung dessen fordert, was wider die Vernunft ist, des Absurden, die danach strebt, das Vernunftgemäße und Rechtmäßige zu verwirklichen. Die Leidenschaft der Vernunft, die im Reiche der Logik des Rechts zugleich Grundlage und Ziel der Vernunft sieht, die Leidenschaft, die objektiv und unabhängig von der Person darunter leidet, daß im täglichen Leben gegen die Vernunft gehandelt wird. Eine Leidenschaft schließlich, die gegen die Ungerechtigkeit so empfindlich ist, daß sie in konkreten Fällen eingreifen muß, wo immer sie sich ereignen, und dies nach den Gesetzen einer klaren und selbstsicheren Vernunft.

Je älter Voltaire wird, je mehr er sich in die Einsamkeit zurückzieht, um so mehr wächst auch diese Leidenschaft in ihm. »Mir scheint«, schreibt er an die Marquise du Deffand, »daß durch das einsame Leben die Leidenschaften lebhafter und tiefer werden. Das Leben in Paris zerstreut das Denken, man vergißt alles; einen kurzen Augenblick freut man sich über alles in dieser großen laterna magica, in der alle Gestalten schnell wie Schatten vorüberziehen; in der Einsamkeit aber harrt man auf seinen Gefühlen[12].« Man läßt sich nicht ablenken, man festigt sich, man findet die Einheit seines Wesens in einer großen Leidenschaft. Und weil er sich immer mehr auf eine Leidenschaft konzentriert, tritt ihre Richtung immer deutlicher hervor: der Kampf gegen die Kirche wird zu seinem Lebensziel.

»Seit siebzehnhundert Jahren hat die christliche Sekte nur Böses getan«, schreibt er an Friedrich II.[13]. Seit Konstantin ist kein Monat vergangen, ohne daß die theologischen Streitigkeiten nicht der Welt Unheil gebracht hätten. Seit den Anfängen des Christentums überall das gleiche Chaos der Parteien, der Revolutionen, der Verbrechen; immer die gleichen Massaker, überall die gleichen Tragödien unter tausend verschiedenen Namen. Die Philosophen aller Länder, gleich welcher besonderen Richtung, müssen sich in diesem Kampf gegen die Kirche zusammenschließen. Überall sollen sich »unsichtbare Hände erheben, um von einem Ende Europas zum andern den Fanatismus mit den Pfeilen der Wahrheit zu durchbohren«, Tausende

11 Dictionnaire Philosophique. Artikel: Enthousiasme.
12 Lettre de Voltaire à la marquise du Deffand, 31-XII-1774.
13 Lettre de Voltaire à Frédéric II, 5-VII-67.

von Schriftstellern sollen in Aktion treten, Hunderttausende von Stimmen sollen sich Gehör verschaffen, anonyme Schriften sollen von Hand zu Hand gehen, um die Mißstände der Intoleranz zu bekämpfen. »In Holland hat man in den letzten zwei Jahren über 60 Bücher gegen den Aberglauben gedruckt«, schreibt er[14]. »Sehen Sie nicht, daß der ganze Norden auf unserer Seite ist, und daß früher oder später die feigen Fanatiker des Südens zerschmettert werden müssen? Die Zarin von Rußland, der König von Polen . . . der König von Preußen, der das abergläubische Österreich besiegt hat, und viele andere Fürsten haben das Banner des philosophischen Denkens gehißt. Seit 12 Jahren ist eine deutliche geistige Umwälzung im Gange[15].« »Nur Mut! Das Reich Gottes ist nicht mehr ferne, in ganz Europa erwachen die Geister[16].« Nach allen Seiten breitet sich die Aufklärung aus. Die Herrschaft der Vernunft bahnt sich an. Wenn sich die Philosophen zusammenschließen, werden sie herrschen. »Ich lege Ihnen das kommende Zeitalter ans Herz[17]!« »Ich wäre unglücklich, wenn ich sterben müßte, ohne die Voraussetzungen des glanzvollen Reiches gesehen zu haben, in dessen Genuß Sie kommen werden«[18], sagt er zu seinen Brüdern, den Philosophen der Aufklärung, »ich werde nicht nachlassen . . . was ich unternommen habe, werde ich erst auf dem Totenbett aus der Hand geben[19].« »Ich bin hartnäckig. Bis zu meinem letzten Atemzug werde ich mein *ceterum censeo* wiederholen: ›Ecrasez l'Infâme‹. Wahrhaftig ein großer Kampf. Der Kampf der denkenden Wesen gegen die nicht denkenden Wesen. Alle denkenden Wesen müssen sich brüderlich zusammenschließen . . . gegen Fanatiker und Heuchler, müssen selbst zu Verfolgern werden[20].« Sie müssen eine eigene Nation schaffen. »Die Philosophen sollen eine Brüderschaft bilden wie die Freimaurer, sie sollen sich zusammenschließen, sich gegenseitig unterstützen, treu zu ihrer Gemeinschaft stehen[21].« Voltaire denkt daran, in Clèves eine Philosophenkolonie zu gründen. Man müßte eine kleine Geheimdruckerei haben, um kurze und zweckmäßige Werke verlegen zu können, nur für die Freunde dieser Gemeinschaft bestimmt.

Aber, und das bekümmert ihn sehr, die Weisen sind nicht genug an der

14 Lettre de Voltaire à M. le marquis de Villevieille, 20-XII-1768.
15 Id., à Helvétius, 26 juin 1765.
16 Id., à Damilaville, 19-IX-1764.
17 Id., à d'Alembert, 15-X-1766.
18 Id., 15-VI-1764.
19 Id., 8-II-1775.
20 Id., 20-X-1761.
21 Lettre de Voltaire à d'Alembert, 20-IV-1761.

Zahl, sie verstehen einander nicht. Sie sind zu ungeschickt, es fehlt ihnen der nötige Eifer und das freundschaftliche Verhältnis zueinander. »Wie lau seid Ihr doch in Paris«, schreibt er an d'Alembert, »Ihr stellt Euer Licht unter den Scheffel[22]!« »Was! Da sind sich erbärmliche Mönche im Geist und im Herzen einig, sie verteidigen die Interessen des Klosters bis in den Tod; und die Männer, die die Menschheit aufklären, sollen nur eine zerstreute Herde sein, deren Tiere teils von den Wölfen gefressen werden, teils sich selbst zerfleischen[23]!« »Was mich am meisten bekümmert«, schreibt er noch, »ist die Tatsache, daß sich Pedanten, Fanatiker und Schurken einig sind, die guten Menschen aber zerstreut, für sich allein stehen, lau, gleichgültig, immer bedacht auf ihr bißchen persönliches Glück[24].« Vielleicht kennen sie die Freundschaft nicht einmal! Wie kommt es, daß die Philosophie uns nicht mehr verbindet, daß wir einander nicht helfen? »Welcher schicksalhaften Bestimmung ist es zuzuschreiben, daß so viele törichte Fanatiker Narrensekten gegründet haben, und daß so viele erlauchte Geister kaum damit zurecht kommen, wenn sie eine kleine Schule der Vernunft gründen wollen? Vielleicht ist ihre Weisheit daran schuld; es fehlt ihnen der Enthusiasmus, die Aktivität. Alle Philosophen sind zu lau; sie begnügen sich damit, sich über den Irrglauben der Menschen lustig zu machen, statt ihn zu zerstören[25].«

Das gilt für Diderot in Paris. Er genießt den Reichtum seines Geistes wie die vielfältigen Erscheinungsformen des Lebens. Er liebt Gespräche, das Spiel schillernder, sich überschneidender Gedanken. Die Originale ziehen ihn an, Rameaus Neffe zum Beispiel; er denkt an ein fernes Land wie Tahiti, wo alles anders ist als bei uns, und beschäftigt sich gerne mit ethischen Streitfragen, wo man das Für und Wider vertreten kann. Das gilt auch für d'Alembert. »Herr Proteus, Herr Vielgestalt«, schreibt Voltaire an ihn, »Sie sind ein großer Denker und ein großer Inszenator, aber es genügt nicht zu zeigen, daß man mehr Geist hat als die andern. Tun Sie doch bitte einmal etwas für die Menschheit[26].« Und muß man als Mensch nicht vor Scham erröten, wenn man den Feinden der Menschheit nicht die Totenglocke läutet? »Vor der menschlichen Vernunft sind Sie für Ihre Zeit verantwortlich[27].« »Ich möchte gerne der Vernunft dienen«, antwortet ihm

22 Id., 12-VII-1762.
23 Voltaire à Helvétius, 27-X-1766.
24 Lettre de Voltaire à d'Alembert, 26-XII-1767.
25 Id., 26-VI-1766.
26 Lettre de Voltaire à d'Alembert, 7 ou 8-V-1761.
27 Id., 16-X-1765.

d'Alembert, »aber meine Ruhe liegt mir noch mehr am Herzen. Die Menschen sind es gar nicht wert, daß man sich um ihre Aufklärung bemüht[28].« Und in einem andern Brief, anläßlich des Streits zwischen Rousseau und Hume, treibt er den Unwillen seines Freundes auf die Spitze und schreibt: »Was mich betrifft, so lache ich einfach, wie ich über alles lache[29].« »Nein, und abermals nein«, antwortet ihm Voltaire, »es ist mir unerträglich, daß Sie Ihren Brief mit den Worten schließen: Ich lache. Ach, lieber Freund, lachen in dieser Zeit[30]?« Es genügt nicht, den Aberglauben zu verachten, man muß ihn verabscheuen, vernichten. »Lachen Sie über mich, erregen Sie schallendes Gelächter[31]«, aber »denken Sie bei all Ihrem Spaß immer daran, das ›Infame‹ zu vernichten; unsere wichtigste Aufgabe in diesem Leben muß es sein, gegen dieses Ungeheuer zu kämpfen. Ich verlange von Ihnen nur jeden Tag fünf oder sechs treffende Aussprüche, das genügt; das übersteht es nicht ... und die Weisen werden triumphieren[32]«. Es ist eine hohe Gabe, wenn man es versteht, etwas lächerlich zu machen, man muß sie sorgfältig pflegen. Gibt man jemand der Lächerlichkeit preis, hebt man ihn am sichersten aus den Angeln, sind die Stiche besonders gefährlich. »Die Lächerlichkeit wird mit allem fertig, sie ist die stärkste Waffe, und niemand führt sie besser als Sie«, schreibt Voltaire an d'Alembert. »Wenn Sie das Infame nicht vernichten, verraten Sie Ihre Berufung[33].«

Das gilt in Paris auch für Madame du Deffand, die nur die Menschen verabscheut, die sie langweilen. »Ich sehe, daß Sie nur die Menschen hassen, die Sie langweilen«, schreibt er an sie. »Aber warum hassen Sie nicht auch diejenigen, die Sie betrügen und beherrschen wollen? Widern sie einen nicht hundertmal mehr an als alle akademischen Reden? Liegt hier nicht ein Verbrechen vor, das bestraft werden muß[34]?« Das gilt für Madame d'Epinay, die immer nach neuen Erscheinungsformen sucht, um zu begreifen, was sie schon kennt, die begierig ist, neue Menschen kennenzulernen, in der Hoffnung, originelle Denker zu entdecken, Männer wie Rousseau zum Beispiel, die eine Vorliebe für das Gespräch hat. Das Gespräch soll eine Waffe sein, schreibt Voltaire an sie. »Ein Dutzend gebildeter Menschen, die sich Gehör verschaffen, vermag mehr als hundert Bücher; nur

28 Lettre de d'Alembert à Voltaire, 22-XI-1765.
29 Id., 16-VII-1766.
30 Lettre de Voltaire à d'Alembert, 23-VII-1766.
31 Id., 30-I-1764.
32 Id., 30-I-1764.
33 Lettre de Voltaire à d'Alembert, 26-VI-1766.
34 Id., à la marquise du Deffand, 6-XI-1769.

wenige lesen, aber alle pflegen das Gespräch, und das Echte prägt sich ein[35].«

»Wohlan denn, wackerer Diderot, furchtloser d'Alembert, schließt Euch mit meinem lieben Damilaville zusammen«, bildet »eine Bruderschaft tapferer Ritter, Verteidiger der Wahrheit«. »Zerstört die platten Deklamationen, die erbärmlichen Sophismen, die Geschichtsfälschungen, die Widersprüche, die Absurditäten ohne Zahl. Laßt es nicht zu, daß Menschen mit Verstand die Sklaven derer bleiben, die keinen haben. Die heranwachsende Generation wird Euch dereinst ihre Vernunft und ihre Freiheit verdanken[36].« »Ach, meine Philosophen, Ihr sollt Schulter an Schulter marschieren wie die mazedonische Phalanx; sie wurde nur besiegt, als sie sich auflöste[37].« »Die Missionare reisen über Land und Meer, wenn doch die Philosophen wenigstens durch die Straßen gingen; von Haus zu Haus müssen sie ihre gute Saat ausstreuen«[38] und den Menschen zurufen: Vernichtet das Infame! »Ihr rachsüchtigen Ungeheuer, hätte ich nur sieben oder acht Menschen unter meiner Führung, ich würde Euch ausrotten[39].« »Fünf oder sechs wie Ihr würden genügen«, schreibt er an d'Alembert, »das Infame erzittern zu lassen und die Welt aufzuklären[40].« Stürzen wir den Koloß. Früher oder später muß die Vernunft siegen. Ich werde diese »strahlende Wandlung nicht mehr erleben, aber Ihr wenigstens ihren Anfang[41]«. Die Herrschaft der Vernunft bahnt sich an, die Kirche der Weisheit ist nahe, die Philosophen werden die Lehrmeister des Menschengeschlechts. »Es liegt nur an Euch, daß diese schönen Tage näher rücken und die Früchte an den Bäumen reifen, die Ihr gepflanzt habt[42].«

Die dialektische Kritik und der Beweis durch das Absurde

Das differenzierte Denken des 18. Jahrhunderts erhält im Denken Voltaires seine dialektische Variante. Es bedarf der dialektischen Beweglichkeit des Geistes, der Prüfung einer komplizierten und ungeordneten Menge von Gedanken, eines Systems, der Gruppierung verschiedener mög-

35 Id., à Mme d'Epinay, 26-IX-1766.
36 Lettre de Voltaire à Damilaville, 19-XI-1765.
37 Id., à d'Alembert, 23-VII-1769.
38 Lettre de Voltaire à d'Alembert, 26-VI-1766.
39 Id., 25-VIII-1766.
40 Id., 16-X-1765.
41 Id., 30-IX-1767.
42 Id., 1-III-1764.

licher Lösungen einer Aufgabe in einer widersprüchlichen Form, der Zuhilfenahme von Beispielen, konkreter Fakten, um die gängigen Meinungen zu widerlegen. Voltaire macht das Abstrakte konkret, greifbar, indem er es zerlegt; was reines Denken ist, was uns ferner steht, führt er auf etwas Lebendiges, unmittelbar uns Berührendes zurück. Er bedient sich seiner ganzen reichen Erfindungsgabe, um seinen Gedanken Farbe zu geben und sie überzeugend zu formulieren.

Diderot dagegen sucht neue Gedanken; er will zeigen, daß man sich die Dinge ganz anders als in der gewohnten Weise vorstellen kann. Eine bestimmte Meinung etwa ist keineswegs so verrückt, wie es scheint. Oder ein Gedanke, der sich innerlich widerspricht, ist nicht vertretbar, aber welchen Genuß hat er uns bereitet, wie viele neue und interessante Gedanken sind uns eingefallen, wenn wir versuchten, ihn zu verteidigen. Ist das nicht mehr wert, als einmal etwas Vernünftiges zu sagen? Gerade das Kommen und Gehen der Gedanken, bald sich verbindend, bald sich fliehend, bereitet uns Freude: ein ständiges Ansteigen und Abebben des Meers der Gedanken. Bei Voltaire dagegen stößt man stets auf die Monotonie eines beherrschenden Gedankens, und der ganze Reichtum dialektischer Mittel dient nur dazu, diesen einen Gedanken herauszustellen.

Wir sehen uns zum Beispiel einer gut geführten Argumentation gegenüber; jedes Glied der Beweisführung stimmt, schließt sich dem vorhergehenden unmittelbar an und bleibt dicht am Gegenstand. Man muß mit den Worten so sparsam wie möglich umgehen, damit die Beweisführung tragfähig bleibt. Und nun beginnt das Spiel. Zur Bestätigung oder Ablehnung einer Behauptung können uns zahllose konkrete Tatsachen einfallen. Die allgemeine Behauptung enthält ihrer Natur nach eine große Zahl von Einzeltatsachen; sie verlangt danach, bezüglich allem gerechtfertigt zu werden, was sich an Besonderem in der Welt und im Leben darbietet. Sie muß sich mit der ganzen Fülle des Lebens in der Gegenwart und in der Vergangenheit auseinandersetzen. Was uns in den Sinn kommt, schöpfen wir aus ihr; aber die Beweisführung kann noch konkreter werden. Denken wir uns etwa den Menschen, der diese Behauptung aufgestellt hat, in allen nur möglichen Situationen, in denen die Tatsachen ihn ins Unrecht setzen.

Vom logischen und objektiven Standpunkt aus war die Behauptung absurd. Das ergibt sich aus einer klaren und präzisen Beweisführung. Dann konfrontiert man sie mit den Tatsachen des täglichen Lebens und stellt fest, wie unsinnig sie war. Sie wird lächerlich, wenn der Held einer Geschichte sie auch da aufrechterhält, wo die Wirklichkeit ihm das Gegenteil beweist. Schließlich glaubt er selbst nicht mehr daran, und das erregt Empörung.

Man muß sich nur vorstellen, was geschieht, wenn diese Behauptung ein Dogma der Kirche ist. Tausende werden ihr geopfert. Deshalb muß man gegen sie kämpfen: Vernichtet das Infame.

Wir sehen uns einer Theorie gegenüber. Die Sache ist kompliziert. Das Absurde an ihr fällt nicht ins Auge. Manches spricht dafür, manches dagegen. Um die Dinge zu klären, ordnen wir die positiven und negativen Elemente in Gestalt eines Gesprächs zwischen Personen, die über die Theorie diskutieren. Um eine konkretere Form zu finden, nehmen wir an, daß ein Philosoph die Theorie verteidigt, der andere dagegen ein naiver Mensch sei, der aus einem fernen Land kommt. Wie wäre die Einstellung eines ganz einfachen und naiven Menschen ohne jedes Vorurteil gegenüber dieser Theorie? Denken wir uns nun die beiden Gesprächspartner in einer bestimmten Situation, die für oder gegen die Theorie spricht, wobei das Leben selbst die Argumente liefert. Die Theorie wird in allen Punkten dargelegt, die für oder gegen sie sprechen. Dieses Für und Wider nimmt eine dramatische Form an. Es können nur zwei Personen auftreten; es können auch mehr Darsteller verschiedene Standpunkte vertreten. Was zunächst allein im gedanklichen Bereich existierte, wird sichtbar, lebendig, dramatisch. Was nur der Vergangenheit angehörte, in einer historischen Entwicklung stehend, erwacht zum Leben und wird unmittelbare Gegenwart; die verschiedenen Einstellungen der Menschen bekommen einen dramatischen Charakter; sie bilden eine dialektisch-antithetische Einheit. Die Vertreter dieser Einstellungen diskutieren vor uns, sie wenden sich an uns, um zu erfahren, was wir darüber denken; wir nehmen so am Denkprozeß selbst teil, am Dialog des Denkens mit sich selbst. Und wenn es uns dann gelingt, klar zu sehen und zutiefst überzeugt zu sein, daß eine bestimmte Behauptung absurd ist, während ihr Vertreter einen autoritären Anspruch erhebt und den andern seine Meinung aufzwingen will, dann erfaßt uns die Leidenschaft, der Haß gegen diese Meinung und ihre Fürsprecher, und unsere ganze geistige Erfindungsgabe wird in den Dienst dieses Hasses gestellt.

Nehmen wir an, es handle sich um die Prädestinationslehre. Um ihre Absurdität zu beweisen, greifen wir zu einem Beispiel. Der Sultan von Marokko hatte 500 Kinder. Er versammelte sie um seinen Thron und sagte: »Ich, Muley Ismael, habe euch zu meinem Ruhme gezeugt, denn ich bin sehr ruhmsüchtig. Ich liebe euch alle innig, deshalb habe ich folgendes beschlossen: einer meiner Söhne erbt das Königreich Tafilelt, ein anderer Marokko. Für die übrigen 498 Kinder habe ich bestimmt, daß die eine Hälfte aufs Rad geflochten, die andere Hälfte verbrannt wird. Denn ich bin der Muley Ismael.« Und etwas Ähnliches lehren die Jansenisten, die Molinisten und die anderen Sekten. So zeigt Voltaire die Absurdität einer Theorie durch Analogie. Was würde man sagen, wenn ein Mensch etwas Derartiges täte? Kann Gott das zulassen? Wenn jemand so etwas zu uns sagte, hielten wir ihn nicht für wahnsinnig? Und doch sagen Tausende zu uns solche Dinge und drängen sie uns auf, die Jansenisten, die Molinisten und andere Sekten. Wann werden sie endlich aufhören, den Frieden auf Erden mit solch abscheulichen Absurditäten zu stören?

Mit Analogien, gestützt auf konkrete Fälle, zeigt man also, wie absurd eine Theorie ist. Die Tatsachen summieren sich, um die Erregung auf die Spitze zu treiben. Es ist wirklich mehr als lächerlich, so etwas zu behaupten. Und doch gibt es Menschen, die es weiter tun. Was bloß lächerlich war, verfällt jetzt der Verachtung. Muß man von Sinnen sein, um sich so hartnäckig zu gebärden? Und wenn diese Irrsinnigen die Stirn haben, es bis zur Verfolgung vernünftiger, denkender Menschen zu treiben, dann wird aus Verachtung Empörung! Die Gedanken sammeln sich, schieben einander; eine Anspielung gelangt unbemerkt in einen Satz; eine bestimmte Einzelheit, ein Name, bedeutet nur einen Umweg, eine Pause, eine List sozusagen, um dann zum Sturm anzusetzen. Man eilt von Triumph zu Triumph, um schließlich Empörung oder verächtliches Mitleid zu erregen. Alles kann als Kampfmittel dienen: Beispiele aus der Geschichte des täglichen Lebens. Man versetzt jemand in ein fremdes Land; man läßt ihn über die Religion dieses Landes diskutieren, während man in Wirklichkeit nur die Religion des eigenen Landes im Auge hat. Man erfindet ganze »Tatsachenberichte«. Tatsache reiht sich an Tatsache. Sie bringen die Vertreter einer bestimmten Meinung in eine immer lächerlichere Situation, in der der Wert dieser Meinung sichtbar wird. Dann folgen Parabeln, Anspielungen jeder Art, Satiren, Epigramme.

Und noch konkreter zeigt das Theater, die Tragödie, im grellsten Licht die ganze Erbärmlichkeit des Fanatismus und seine tragische Konsequenz. Der Kampfruf »Vernichtet das Infame« erscheint in mannigfachster Gestalt. Die Fülle geistiger Einbildungskraft schafft alle Formen möglicher Konfrontationen, kühne und überraschende Vergleiche, kaum umrissene Bemerkungen, Annäherungen, fast unmerkliche Übergänge von einem Gedanken zum andern, und alles wird vom Gesetz der gleichen Leidenschaft bestimmt.

Und wie die Theorien sich erhellen, wie sie sich gliedern im Ablauf dieser dialektischen Kritik, wie sie mit dem Leben in Verbindung gebracht werden, verlieren sie ihre Starre, ihre Fremdheit; sie werden für die Diskussion zugänglich. Man steht selbst deutlich, was sie besagen, man kann sich von ihnen eine konkrete Vorstellung machen, wenn man sie mit seinem eigenen Leben in Verbindung bringt. Hier liegt ein System vor. Es handelt sich vor allem darum, jeden Beweis und jedes Argument verständlich zu machen, damit darüber diskutiert werden kann. Was sagt zum Beispiel Spinoza? Gott ist alles. Spinoza trennt also Gott nicht vom Weltganzen, dessen Existenz die andern als eine Schöpfung Gottes betrachten. Über diese Ansicht kann man diskutieren. Wie soll man darüber denken? Es ist eine Antwort auf eine Frage, die wir uns selbst stellen können. Ein Gott und eine Welt. In welchem Verhältnis stehen die Welt und Gott zueinander? Es gibt andere Lösungen dieser Frage. Lassen wir die Vertreter verschiedener Meinungen miteinander diskutieren. Die Ergebnisse, zu denen das Denken in der Geschichte geführt hat, können mit Hilfe der Dialektik erfaßt werden und einer dialektischen Ordnung unterworfen, wenn wir von einer Frage ausgehen, die jeder verstehen kann, die jeder stellen kann. Die philosophischen Systeme sind nicht mehr ein Buch mit sieben Siegeln, sie sind Antworten auf Fragen, die sich jeder stellt. Es handelt sich nur darum, daß man sie klarstellt, dann verbinden sich die philosophischen Theorien von selbst, und jeder kann zu ihnen Stellung nehmen.

Betrachten wir zum Beispiel Voltaires Kritik des Optimismus. Wie kommt das Böse in die Welt? So lautet die Frage. Voltaire zeigt zunächst den Menschen das ganze Elend ihrer Existenz. Krankheit, Tod, Krieg, Tausende von Menschen wurden ermordet im Namen eines Dogmas oder weil zwei Prinzessinnen nicht miteinander auskommen. Woher kommt das alles? Woher kommt dieses Elend auf der Welt? fragen wir uns. Ein Atheist, ein Manichäer, ein Heide, ein Jude, ein Türke, ein Deist geben uns Antwort.

Und dann kommt da ein Schüler von Leibniz, der das Böse in der Welt auslöschen möchte. Er sagt: Alles ist gut. Man fragt ihn darauf, was das bedeuten soll. Heißt es, daß alles wohl geordnet ist nach mechanischen Gesetzen? Das versteht man. Oder heißt es, daß jeder glücklich ist, daß jeder genug zum Leben hat, daß niemand zu leiden hat? Jeder weiß, daß das nicht stimmt. Heißt das, daß das Elend auf dieser Welt in den Augen Gottes gut ist und daß Gott sich darüber freut? Niemand wird eine solche Ungeheuerlichkeit glauben. Was soll es dann heißen? Alles ist aufs beste eingerichtet in der besten aller möglichen Welten. Eine lustige Theorie, wahrhaftig! Wenn ein Lucullus das sagt, der im Überfluß lebt und mit seinen Freunden tafelt, ist das verständlich. Aber man braucht nur einen Blick aus dem Fenster zu werfen, um elende, unglückliche Menschen zu sehen. Ein Schüler von Pope wird vielleicht einwenden, daß das öffentliche Wohl gerade auf einzelnen Übeln beruht. Ein schönes Gut, das auf der Gicht, allen Leiden, allen Verbrechen, dem Tod, dem Fluch beruht. Oder ein Schüler von Shaftesbury wird einwenden: Man kann doch wohl nicht erwarten, daß Gott seine ewigen Gesetze ändert wegen eines so winzigen Wesens, wie es der Mensch ist? Aber man wird doch wenigstens zugestehen, daß dieses winzige Wesen das Recht hat, zumindest einen kleinen, leisen Seufzer auszustoßen und dabei zu begreifen versucht, warum die ewigen Gesetze nicht zum Wohl jedes einzelnen gemacht wurden.

Da wird jeder sagen: Was uns die Philosophen erzählen, ist nicht wahr. Hier ist *meine* Frage, sie ist ihre wert. Wenn ich deshalb von meiner eigenen Erfahrung ausgehe und mich auf meine eigenen Überlegungen stütze, weiß ich, daß sie unrecht haben mit ihrer Behauptung, alles sei gut. Und waren sie eigentlich selbst glücklich? Männer wie Shaftesbury und Pope zum Beispiel? Ihr eigenes Leben beweist ihnen das Gegenteil. Ich stelle mir das Leben eines solchen Menschen vor, eines Schülers dieser optimistischen Philosophen. Das ist die Geschichte von Candide. Er wird aus seinem Schloß verjagt, fällt in die Hände eines bulgarischen Rekrutierungskommandos, will desertieren, wird ausgepeitscht, kommt ohne einen Heller nach Amsterdam, bettelt, kommt beinahe ins Gefängnis, flüchtet auf einem Schiff, das untergeht, überlebt den Schiffbruch und kommt schließlich nach Lissabon. Da wird die Stadt von einem Erdbeben zerstört. Überall das furchtbarste Elend. Er kommt als Ketzer vor ein Inquisitionsgericht, kann wieder flüchten, kommt zu Reichtum, läßt sich aber überall bestehlen. Schließlich wird er nach Konstantinopel verschlagen, wo er mitten in dem ganzen Elend und Durcheinander des türkischen Staates lebt. Was ihm auch zustößt, er wiederholt unverdrossen: »Alles hat einen zureichenden Grund, das Unglück der einen dient dem Glück aller. Alles ist aufs beste bestellt in der besten aller möglichen Welten.« Der Leser wird sich sagen: ein Scharlatan, wer solch absurdes Zeug behauptet. Der Mensch ist ein elendes Wesen. Einige Stunden Atempause, einige Minuten Zufriedenheit, und der Rest eine lange Reihe von Qualen, das ist das kurze Leben des Menschen.

»Candide« ist ein Beispiel für den Ablauf von Voltaires kritischem Denken. Er zeigt uns zugleich, wie jeder feststellen kann, was eine Theorie an Wahrheit beinhaltet, wenn er sich seines eigenen Denkens und seiner Lebenserfahrung bedient. Sobald wir uns einer philosophischen Theorie gegenübersehen, müssen wir die Grundfrage zu erfassen versuchen, die sie behandelt. Es muß eine menschliche Frage sein, eine Frage, die sich die

Menschen stellen, wenn die Theorie von Wert sein soll. Sobald es aber eine Frage ist, die sich die Menschen selbst stellen können, ist es auch unsere eigene, betrifft sie unser Leben. Wir können dann die Philosophen mit dem Leben konfrontieren, mit dem von uns gelebten Leben, und sehen, was sie uns für eine Antwort geben. Es muß sich also darum handeln, die Einzelheiten des Lebens konkret und greifbar zu erfassen, die der Theorie widersprechen, man muß auf Proben sinnen und die ganze Argumentation stufenweise zu einem Höhepunkt vortreiben. Die Philosophen sprechen von Schmerz, und mit diesem abstrakten Begriff erfassen sie alle Leiden, die die Menschen erdulden oder erduldet haben; sagen sie dann, alles sei aufs beste bestellt, erzählen wir ihnen von den Schmerzen, die wir alle spüren, bis sie sich schuldig fühlen. Und da sie selbst Menschen sind und den Schmerz fühlen wie alle Menschen, werden wir ihnen das ganze Elend des Lebens vor Augen führen. So wird die ganze Lächerlichkeit der fortgesetzten Behauptung, alles sei aufs beste bestellt, offensichtlich. Diese Lächerlichkeit entspringt aus dem Gegensatz zwischen der Theorie und den realen Tatsachen, den unleugbaren Einzelfällen, die überall nachweisbar sind. Und sprechen wir vor dem Hintergrund des Elends menschlichen Lebens von der besten aller möglichen Welten, entsteht Ironie; stellt man solchen allgemeinen Behauptungen über das Leben das Leben selbst entgegen, zeigt sich die Eitelkeit des Versuchs, solche allgemeinen Theorien aufzustellen. Und da in allen Theorien etwas Menschliches steckt, und die Fragen, die sich die Philosophen zum Leben und zur Welt stellen, auch unsere Fragen sind, da jeder von uns um die existentielle Erkenntnis des Wesens der Seele, des Lebens, des Todes, bemüht ist, kurz, da wir denkende Wesen sind, können wir aus uns selbst heraus beurteilen, ob die Philosophen auf unsere Fragen eine Antwort gefunden haben oder nicht. Das meint die Freiheit der Kritik an dem, was andere sagen oder gesagt haben; der Mensch erwirbt sie, wenn er sich auf sein eigenes Leben stützt, sich seiner Vernunft bedient und so die dialektische Methode befolgt. Jedem ist also die Fähigkeit mitgegeben, über ein Problem nachzudenken, Fragen zu stellen, Urteile auszusprechen. Jeder darf »bei Büchern und bei Menschen davon Gebrauch machen: die vernünftigsten auswählen, sie prüfen und allein der Evidenz Vertrauen schenken[43]«. Dafür genügt der Mut zum eigenen Denken. Dann wird ihm gegeben, was allen andern auch zuteil geworden ist: das menschliche Leben, das Denken. Jeder Mensch wird sich dabei der Überfülle widersprüchlicher Meinungen gegenübersehen. Man

43 Voltaire, L'Homme aux quarante écus, IX.

braucht nichts mehr vertrauensvoll anzunehmen, ohne selbst darüber nachgedacht zu haben. Es gilt, gegenüber allem, was an uns herangebracht wird, die volle Freiheit des Urteils zu bewahren, keine Vorurteile zu haben, mit einem Wort: Wir müssen aufgeklärte Menschen sein.

Die Grundlagen der Welt sind nicht erfaßbar

So bereitet Voltaire die kritische Haltung der Menschen der Französischen Revolution vor. Rabaut-Saint-Etienne sagt über ihn: Er hat uns alle denken gelehrt. Man will sich nicht mehr täuschen lassen. Überliefertes muß uneingeschränkt geprüft werden. Bedient euch eurer eigenen Augen, um zu sehen, denkt also selbst. So redet man zum Beispiel seit Jahrhunderten vom Dritten Stand. Aber wer ist eigentlich der Dritte Stand? Es sind die Bauern auf ihren Feldern, die Handwerker in ihrer Werkstatt, die Gelehrten mit ihren Büchern, zwanzig Millionen Menschen, die arbeiten, neben zweihunderttausend Angehörigen des Klerus oder des Adels, die nicht arbeiten. Wie kann man also weiter davon reden, daß das Volk aus drei Ständen besteht? Der Dritte Stand allein ist schon das ganze Volk! Überlegt also, was die Aristokraten eigentlich sind! Sind sie anders auf die Welt gekommen als Ihr? Eure Priester lehren, alle Menschen sind Brüder, und zu gleicher Zeit sprechen sie von verschiedenen Ständen. Seht Ihr denn nicht selbst, daß man euch betrügt? Wie Montesquieu die Politiker der Französischen Revolution lehrt, welche Maßnahmen der Gesetzgeber ergreifen muß, um die Freiheit der Bürger zu sichern, so lehrt Voltaire die Franzosen von 1789, gegenüber der Tradition eine kritische Haltung anzunehmen, sich der vernichtenden Waffe der Dialektik zu bedienen. Er zeigt ihnen, wie man es anfangen muß, um Abstraktes zu konkretisieren, er erklärt ihnen, daß man sich nur umzuschauen braucht, daß man sich nur über die Dinge befragen muß. Ist es denn wirklich so? Man spricht von den Aristokraten, vom Klerus. Jeder von uns kennt einige ihrer Vertreter. Aber was für Geschöpfe sind das denn? Was sagt euer Katechismus und was geschieht im Leben wirklich?

Hier ist die Autonomie des Denkens eines jeden einzelnen aufgerufen. Vertraut also auf euer Denken, ersetzt stets die unpräzisen oder allgemeinen Behauptungen durch das Konkrete, das Bestimmte. Freut euch an der dialektischen Analyse, dem vernünftigen Denken bis zu seinen letzten Konsequenzen. Wie jetzt alles klar wird! Wie lächerlich werden jetzt diese Fanatiker mit ihren weisen Sprüchen! Wie leicht fällt es uns jetzt, die ganze

Absurdität ihrer Lehren zu beweisen, und wie sind sie uns jetzt ausgeliefert und um Antworten verlegen! Sie wollten uns mit ihren Lehren beherrschen, uns ihre Vorurteile aufzwingen, um uns besser im Griff zu haben. Aber wir leben im Zeitalter der Aufklärung, die Herrschaft der Vernunft ist gekommen. Der verlogene und absurde Kram, den sie angehäuft haben, wird durch ein harmonisches Ganzes ersetzt, das nach den klaren und vernunftgemäßen Grundsätzen des Rechts aufgebaut ist. Der Augenblick ist gekommen, da die Kritik, die bei Voltaire vom Negativen ausging, konstruktiv wird.

Voltaire nimmt natürlich nicht an, daß jeder einzelne in der Lage ist, was andere gedacht haben, durch etwas Besseres zu ersetzen. Es kann wohl jeder sagen: Diese Vorstellung von Gott ist absurd, aber er kann nicht sagen, was Gott ist. Es ist nicht jedem gegeben, Philosoph zu sein, wenn man darunter die Fähigkeit versteht, eine eigene Weltanschauung zu entwickeln. Darüber werden sich die Menschen nie einigen können. Aber jeder kann ein aufgeklärter Mensch ohne Vorurteile sein. Das wird niemand bestreiten. Diese kritische Fähigkeit ist das charakteristische, elementare Merkmal der menschlichen Vernunft, die jedem von uns mitgegeben ist. Die Verwandtschaft zwischen der Sicht Voltaires und Bayles wird hier deutlich. Auch für Bayle ist die Fähigkeit zur Kritik Bestandteil der menschlichen Vernunft, der destruktiven Kritik. Aber bei Bayle wendet sich die Vernunft gegen sich selbst, und kraft der Erkenntnis ihrer eigenen Schwäche führt sie die Menschen zum Glauben. Bei Voltaire dagegen erhebt sich die Vernunft gegen alles Vernunftwidrige, das Vernunftfremde in den Meinungen der Menschen. Sicher, auch die Vernunft hat ihre Grenzen, aber sie hebt sich nicht selbst auf. Die Fähigkeit der Kritik ist eine positive Kraft im Menschen. Es ist das Glück, frei zu sein von Vorurteilen, das Glück des Bewußtseins, daß die Vernunft in jedem Menschen souverän ist. In dieser Negation, in dieser Weigerung, etwas zu akzeptieren, was nicht klar ist, steckt etwas allen Menschen Gemeinsames, welche Unterschiede auch immer es zwischen ihren positiven Gedanken geben mag. Man kann Theist, Deist oder Atheist sein und doch im Kampf gegen den Aberglauben gemeinsam marschieren.

Von Brahma und Zaratustra bis heute hat jeder Philosoph sein System aufgestellt. Ein Chaos von Ideen, in dem sich kein Mensch zurechtfindet. Die wenigen Weisen dieser Welt haben diese Luftschlösser immer mit Erfolg zerstört, aber ein bewohnbares Haus konnten sie nie bauen. Durch die Vernunft sind wir imstande zu sehen, was nicht ist; nicht aber, was ist. Doch es genügt, sicher zu wissen, was nicht ist. Es ist nicht notwendig zu wissen, was ist. »Ich bin der große Zerstörer«, schreibt Voltaire an die Marquise du Deffand[44].« »Meine Philosophen«, schreibt er an d'Alembert, »sind gebildete Menschen, die über das Wesen der Dinge nichts Feststehendes aussagen wollen, die nicht wissen, was ist, die aber sehr genau wissen, was nicht ist[45].«

Voltaire besitzt also einerseits in der Negation eine unfehlbare Selbstsicherheit, einen leidenschaftlichen Zerstörungswillen und andererseits eine gewisse skeptische Ironie gegenüber positiven Aussagen. Was soll man als positives Faktum annehmen oder ablehnen? Wir sollen tolerant sein und die Grenzen des menschlichen Geistes anerkennen. Wir stoßen überall an diese Schranken. Warum existieren wir überhaupt? Warum gibt es Geschöpfe? Was heißt Denken? Wo hat es seinen Sitz? Die Gedanken durchziehen ungeordnet unser Hirn. Ich selbst habe sie nicht hervorgebracht. Dessen bin ich sicher. Aber wer hat sie in mir hervorgebracht? Woher kommen sie? Wohin gehen sie? Flüchtige Geister, welche unsichtbare Hand bringt euch hervor und läßt euch dann wieder verschwinden? »Wir sind reine Maschinen«, schreibt er an die Marquise du Deffand, »Gefühle, Leidenschaften, Geschmacksurteile, Begabungen, Formen des Denkens, Sprechens, Sich-Bewegens, alles kommt uns zu, ich weiß nicht wie. Alles gleicht den Einfällen eines Traums; sie kommen uns, ohne daß wir uns darum bemühen[46].« Von welchem Zeitalter spreche ich? Ich kann es nicht näher bestimmen. Woher kommt das Böse in die Welt und warum existiert es überhaupt? Wie soll man das unentwirrbare Chaos von Gedanken entziffern, die bei solchen Fragen auftauchen?

Es gibt zwei Denker, die uns wirklich etwas gelehrt haben: Newton und Locke. Newton durch die Berechnung der Gravitation, ohne zu fragen, was sie ist, und Locke durch seine Beschränkung auf den Nachweis der Arbeitsweise und der Grenzen des menschlichen Denkens und den Verzicht auf Vermutungen zu seinem Wesen. Die astronomische Anschauung des Kosmos in seiner Gesetzmäßigkeit, die Newton vertrat, ist für Voltaire die einzige Tatsache, über Materie und Bewegung läßt sich nichts aussagen. Millionen von Sternen, Milliarden von Welten leuchten am Himmelsgewölbe. Jupiter und Saturn kreisen in einem unendlichen Raum, nur ein Teil dieses Universums ist dem menschlichen Auge zugänglich. Wir können den Standort der Sterne im Raum und ihre Entfernung von der Erde berechnen. Wenn ein

44 Lettre de Voltaire à la marquise du Deffand, 1-vi-1770.
45 Lettre de Voltaire à d'Alembert, 5-vi-1765.
46 Lettre de Voltaire à la marquise du Deffand, 21-iii-1764.

Saturn-Bewohner auf unsere Erde kommen könnte, wäre er zwar über die Genauigkeit unserer Berechnung der Entfernung Erde–Saturn erstaunt, aber über all unsere metaphysischen Theorien zum Wesen der Seele und der Materie müßte er lächeln. Der Mensch auf einem der Planeten dieses unendlichen Universums mit zahllosen Sternen, ein Rädchen in dem unendlichen Räderwerk, streitet sich mit anderen in seinem Ameisenhaufen herum im Zeitraum eines einzigen Tags, doch das Universum geht in alle Ewigkeit seinen Gang nach ewigen, unabänderlichen Gesetzen, denen auch das Atom gehorcht, dem wir den Namen Erde gegeben haben. Sind sie nicht lächerlich, diese winzig kleinen Menschen mit ihrem fast unbegrenzten Stolz, der sie anstachelt, alles wissen zu wollen? Sie können bestenfalls eingestehen, daß es in der Welt eine Vernunft geben muß, die ihrer eigenen unendlich überlegen ist. Denn es wäre unsinnig, nicht sehen zu wollen, daß eine große geistige Kraft das Schicksal der Welt bestimmt, wo doch unsere eigene so klein ist. Die ganze Natur ist eine künstlerische Hervorbringung, die Berge und Meere, die Struktur eines Insekts, eines Grashalms, alles Meisterwerke! Die Natur ist nichts anderes als eine wenig bekannte Kunst. Alles an ihr ist Kunst. Man spricht von Natur, und doch ist es nichts anderes als Kunst. Es muß in dieser Welt einen großen Künstler geben, der sich selbst versteht und uns sein Kunstwerk zeigt, ein Wesen, das nach einem vorbedachten Plan schafft. Der Mensch selbst kann von diesem teleologischen Ganzen nur in seiner Nähe ein paar Atome erkennen, und auf einem solchen Atom lebt er nur wenige Augenblicke. Wie sollte er das Ganze erfassen können, da er selbst nur so ein winziges Teilchen ist? Wenn Gott alle Philosophen um sich versammelte, würde ihnen deutlich, daß sie das Wesen seiner Kunst nicht erkannt haben. Was sollen uns all diese Leute, die Weltsysteme konstruieren? Ein Descartes zum Beispiel? Der Gang des Universums ist von unserem Denken unabhängig. Es ist uns alles mitgegeben worden, was für unser Leben notwendig ist: die Vernunft, der Instinkt, die Fähigkeit, uns zu bewegen, uns fortzupflanzen, ohne daß Gott zu uns je vom Wesen des Ganzen gesprochen hätte. Und doch kann es keine für uns wesentliche Wahrheit geben, die uns verborgen bliebe. Das anzunehmen wäre absurd, eine Blasphemie, eine Verhöhnung der Menschheit. Unglück oder Glück der Menschen kann nicht von ein paar Beweisgründen abhängen, die nur ein Zehntel von uns begreifen kann. Die Fähigkeit zu denken ist den Menschen nicht verliehen worden, damit sie das Wesen der Dinge erfassen, sondern um ihnen die Möglichkeit zu geben, gut zu handeln. Es bleibt uns nur übrig, uns den Naturgesetzen zu beugen, die die Welt bewegen, in unserem Leben zu arbeiten und zu wirken, ohne allzuviel zu fragen. Bebauen wir unseren Garten. Alles übrige hat wenig Gewicht.

Man stellt also bei Voltaire einerseits ein Selbstbewußtsein fest, das in seiner Kritik souverän ist, und andererseits eine Resignation bezüglich der Erkenntnismöglichkeiten des Menschen im Naturbereich. Wir müssen uns darauf beschränken, zu leben und zu arbeiten und uns zu sagen, daß wir in ein unermeßliches und unmeßbares Ganzes eingefügt sind, das wir nicht begreifen können. Doch dieses große Ganze, das nicht begriffen werden kann und immer unbegreiflich bleiben wird, ist für Voltaire nicht furchterregend wie für Pascal. Es ist ein großes Kunstwerk, zu dem wir gehören. Verstehen aber können wir es nicht. Wir leben in dieser Welt, diese Tatsache muß uns genügen. Es bleibt uns nur zu handeln. Welch seltsames Wesen ist doch der Mensch mit seinem maßlosen Stolz, der ihn immer wieder zu dem Versuch treibt, die ihm zugemessenen Grenzen zu überschreiten.

Der Kontrast zwischen dem winzigen Menschen und seinen vermessenen Gedanken fordert die Ironie Voltaires stets aufs neue heraus. Was ist bloß mit diesem Pygmäen los, daß er im Bereich des Denkens den Riesen spielen will? Dem ganzen Elend des Lebens ausgesetzt sein, schwächlich und schutzlos auf die Welt kommen, jung sein und während eines Viertels seiner Existenz nichts sehen, alt werden mit allen Gebrechen des Alters, das ist das Schicksal des Menschen. Und während wir im Grunde mit dem, was unsere Person betrifft, mehr beschäftigt sind als mit allem andern, schwenken wir das Banner großer Gedanken. Auf der einen Seite das Elend der menschlichen Existenz, auf der andern große Gedanken, der bestirnte Himmel mit seinen unveränderlichen Gesetzen, ewige Dauer, deren Geheimnis in dem kurzen Augenblick seines ärmlichen, schwankenden Lebens zu erhaschen versucht. Und da wir alle schwache Geschöpfe sind, dem Irrtum unterworfen und den Wechselfällen des Schicksals, müssen wir einander unsere Dummheiten verzeihen und Toleranz üben. Dies ist das erste Naturgesetz. Empörend aber ist es, wenn jemand behauptet, alles zu wissen, und andern den Glauben an etwas aufzwingen möchte, was er selbst nicht wissen kann, wenn die Menschen nicht ihr kurzes Leben leben können, ohne gegeneinander Krieg zu führen, wenn sie einander abschlachten um einer Sache willen, von der keiner von beiden etwas versteht oder zu verstehen braucht. All diese erbärmlichen theologischen Streitgespräche sind nur ein Zeichen der Überheblichkeit und Arroganz des Menschen gegenüber der Welt, gegenüber Gott, nach dessen Willen uns sein Geheimnis verborgen bleibt. Wer sich dies vor Augen hält, wer über sich selbst nachdenkt, wer sich damit bescheidet, die Grenzen des menschlichen Denkens zu akzeptieren, sollte nicht dulden, daß Scharlatane, die etwas zu wissen vorgeben, was sie nicht wissen, uns länger beherrschen. Es ist uns auferlegt, gegen das dogmatische und autoritäre Denken der Sekten anzukämpfen, gegen die Despotie der Kirche.

Einerseits also die Dialektik bei der Entdeckung des Absurden, die Revolte gegen die Herrschaft der Unvernunft, andererseits die innere Überzeugung, sich damit abfinden zu müssen, daß uns die Geheimnisse der Welt ewig verborgen bleiben und wir deshalb die Intoleranz bekämpfen müssen. Unser kritisches Vermögen macht uns klar erkennbar, in welchem Maße die Dogmen, wenn man sie einzeln betrachtet, absurd sind und die theologischen Argumente widersprüchlich; darüber hinaus wissen wir, wie töricht diese Behauptungen über den Gang der Welt sind, weil wir die Grenzen des menschlichen Denkens kennen und unsere Bedeutungslosigkeit im Weltganzen. Bei kritischen Geistern, die in einem maßvollen und vorsichtigen Denken geübt sind, erweckt die dogmatische Haltung nur Haß. Es geht nicht darum, alte Dogmen durch neue zu ersetzen, sondern darum, die dogmatische und voreingenommene Denkweise durch eine wissenschaftliche Methode zu ersetzen, die auf der Erfahrung und einer kritischen Geisteshaltung beruht. Die starre und autoritäre Betrachtungsweise der dogmatischen Sekten muß notwendigerweise die Gegnerschaft aufgeklärter Menschen herausfordern, ihr bewegliches und von jeder Bindung freies Denken zum Sarkasmus reizen und vor allem zur negativen Kritik auffordern. Was sollen überhaupt all diese Sekten? Gibt es in Algebra, Geometrie, in der Mathematik Sekten?

Die Philosophen können nach Belieben Spekulationen über das Weltganze anstellen. Aber sie müssen Toleranz üben und gemeinsam das dogmatische Denken bekämpfen, denn ein solches Denken ist ihr gemeinsamer Feind, der sie alle zu beherrschen sucht. In diesem Kampf müssen sie sich unter allen Umständen gegenseitig unterstützen.

Vor allem Diderot und d'Alembert kommt die Aufgabe zu, uns mit ihrer großen Enzyklopädie die notwendigen Kampfmittel in die Hand zu geben. Um dieses Werk zu unterstützen, sollten sich Gebildete und Philosophen zu einer Kampfgruppe zusammenschließen, die nach allen Seiten kämpft. Wir haben auch Helvetius. Er ist wohlhabend und sollte uns die Mittel zur Verfügung stellen, damit das der Sache Dienliche in den Druck gegeben werden kann. Er könnte auch in seinem Hause Philosophen um sich sammeln, dazu beitragen, daß Aufklärung und Vernunft unmittelbar von Mensch zu Mensch weitergegeben werden, und bei sich einen eigenen

Gerichtshof aufgeklärter Menschen gründen. Er hat Zeit, ist gebildet und wohlhabend; warum schreibt er nicht etwas Präzises, Überzeugendes gegen den Fanatismus? Aber leider beschäftigt er sich zuviel mit Metaphysik. Werke über Metaphysik werden nur von wenigen Menschen gelesen; nur wenige können sie verstehen. Sie fordern immer zum Widerspruch heraus und geben unseren Gegnern Waffen in die Hand. Es ist weit sicherer und zugleich angenehmer, wenn man die theologischen Streitgespräche lächerlich und verächtlich macht, wenn man die Aufklärung dem Kanzler und dem Handwerker zugleich nahebringt, wenn man kleine Werke schreibt mit ganz klaren, einfachen Tatsachen, die jeder versteht und die unfehlbar ihre Wirkung tun. Da wäre auch Marmontel, der ausgezeichnete Berichte schreiben könnte. Er müßte philosophische Berichte schreiben, die bestimmte Narren und ihre Dummheiten der Lächerlichkeit preisgeben könnten. Das müßte alles mit einer gewissen Diskretion geschehen. Oder man sollte versuchen, wie Voltaire an Damilaville schreibt, »in das Chaos der Antike etwas Klarheit zu bringen, für die alte Geschichte Interesse und Zuneigung zu wecken, zu zeigen, wie man uns überall getäuscht hat, wieviel Altes doch ganz modern ist, wie vieles lächerlich ist, was man uns als höchst achtbar dargestellt hat, den Leser selbst seine Schlüsse ziehen zu lassen«[47]. Man muß ganz unbemerkt über die Kirche die Oberhand bekommen und so tun, als gehöre man zu denen, die nicht daran denken, sie anzugreifen. »Mit hartnäckigen Leuten darf man nicht streiten«, schreibt er, »Widerspruch verwirrt sie nur, statt sie aufzuklären . . . Der Streit hat noch nie jemand überzeugt. Man muß die Menschen selbst zum Denken anregen, sich den Anschein geben, als zweifle man mit ihnen, man muß sie sozusagen bei der Hand nehmen und führen, ohne daß sie es bemerken, und so die Menschen zur Einsicht bringen[48].«

Aber dafür ist Voraussetzung, daß sich die Philosophen einig sind, daß sie alle persönlichen Dinge, alle Unterschiede ihrer Weltanschauungen hintanstellen. Die Vernunft, die denkenden Wesen und der Friede müssen auf der einen Seite stehen, die nichtdenkenden Wesen und der Krieg auf der andern. Wenn sich nur die Philosophen verständigen könnten, dann würde die Vernunft bald triumphieren. Dann würde man den Anbruch »der schönsten Epoche in der Geschichte des menschlichen Geistes«[49] erleben. Warum nützen wir nicht diese Möglichkeit wie Stoiker und Epikuräer, Brüder einer Gemeinde?

47 Lettre de Voltaire à Damilaville, 13-VII-1764.
48 Lettre de Voltaire à M. le marquis d'Argence de Dirac, 14-III-1764.
49 Lettre de Voltaire à Damilaville, 5-V-1764.

Der Glaube an die Vernunft und die Idee der Freiheit

Für Montesquieu sind die Gesetze die Schöpfung einer teleologischen Vernunft, die nicht bestimmte, für alle gültigen Regeln voraussetzt, sondern sich stets den wechselnden historischen Voraussetzungen anpaßt und danach strebt, für die Erhaltung kollektiver Lebensformen geeignete Mittel zu finden; die dem Denken Voltaires immanente Logik dagegen verlangt Gesetze als das Produkt einer absoluten Vernunft, die bei all ihren Wandlungen souverän bleibt und frei von Vorurteilen. Es kann sich nicht darum handeln, für das Chaos von Gesetzen und Gewohnheiten in der Geistesgeschichte einen Sinn zu finden – die kritische Vernunft erkennt seinen absurden Charakter –, sondern um die Schaffung einer neuen Gesellschaftsform nach den Grundsätzen des Zeitalters der Aufklärung.

Auf der einen Seite ist also die Auffassung Voltaires vom Gang der Geschichte der Menschheit pessimistisch, kritisch und negativ. Was bisher geschah, zumindest seit der Gründung der christlichen Kirche, ist nur eine unendliche, widerliche Reihe von Absurditäten. »Die Welt ist ein Chaos von Absurditäten und Greueln«[50], schreibt er. Überall der gleiche Mangel an Urteilsvermögen, der gleiche Fanatismus, der gleiche Aberglaube. Und betrachtet man das Leben in der Gemeinschaft im einzelnen, wie viele Ungeheuerlichkeiten wären da festzustellen! Bauern, die verhungern, während eine privilegierte Klasse im Überfluß lebt, ohne etwas zu produzieren; der Vater, der seine Kinder enterbt, um dem ältesten Sohn alles zu geben. Überall herrscht das Recht des Stärkeren, und dies nicht nur von Volk zu Volk, sondern auch von Bürger zu Bürger. Das ist der Lauf der Welt seit Jahrhunderten. In den Anfängen der Zivilisation machte zwar die Menschheit einige Fortschritte. Aber seit den Anfängen des Christentums ist die Geschichte nur eine ununterbrochene Folge von Irrtümern und Vorurteilen. Zu diesem Ergebnis führt Voltaires rein negative Geschichtsauffassung. Im Gegensatz zu Montesquieu, der den relativen Wert kollektiver Organismen sieht, die im Ablauf der Geschichte nebeneinander stehen oder aufeinanderfolgen, jeder in Verfolgung eines eigenen Ziels, faßt Voltaire die historische Entwicklung als Ganzes ins Auge und geht von einem absoluten Wert aus, gültig für alle Völker. Die Vernunft kann dank der evidenten Werte, die sie vertritt, jeden geschichtlichen Ablauf bestimmen. Souverän verwirft sie alles, was bis jetzt existiert hat. Montesquieu dagegen war bemüht, in den von Menschen geschaffenen Rechtsordnungen

50 Lettre de Voltaire à d'Alembert, 7-VI-1773.

einen vernünftigen Sinn zu entdecken. Aber bis jetzt hat die Vernunft noch nie schöpferisch in die lebendige Wirklichkeit eingegriffen. Die Gesetze in ihrer vorhandenen Form sind nur das Produkt von Aberglauben, Vorurteilen und Unvernunft.

In diesem Punkt zeigt sich auch bei Voltaire wieder der intellektuelle Pessimismus des ausgehenden 17. Jahrhunderts, eines Pascal, eines La Bruyère, eines La Rochefoucauld, eines Bayle, die Vorstellung von einer absurden Welt. Aber von einer Resignation angesichts dieser Absurdität ist nicht mehr die Rede. Wenn die kritische und souveräne Vernunft uns zu der Feststellung zwingt, daß der Welt bis heute jeder innere Sinn fehlte, so erfüllt uns doch zugleich ein beglückendes Gefühl, das der festen Überzeugung entspringt, daß wir dieses Chaos hinter uns gelassen haben, daß wir dieser absurden Situation entgegentreten können und frei sind von Vorurteilen.

Diese pessimistische Einstellung gegenüber der Geschichte, diese negative Kritik der Vergangenheit und Gegenwart, ist auch ein Merkmal der Französischen Revolution. Ausgelöst wird diese Kritik von der Absurdität und Widersprüchlichkeit der menschlichen Institutionen: Gesetze, die für ein Land gelten und nicht für ein anderes, Gesetze mit einem Geltungsbereich, der nur eine Klasse von Bürgern erfaßt, Gesetze, die den Arbeitenden wegnehmen und den Nichtstuern geben, die zufällige Tatsache der Abstammung, die bestimmt, welche Stellung ein Kind in der Gesellschaft einnehmen soll usw. . . . Die Geschichte der Menschheit ist nur eine große Absurdität. Um uns ist nur Finsternis, nichts läßt uns wissen, was zu tun ist. Dies ist der Ausgangspunkt und gewissermaßen die Basis des geistigen Standorts der Französischen Revolution.

Andererseits jedoch die Hoffnung auf die Heraufkunft des Reiches der Vernunft. Wenn die Philosophen in den vordersten Reihen stehen werden, denkt Voltaire, berechtigt das zu den schönsten Hoffnungen! Wenn bisher alles falsch verlief, dann nur, weil die Menschen weder denken noch ihre Vernunft gebrauchen wollten. Die historische Kritik findet überall nur Unvernunft; das Handeln der Menschen und ihre Gesetze zeugen davon, seit die Kirche die Herrschaft des Aberglaubens in die Welt gebracht hat. Die Absurdität, von der die Geschichte zeugt, ist kein notwendiger Bestandteil des menschlichen Lebens, keine angeborene Schwäche und kein Unvermögen der Vernunft. Sie beruht auf menschlichen Irrtümern, und deshalb tut die Aufklärung der Menschen not.

Einerseits also die pessimistische Auffassung von der Entwicklung des Menschen, wie sie sich bisher vollzogen hat, andererseits das Vertrauen auf die menschliche Vernunft, die Hoffnung auf eine neue vernunftbestimmte Ordnung. Von nun an wird die Vernunft die Leidenschaft einer neuen Zeit entgegenführen, die große Leidenschaft, wie sie der Auffassung des 17. Jahrhunderts entspricht. Die Vernunft stellt ihr die Aufgabe, zum Wohle der Menschheit zu wirken. Die Vernunft gewordene Leidenschaft, die Leidenschaft der Vernunft wird die Menschen der Französischen Revolution erfassen, einen Mirabeau zum Beispiel. Das philosophische Denken des Menschen steht vor einem glänzenden Sieg über den barbarischen Aberglauben. Sicher wird es Angriffen standhalten müssen, wie man auch die Entdeckungen Newtons angegriffen hat, aber früher oder später erst recht seine Herrschaft aufrichten.

Die Revolution will wissen, wem das Recht der Gesetzgebung zukommt

In der Negation von Vergangenheit und Gegenwart, in der Hoffnung auf ein neues Zeitalter mit einem sinnvollen Geschehen, stimmt die Revolution mit Voltaire überein. In anderer Hinsicht jedoch geht sie über ihn hinaus. Er fragt sich zum Beispiel, wer herrschen soll, wer in der neuen sozialen Ordnung die Gesetzgebung bestimmt. Montesquieu hat sich eine ähnliche Frage gestellt. Er hat wohl Regeln aufgestellt, Ratschläge gegeben, aber nicht gesagt, wer der Gesetzgeber sein soll. Für ihn hängt das von den besonderen historischen Umständen ab, wie auch vom Charakter der bestehenden Verfassung. Für Voltaire seinerseits sollen die vorurteilsfreien, aufgeklärten Menschen, die Philosophen, versuchen, in die Gesetzgebung einzugreifen. Sie sollen ihren Einfluß auf alle ausüben, die an der Regierung beteiligt sind. Dieser Vorgang vollzieht sich schon in verschiedenen Ländern Europas: Friedrich der Große, Katharina II. haben nichts anderes getan, als bei ihrer Staatsführung die Grundsätze der Aufklärung zu befolgen. Aber die Philosophen müssen vor allem die öffentliche Meinung beeinflussen. Dies ist ihre erste Pflicht, weil die öffentliche Meinung schließlich alle Menschen beherrschen wird, die ganze Erde. Die aufgeklärte Öffentlichkeit ist auch der oberste Richter. Die Philosophen müssen langsam die öffentliche Meinung in ihre Hand bekommen. Sie müssen versuchen, den Menschen ein selbständiges Denken zu lehren, sie müssen vorgeben, deren Zweifel zu teilen, sie müssen sie mit Hilfe einer abgestuften Argumentation dazu bringen, daß sie auf das rein Persönliche und Vernunftwidrige ihrer Anschauungen verzichten. Es wird auf Erden immer nur eine kleine Zahl von Philosophen geben, eine kleine Minderheit von weisen, aufgeklärten Menschen; sie müssen in der Gesellschaft eine feste geistige Elite bilden. Wenn man die gebildeten Menschen von den dummen trennt, tut man der ganzen Menschheit den besten Dienst. Denn es wird immer eine große Zahl denkunfähiger Menschen geben. Es ist unwesentlich, meint Voltaire, ob unsere Bauern und Arbeiter, Schuhmacher und Dienstboten, Schneider und Sattler aufgeklärt sind. »Daß das Volk geführt wird, ist angemessen, und nicht, daß es gebildet wird, es ist dessen nicht würdig. Vierzigtausend Weise., das ist etwa alles, was wir brauchen[51].« So schreibt Voltaire an Damilaville. Damilaville ist damit nicht einverstanden; dem Volk soll Bildung zuteil werden. »Ich glaube, wir verstehen uns nicht in der Auffassung des Begriffes ›Volk‹, das Sie einer Bildung für würdig halten«, antwortet ihm Voltaire. »Unter ›Volk‹ verstehe ich die Masse der Bevölkerung, die zum Leben nur ihrer Hände bedarf. Ich bezweifle, daß dieser Teil der Bürger je die Zeit und die Fähigkeit hat, sich zu bilden; sie würden eher verhungern, als weise werden[52].« Aber es handelt sich dabei nur um das »niedere Volk«, wie er sich ausdrückt, um »diejenigen, die ihren Lebensunterhalt verdienen müssen und sich nicht mit der Aufklärung ihres Geistes beschäftigen können«[53]. »Höherstehende Handwerker, die ihr Beruf selbst zum Nachdenken zwingt, die ihren künstlerischen Geschmack vervollkommnen und ihr Wissen erweitern müssen, fangen jetzt in ganz Europa an zu lesen[54].« Sie müssen sich dessen bewußt werden, daß sie vernunftbegabte Menschen sind und aufgeklärte Menschen werden. Und wenn der wichtigste Teil der Bürger aufgeklärt ist, wird auch eine Hebung der unteren Klassen eintreten. »Das aufgeklärte Denken muß stufenweise hinabsteigen; dem niederen Volk wird es immer fremd bleiben . . . hier genügt das Beispiel der Höhergestellten[55].«

Dieser Standpunkt ist bis zum Beginn der Französischen Revolution vorherrschend. Eine Anzahl von Philosophen versucht in ganz Europa, die öffentliche Meinung auf allen Gebieten aufzuklären. Die Grundsätze, die von allen gebildeten Menschen geteilt werden, sollen die Welt beherrschen und überall Reformen und die Schaffung neuer Gesetze erreichen. Aber im Laufe der Französischen Revolution stellt sich die Frage dann anders. Es geht jetzt um die Frage nach dem Wesen der gesetzgebenden Gewalt. Es ist Aufgabe der aufgeklärten öffentlichen Meinung, die Gesetzgebung der Staaten zu regeln. Aber wie faßt man den Begriff der öffentlichen Meinung

51 Lettre de Voltaire à Damilaville, 19-III-1766.
52 Lettre de Voltaire à Damilaville, 1-IV-1765.
53 u. 54. Lettre de Voltaire à Damilaville, 13-IV-1766.
55 Lettre de Voltaire à M. Longuet, 13-II-1767.

als gesetzgebende Gewalt? Man kann daran denken, ein Wahlrecht zu schaffen, von dem die unteren Klassen ausgeschlossen bleiben, das Volk in »aktive« und »passive« Bürger aufzuteilen. Und das hat die Konstituante getan. Aber sofort stellt sich eine andere Frage.

Solange man sich darauf beschränkt zu fragen, wem man es anvertrauen solle, die besten Gesetze zu erlassen, war die Antwort leicht: den aufgeklärten Menschen. Jetzt aber handelt es sich um etwas ganz anderes: Man möchte wissen, wem das Recht der Gesetzgebung zusteht. Es handelt sich nicht mehr darum, die Frage nach den besten Gesetzen zu entscheiden, sondern für das Gesetz eine Rechtsgrundlage zu schaffen. Die Antwort der Revolutionäre wird lauten: Da jeder Mensch seiner Natur nach, wenn er mündig ist, nicht dem Willen eines andern unterworfen werden darf, kann er sich nicht von andern Gesetze vorschreiben lassen, an deren Ausarbeitung er nicht persönlich oder durch gewählte Vertreter mitwirken konnte. Seitdem die Frage nach der Rechtsgrundlage der Gesetzgebung aufgeworfen wurde, geht die Französische Revolution über Voltaire hinaus. Baut man auf seinen Überlegungen auf, kann man zwar die Forderung aufstellen, daß das ganze Volk aufgeklärt werden muß, daß jeder imstande sein muß, sich über die Voraussetzungen zur Schaffung der besten Gesetze Gedanken zu machen, und an den gemeinsamen Interessen der Gesellschaft mitwirken kann. Diese Forderung vertreten vor allem Condorcet, Rabaut-Saint-Etienne, die Girondisten. Andererseits wird deutlich, daß diejenigen, die sich auf die Frage nach den geeignetsten Mitteln zur Schaffung der bestmöglichen Gesetze beschränken, die nur nach der Vernunft und nicht nach dem Recht fragen, gerade zu der revolutionären Rechtsauffassung im Gegensatz stehen müssen.

Voltaire hat im Menschen das Bewußtsein seiner geistigen Unabhängigkeit geweckt. Er hat den Menschen gelehrt, daß er eine Fähigkeit besitzt, die als solche einen Wert verkörpert: das eigene Denken, die Vernunft. Aber der Grand Seigneur, Geistesfürst und Patriarch von Ferney kann diesen Wert nicht als für alle Menschen im gleichen Maße gültig ansehen. Es wird immer Gescheite und Einfältige geben, immer nur eine kleine Zahl selbständig denkender Menschen, die er Philosophen nennt, daneben eine größere Zahl, die für eine Aufklärung zugänglich sind, und schließlich die große Masse, die der Führung bedarf. Die Aristokratie des Geistes möchte ihren Herrschaftsbereich so weit wie möglich ausdehnen, und um an ihr Ziel zu gelangen, die Gedanken der Aufklärung verbreiten. Sie strebt nach einem glücklichen Leben für alle Menschen, hält aber den Menschen nicht für fähig, dies von sich aus zu erreichen. Sie fordert Freiheit, die Freiheit eines jeden einzelnen, selbständig zu denken und zu sagen, was man denkt. So bereitet sie die Idee der Freiheit vor, die von der Französischen Revolution übernommen wird. Die andere große Idee der Französischen Revolution, die Idee der Gleichheit, liegt jedoch außerhalb des Denkbereichs der Geistesaristokratie. Diesen Wert aber wird Rousseau in sich selbst entdecken und zu neuem Leben erwecken.

v. Kapitel
Rousseau

Ein Fremder unter den Menschen

Der Verstand, der Geist des Jahrhunderts der Aufklärung, wird in der guten Gesellschaft immer höher eingeschätzt, er wird zum Wertmaßstab bei der Beurteilung des Menschen. Rousseau widersetzt sich grundsätzlich dieser Auffassung seiner Zeit, zieht sich in sich selbst zurück und findet so zu einer anderen Auffassung vom Menschen, zu einer andern Liebe zu den Menschen, die niemand ausschließt.

Will man diese Opposition Rousseaus verstehen, dieses Gefühl, ein Fremder zu sein unter den Menschen, mit denen er zusammen lebte, muß man sich die Erfahrungen vor Augen halten, die er in der Pariser Gesellschaft gemacht hat. Diese Gesellschaft pflegt das differenzierte Denken, liebt die geistreichen Einfälle der Phantasie. Gerade das Zufällige der Gesprächsthemen erlaubte es, all diesen Einfällen freien Lauf zu lassen. Es meint das dialektische Geschick beim Auffinden von Argumenten, Analogien, Bildern, das besonders Voltaire besitzt, oder ein universaler, fruchtbarer Geist, wie er Diderot eigen ist, der in allem, auf das er stößt, neue Möglichkeiten und Gesichtspunkte entdeckt. Wichtig war, nie die Geistesgegenwart zu verlieren; man schätzte den flüchtigen Charakter eines Gedankens, den Wert, den ihm ein vorausgehender Gedanke geben konnte, den Takt, etwas im richtigen Augenblick zu sagen und zu wissen, was man im gegebenen Augenblick sagen muß, gerade weil es an anderer Stelle gesagt wurde. Man verstand es, einer nichtigen Kleinigkeit Farbe zu verleihen, indem man sie in einen bestimmten Zusammenhang einfügte, man hatte ein Gefühl dafür, wann man auf einer bestimmten Behauptung beharren mußte oder sie übergehen. Kurz, es gab keine klangliche oder gedankliche Nuance, die nicht im Gespräch zum Ausdruck kam. Unvorbereitetes Sprechen, improvisierte Gespräche erlaubten dem differenzierten Denken, einen vollendeten Ausdruck zu finden. Es konnte dabei dem Reichtum seiner Gedanken freien Lauf lassen, all seinen interpretatorischen Möglichkeiten; es wurde sich der Souveränität und Eleganz seiner unbegrenzten Fähigkeit bewußt, alles auszudrücken, alles zu verstehen, als sei es ein Spiel.

Dieser Grundton bestimmte die Gesellschaft, in die Rousseau eintrat. Er war vierzig Jahre alt und hatte noch nichts geschrieben. Er träumte nur vor sich hin, ließ sich von seinen Gefühlen und Träumen leiten, ohne ihnen je eine feste Form zu geben. In Paris findet er für den Ausdruck seiner Gefühle ganz neue Formen und Möglichkeiten. Jetzt findet er treffende, geistreiche Formulierungen, konkrete, lebendige Bilder, den ganzen Reichtum abgestufter Nuancen, den der Geist der Zeit seinem Denken geben konnte, etwas wie Gußformen, in die er seine Träume einfließen lassen konnte. Er wird ein Autor, ohne zu wissen wie, sozusagen wider Willen. Er hat Erfolg. Er wird überall gefeiert. Doch das hindert nicht, daß er sich in Paris nicht zu Hause fühlte. Er kommt aus einem andern Land; er ist Republikaner; er spricht von seiner Republik; in Paris nennt man ihn den »Bürger«. In seiner Republik kennt man all diese sozialen Unterschiede nicht, die in Paris die Menschen voneinander trennen. Er ist ein Freund der Gleichheit; er will sich nicht in diese willkürliche soziale Ordnung einfügen lassen. Und wie er durch seine Abstammung ein Fremder ist, ist er es auch im tiefsten Grunde seiner Seele unter den Menschen überhaupt. Neben diesen Menschen, die gleich sagen können, was in ihnen vorgeht, für die alles gleich völlig klar ist, die geistiges Raffinement und Geschicklichkeit über alles stellen, kommt Rousseau zu der Erkenntnis – und er sagt es auch selbst –, daß er alles erst *fühlt*, ehe er es sieht. Wenn ihn ein Gefühl überkommt, unterliegt er gleich einer inneren Erregung. Sucht er Worte, um diese Erregung auszudrücken, findet er nur alltägliche Wendungen, die sich ohne Ordnung aneinanderreihen. Um eine angemessene Sprache zu finden, die seine Empfindungen wiedergeben kann, braucht er erst Zeit, um wieder zur Ruhe zu kommen. Er hat ein impulsives Temperament, ungestüme Aufwallungen des Gefühls, und seine Gedanken treten nur langsam hervor, mühsam, erst nachträglich sozusagen. Das Gefühl trifft ihn wie ein Blitzschlag; es erfüllt, verzehrt, blendet seine Seele, ohne sie zu klären. Dieser Lebhaftigkeit des Gefühls und zugleich der zögernde Ablauf seines Denkens ist er nicht nur an seinem Schreibtisch unterworfen, sie beherrschen ihn auch in Gesellschaft. So ist er geartet. Wie kann man von ihm verlangen, daß er Geistesgegenwart besitzt, daß er sein Fühlen und Denken in den Rahmen eines Gesprächs eingliedert? In einem literarischen Salon wartet er ängstlich, bis er an der Reihe ist, und dann läßt er die Gelegenheit ungenützt vorübergehen. Er versteht fast nichts von dem, was die andern in seiner Gegenwart sagen, und bemüht sich vergeblich, ihnen zu folgen. Erst nachher versteht er, was man eigentlich zu ihm sagen wollte, erst nachher findet er die Antworten, die er hätte geben sollen. Wie kann man erwarten, daß ein Mensch, der ganz seinen Gefühlen nachgeht, beständig darauf achtet, was um ihn vorgeht, was alles gesprochen wird, um dann seine Antworten oder Gedanken anzupassen? Er sieht sich nicht in der Lage, immer aufmerksam und konzentriert allem nachzugehen, was die andern denken könnten. Und wenn er versucht zu antworten, fallen die Antworten schief und unpassend aus. Oder aber er äußert Gedanken, die an sich schon dunkel sind und es durch seine ungeschickte Ausdrucksweise noch mehr werden. Man erwartet von ihm Komplimente. Aber seine Lobreden sind schlimmer als ein Tadel. So hatte er in der Gesellschaft von Paris wider Willen Schiffbruch erlitten; er konnte sich nicht auf ihren Ton einstellen und seine Schüchternheit überwinden.

Um sich wieder zu fassen, fand Rousseau kein anderes Mittel, als diese ganze gesellschaftliche Höflichkeit zu verachten. Aus falscher Scham wurde er zynisch und scharf. In Paris wünschte man, daß er diese Rolle spielte. Man war begierig, Originale zu finden mit neuen und unbekannten Ideen, Menschen, die sich widersprüchlich äußern konnten. Der Geist der Zeit verlangte nach Neuem, Eigenartigem. Man liebte ferne Länder, man begeisterte sich zum Beispiel für China. Mit größtem Vergnügen dachte man sich Länder aus, in denen alles anders ist als bei uns. Man war neugierig auf alles, was erraten, entziffert werden mußte: schwer verständliche und analysierbare Seelenzustände, außergewöhnliche Menschen, komplexe Naturen. Alles neue Voraussetzungen dafür, daß die ganze Differenziertheit des Verstehens, die ganze feinsinnige Intuition, welche die Analyse seelischer Konflikte erforderte, in den literarischen Porträts zum Ausdruck kamen, wie man sie gerne entwarf, wenn ein neuer Besucher des Salons die Gesellschaft verlassen hatte. Im übrigen war Rousseau nicht der einzige, um den man sich wegen seiner Originalität bemühte. Da war zum Beispiel Père Hoop, den Diderot erwähnt, ein finsterer Schotte, der in aller Herren Länder seine Melancholie mit sich herumgeschleppt hatte und schließlich in Paris die chinesische Etikette leidenschaftlich verteidigte. Da war der russische Fürst Galitzin, der deutsche Schriftsteller Grimm mit seiner unglücklichen Liebe oder der italienische Abbé Galiani mit seinen lustigen Einfällen. Unter diesem Blickwinkel sah die Gesellschaft auch den Genfer Bürger Rousseau. Man fand ihn widersprüchlicher als alle andern. War er nicht der einzige, der sich gegen alle gesellschaftlichen Institutionen auflehnte? Für die angestammten Gäste der Salons war es ein Vergnügen ganz besonderer Art, wenn er seine Paradoxe gegen sie selbst richtete, gegen ihre etablierte Stellung, wenn diese widersprüchliche Haltung sein ganzes Wesen bestimmte. Er war tatsächlich ein unvergleichlicher Mensch. Im Grunde ist uns alles bekannt, sagte Madame d'Epinay. Man muß nun Menschen finden, die das schon Bekannte in einem neuen Licht und unter einem neuen Aspekt darstellen. Und das konnte Rousseau, wenn er die ganze Kultur, das ganze geistreiche Denken, gerade das, von dem die andern lebten, als das schlechthin Böse darstellte, nur dazu bestimmt, die Seele zu verderben.

Unter solchen Umständen fand Rousseau bei Madame d'Epinay Aufnahme. Er lebt in einem Landhaus auf ihrem Gut. Er wird einer ihrer »Wilden«, die bei ihr täglich aus- und eingehen. Man hegte ihm gegenüber die besten Absichten. Er ist ein wenig umgänglicher Mensch. Man muß sich den Anschein geben, als kümmere man sich nicht um ihn, und es doch unablässig tun, sagt Madame d'Epinay. Man muß Nachsicht üben. – Aber Rousseau denkt anders: Ich mag eure Wohltätigkeit nicht, ich will Freunde haben, Menschen, die ich liebe und die für meine Zuneigung empfänglich sind, keine Wohltäter. Ich dürste nach Freundschaft, aber man will sie mir nicht entgegenbringen. Man will nicht begreifen, daß Freundschaft und Dankbarkeit nicht zusammen in meinem Herzen wohnen können, daß ich alle Menschen verabscheuen muß, die mir Wohltaten erweisen. Ich will frei sein; meine Freunde dürfen meine Freiheit nicht antasten; wenn sie wollen, können sie mir gute Ratschläge geben, aber sie dürfen mich nicht beherrschen, vor allem dürfen sie mich nicht von oben herab behandeln. Sie sollen zu mir gut sein und mir schmeicheln; das allein könnte mir ihre Wohltaten erträglich machen. Aber sie wollen mich beharrlich auf ihre Art glücklich machen und nicht auf meine; sie wollen einfach nicht sehen, daß ich ein anderer Mensch bin als sie. Wenn es zwischen ihnen und einem ihrer Freunde ein Zerwürfnis gibt, machen sie sich darüber kaum Gedanken; tausend Zerstreuungen lassen sie alles wieder vergessen. Ich aber bin ein einsamer Mensch; vom Morgen bis zum Abend würde mich ein solches Zerwürfnis verfolgen, und mein Herz würde keinen Augenblick Ruhe finden; ein Tag brächte mir die Leiden eines ganzen Jahres. Niemand kann sich in meine Lage versetzen; man will einfach nicht sehen, daß ich nun einmal ein besonderer Mensch bin und nicht den Charakter, den Lebensstil und die Möglichkeiten der andern habe, daß man mich also nicht nach den für sie gültigen Regeln messen kann.

Seine Stellung in der Gesellschaft wird für ihn bald unerträglich. Ich gehöre mir nur noch zur Hälfte, denkt er, die andere Hälfte gehört der Gesellschaft, in die ich nicht passe. Er wurde überall gefeiert, war überall willkommen, wurde wie ein Freund aufgenommen und verwöhnt. Trotzdem hatte er das Gefühl, ein Leben zu leben, an dem seine Seele nicht teilhaben konnte. Paris wird ihm in zunehmendem Maße verhaßt. Er will nicht dorthin zurück, er fühlt sich dort allzu unglücklich. Aber wohin? Bei einer so feindseligen Einstellung gegenüber der Gesellschaft und ihren Formen, bei einer Art des Denkens und Fühlens, die von allem abwich, was er in Paris bei den andern vorfand, bei seinem Durst nach Freundschaft, den er nicht stillen konnte, weil er niemand fand, der die gleiche Auffassung von der Freundschaft hatte, muß Rousseau erkennen, daß er ein Fremder ist unter den Menschen. Und alles Unglück, das ihn in seinem späteren Leben treffen sollte, trug mit dazu bei, dieses Gefühl der Heimatlosigkeit noch zu verstärken; es nimmt noch zu, und schließlich entwickelt sich in ihm eine wirkliche Menschenfurcht und das Gefühl, ganz auf sich allein gestellt zu sein auf Erden.

Rousseau fragt sich, warum er nicht unter Menschen leben kann. Vielleicht kommt es daher, so überlegt er, daß ich ihnen nicht zeigen kann, daß ich ein Mensch mit Geist bin, wenn ich mich mit ihnen unterhalte, und daß ich deshalb immer vergeblich versuche, den Platz in der Gesellschaft einzunehmen, der mir eigentlich zukommt. Doch das kann auch nicht zutreffen. Alle bemühen sich um mich; man macht von mir mehr Aufhebens, als ich mir mit kühnster Phantasie hätte erträumen können. Und doch bin ich der Menschen überdrüssig. Dafür muß es eine andere Ursache geben. Ich fühle in mir eine nicht zu stillende Sehnsucht nach Freiheit, daneben zählt für mich keine Ehrung und kein Glück. Ich werde unter den Menschen erst dann zufrieden leben, wenn ich innerlich frei bin und sie gar nicht mehr brauche. Man darf sich nie von seinem Innern entfernen, man muß sich ganz sich selbst zuwenden. Alles führt den Menschen letzten Endes auf sich selbst zurück. Seine Seele muß sich von den Dingen frei machen. Wer die Seele der andern beschränkt und verschlossen findet, muß sich davon machen, die Menschen verlassen und in der Einsamkeit wieder zu sich selbst kommen. Man kann nur glücklich sein, wenn man sich von den Dingen trennt und wieder seiner Seele nähert. Nichts, was außerhalb der Seele liegt, kann sie befriedigen. Die Seele findet auf Erden keine Nahrung; sie kann nur von ihrer eigenen Substanz leben. Das Glück, das wir dem uns Fremden entreißen wollen, ist ein falsches Glück. Unser Glück kann nur auf einem beständigen Zustand der Seele beruhen. Man kann es nicht in einzelne, selbständige Gefühle auflösen. Ein Glück, das sich sozusagen in der Seele in einzelne Geschehnisse auflöst, das die Seele nur von außen berührt und im Vorübergehen streift, wäre nur ein Scheinglück, kein Seelenglück. Ist die Seele aber allein mit sich selbst, findet sie das Glück in sich selbst, im All, in allem Seienden und Werdenden, in der ganzen Schönheit, die sie in der Welt erblickt, und von der sie in einer imaginären Welt träumen kann. Sie schafft in sich alles, nach dem sie sich sehnt; ihre Wünsche allein werden zum Maß ihrer Freuden. Sie überläßt sich ganz dem Glück der Auflösung im All, der Hingabe an ihre vagen Träume.

Je älter Rousseau wird, um so einsamer wird er auch. Er blickt auf sein Leben zurück, und je mehr er darüber nachdenkt, um so seltsamer, bizarrer sieht er sich selbst. Er fragt sich unaufhörlich, warum er denn immer einsam war, ein Fremder unter den Menschen. Ich war zum Leben geschaffen und sterbe, ohne gelebt zu haben. Während meines ganzen Lebens versuchten die Menschen, meiner Seele und vielleicht auch meinem Denken eine andere Richtung zu geben, als ich sie selbst verfolgte. Was bedeutet für mich die Gesellschaft? Ein Scheingebilde ohne jede Realität, ohne jeden Wahrheitsgehalt: Masken, gespenstische Wesen, sonst nichts. Ich wäre nicht wie Robinson unglücklich gewesen, wenn ich auf einer einsamen Insel hätte leben müssen. Für einen empfindsamen Menschen ohne Ehrgeiz und Eitelkeit ist es weniger grausam, allein in der Wüste zu leben, als allein unter Seinesgleichen. Die Menschen sind für mich zu Unbekannten geworden, zu Fremden; sie existieren für mich nicht mehr, und sie haben es selbst so gewollt. Ich bin allein auf der Erde, habe keinen Bruder, keinen Nächsten, keinen andern Menschen als mich selbst. Doch was bin ich denn selbst, von ihnen und allem getrennt? Das habe ich noch zu erforschen. Ich muß mein wahres Leben kennen lernen, das Leben meiner Seele. Das habe ich stets mit einer Hingabe versucht, die ich bei keinem andern Menschen feststellen konnte. Ich habe viele Menschen getroffen, die weit gelehrter philosophierten als ich, aber sie standen ihrer eigenen Philosophie innerlich fremd gegenüber. Sie waren nur bestrebt, gelehrter zu sein als die andern. Sie studierten das Universum, um seinen Aufbau zu erforschen, als handle es sich um eine Maschine, auf die sie zufällig gestoßen sind und die ihre Neugier erweckte. Sie studierten den Menschen, um sich über ihn in gelehrten Äußerungen ergehen zu können, aber nicht, um sein Wesen zu erkennen. Sie wollten anderen Wissen vermitteln, aber sie machten nicht einmal den Versuch, in ihrem eigenen Innern zu Klarheit zu kommen. Ich aber strebe danach zu erfahren, wie ich mein Leben einrichten soll, und möchte den wahren Sinn meines Lebens erkennen. Ich bin anders als alle, denen ich begegnet bin. Ich kann mich mit keinem andern Menschen vergleichen. Vielleicht bin ich nicht besser. Aber jedenfalls bin ich anders. Aber warum hat mich die Vorsehung anders geschaffen als jedes menschliche Wesen und doch in die menschliche Gesellschaft hineingestellt? Es kommt mir vor, als lebte ich auf einem andern Planeten, auf dem alles anders ist als hier. Auf dieser Erde fühle ich mich wie auf einem fremden Stern. Hier wohnen Wesen, die für mich nichts mehr bedeuten. Auf Erden ist für mich alles zu Ende. Hier kann man mir weder Gutes noch Böses tun. Ich habe in dieser Welt nichts mehr zu erhoffen und nichts mehr zu fürchten. Was mir einst noch nahe stand, ist mir fremd geworden. Die einzige Freude, die ich noch habe, ist das Gespräch mit meiner eigenen Seele.

Der Mensch der Natur und der Mensch des Menschen

Dies ist eine Seite vom Wesen Rousseaus. Er fühlt sich als Fremder auf Erden, als Fremder unter den Menschen seiner Zeit. Aber gerade dieses Gefühl der Heimatlosigkeit in seiner Welt führt ihn zu einem andern Menschheitsbegriff. Er liebte die Menschen. Das ganze Unglück seines Lebens entsprang den immer neuen Versuchen, sich den Menschen zu nähern, an ihnen festzuhalten, um sie schließlich zu verlassen und mit ihnen brechen zu müssen. Er kommt zu dem Ergebnis: Mein ganzes Leben lang habe ich einen Menschen gesucht, und ich habe ihn nicht gefunden. Meine Seele dürstet nach Liebe. Mein ganzes Wesen war erfüllt von Liebe zur Menschheit. Aus dieser Sehnsucht ist in Rousseaus Vorstellungswelt eine neue Menschheit entstanden. Diese Menschen, die ich um mich sehe, können nicht die wahren Menschen sein. In mir selbst fühle ich einen andern Menschen. Ich fühle den Menschen, wie er war, als er noch der Mensch der Natur war und nicht der Mensch der Menschen. Das Gefühl, ein Fremder unter den Menschen zu sein, und zugleich das innere Bedürfnis, die Menschen zu lieben und von ihnen geliebt zu werden, das sind die beiden Seiten von Rousseaus Wesen. Aus diesem inneren Konflikt entsteht ein neues Menschenbild.

Rousseau geht von dem Gefühl aus, daß er ein Fremder unter den Menschen ist. Er selbst lebt, er weiß nicht wie, von diesem Leben der andern, das ihm verhaßt ist. Das macht ihn unglücklich, unzufrieden mit sich selbst und den andern. Woher kommt es eigentlich, daß die andern und sein eigenes Leben ihm so seltsam erscheinen? Er muß eine Erklärung dafür finden, daß seine Seele sich auflehnt gegen die andern und gegen das Leben, das er führt. Es kann nicht daran liegen, daß die Menschen ihrem Wesen nach böse sind. Er liebt die Menschen. Er stellt fest, daß in dieser Hinsicht bei ihm sich immer Herz und Verstand widersprechen. Ich liebe die Menschen doch und wider meinen Willen, schreibt er auch, trotz aller meiner Vernunftgründe, aus denen ich sie verabscheuen müßte. Für das Böse in den Menschen muß es einen andern Grund geben. Von Natur aus sind sie nicht böse, dessen ist er sicher, sonst fühlte er sich nicht beständig zu ihnen hingezogen. Es muß mit ihnen etwas geschehen sein, was nichts mit ihrer Seele zu tun hat. Es müssen künstliche Lebensformen eingewirkt haben, die, wie er es selbst erfahren hat, sie zu einem Leben ohne Seele gebracht haben. Die Menschen haben sich eine vollkommen äußerliche Existenz aufgebaut. Die menschliche Gesellschaft ist nur eine Ansammlung künstlicher Menschen mit künstlichen Leidenschaften, für die man in der menschlichen Natur vergeblich den Ursprung suchen würde, eine Ansammlung von Menschen, die außerhalb ihrer selbst leben. Ihr Leben beruht ausschließlich auf der Abhängigkeit von der Meinung der andern, aus ihr allein ziehen sie sozusagen das Bewußtsein ihrer eigenen Existenz; sie fragen immer die andern, was sie sind, und wagen es nie, sich selbst zu befragen. Sie sind nur Masken, nur noch Schein, nicht Sein. Den Menschen selbst kann man in ihnen kaum noch erkennen. Sie leben nur, suchen nur ihr Glück in der Meinung der andern. Sie wollen nur noch in ihren Augen besonders hervortreten; sie verzehren sich vor Eigenliebe, sie lassen sich von den andern eine gesellschaftliche Stellung zuweisen, sie wollen bewundert oder gefürchtet werden. Sie sind immer und ausschließlich um die Wirkung bemüht, die sie ausüben, und messen deshalb ihr eigenes Wesen nur nach dem, was man davon denkt, nach der Rolle, die man sie spielen läßt. Sie leben in einem dauernden Zustand wechselseitiger Abhängigkeit, denn sie können nur eines Glückes teilhaftig werden, das man ihnen gewährt. Sie haben höhere und niedere Klassen entwickelt: die einen sind reich, die andern arm, die einen die Herren, die andern Sklaven. Doch die Herren sind wiederum von ihren Sklaven abhängig, ohne die sie nicht Herren sein könnten, als gehöre es zum Wesen des Menschen, arm oder reich, Knecht oder Herr zu sein. Und so haben sie es dazu gebracht, an die Stelle des wahren Lebens eine künstliche Existenz zu setzen.

Und da sie nur noch im Geist der andern leben können und nicht mehr in sich selbst, schaffen sie sich ein künstliches Leben, denken ausschließlich daran, was ihnen geschehen könnte, nähren sich von Hoffnungen und Zukunftsträumen und sind unfähig, in der Gegenwart Erfüllung zu finden, unfähig in ihrem Leben ihr eigenes Wesen zu verwirklichen, sind mit tausend Fäden an alles gefesselt, was außerhalb ihrer selbst geschieht. Sie sind von allem abhängig, von Zeit, Ort, Menschen, Dingen. Was auch geschieht oder geschehen mag, beschäftigt sie. Sie breiten sich aus über die ganze Erde. Ihr persönliches Leben ist nur noch ein winziges Teilchen ihrer selbst. Wo sie sind, existieren sie nicht mehr; sie existieren nur noch da, wo sie nicht sind. Wie konnte es dem Willen der Natur entsprechen, daß die Menschen so sich selbst entzogen sind? Rührt nicht unser ganzes Elend von dieser künstlichen Existenz her?

Sie führen immer große Worte im Munde wie Gerechtigkeit, Gesetz, gegenseitiger Schutz, Hilfe für die Schwachen, Philosophie, Fortschritt der Vernunft. Aber was wollen diese Worte besagen? Wohin führen sie denn ihr Wissen und ihre Philosophie? Nur zu Widersprüchen und Verwirrung. Als ob der Unterschied der Meinungen nicht genügte, um die Unzulänglichkeit und Eitelkeit des menschlichen Denkens zu beweisen! Wir wissen nichts, wir sehen nichts. Wir sind wie ein Haufen Blinder im unendlichen All. Wir sehen die Seele der andern nicht, sie bleibt uns verborgen. Das gleiche gilt für unsere eigene, denn es gibt keinen Spiegel des Geistes. All unser Wissen beruht auf den Sinnen, den fünf Sinnen, fünf Fenster sozusagen besitzt die Seele, die ihr Licht spenden; aber diese Fenster sind kleine, trübe Scheiben. Dicke Mauern umgeben sie; wir wohnen in einem lichtarmen Haus, denn unsere Sinne sind nur dazu da, die nötigsten Erfahrungen zu sammeln, um gerade leben zu können; wir haben sie nicht, um zu wissen, was gut und böse ist, sondern nur, was nützlich und schädlich ist. Die Wissenschaft ist nicht für den Menschen da; die Menschen bedienen sich ihrer Fähigkeiten falsch, wenn sie sich der Wissenschaft widmen. Sie laufen hinter ein paar Schatten her, die sie nie erreichen, gespenstische Erscheinungen, schwankende Bilder, und meinen dann, die ewig gültigen Bezüge zu erkennen, die alles Seiende verbinden.

Und was wollen sie eigentlich erkennen? Die Natur im weitesten Sinne, aber nicht sich selbst, die Künste außer der, glücklich zu leben. Was haben denn all ihre Entdeckungen zur Erkenntnis des Sinns unseres kurzen Lebens beigetragen? Mit der Erforschung des Menschen sind wir außerstande, sein Wesen zu erkennen. Je mehr neue Erkenntnisse wir sammeln, um so mehr verlieren wir die Möglichkeit, zur wichtigsten aller Erkenntnisse zu gelangen, der Erkenntnis des Menschen. Die Wissenschaft dient uns nur dazu, eine Scheinwelt aufzubauen, in der wir leben, fern von uns selbst. Die Wahrheit, derer wir bedürfen, muß uns näher stehen. Was soll das alles, was doch im Herzen des Menschen keinen Platz verdient? Beschränken wir uns auf das, was uns unmittelbar angeht, verhalten wir uns gegenüber allem übrigen zurückhaltend, wie es unserer Unwissenheit entspricht. In uns selbst, in unserer Seele, finden wir, was uns nottut. Wir wollen wissen, wie wir leben sollen, und dazu bedarf es nur, wieder zu sich selbst zu kommen. Das allein ist wahre Philosophie. Sittliches Wissen, die Erkenntnis dessen, was uns zu tun aufgegeben ist, finden wir nur in uns selbst. In uns selbst ist Gottes Gesetz. Kehre zu dir selbst zurück, frage dich selbst, laß deine natürlichen Fähigkeiten zur Wirkung kommen, dann wirst du recht, gut und sittlich handeln.

Wahre Religion ist, das zu tun, was ich tun soll. Doch was haben sie aus der Religion gemacht? Nur Dogmen, die mit dem menschlichen Leben nichts zu tun haben. Sie haben zu den undurchdringlichen Geheimnissen um uns nur absurde Widersprüche hinzugebracht, sie haben die Menschen dünkelhaft, intolerant, grausam gemacht, sie haben Krieg gebracht, keinen Frieden. Auf losen Blättern haben sie mit Texten festgelegt, was wir glauben sollen. Als ob es nötig wäre, bis in die ältesten Zeiten zurückzugehen und alle Prophezeiungen und Offenbarungen zu prüfen, abzuwägen und zu vergleichen! So zahlreich sie sind, so verschieden sprechen sie auch von Gott. Was können denn die Menschen noch dem hinzufügen, was Gott uns sagt, wenn er aus unserer Seele spricht? Religion ist eine Empfindung unseres Herzens, eine Erfahrung aus uns selbst. Was sollen dagegen alle philosophischen Beweisführungen? Was unsere Seele empfindet, übersteigt jede Vernunft. Existenz heißt für uns Gefühl. Der Primat des Gefühls vor dem Verstand ist unwiderlegbar; unsere Gefühle waren vor den Gedanken da. Die Vernunft zieht den Menschen herab, sie erniedrigt ihn, das Gefühl aber erhebt ihn, gibt ihm seinen wahren Wert. Die Vernunft schreitet mühsam fort, die Seele erhebt sich im Fluge. Gemessen an unserem Wissen sind wir klein, durch unsere Gefühle aber groß. Die Seele weiß aus sich selbst heraus, daß es einen Gott gibt, im Innersten ihres Wesen findet sie ihr Glück.

Im Empfinden der Seele ist die Wahrheit zu suchen, nicht in unseren Gedanken, die uns ferne stehen, nicht in dem, was uns fremd ist und verderblich. Die Menschen finden in ihrer eigenen Seele, was sie zum Leben brauchen. Tausende menschlicher Wesen wissen nicht, was wir zu wissen glauben, und leben doch glücklicher und besser als wir. Außerhalb unserer selbst ist nicht zu finden, was zu tun ist, was wir glauben sollen. In uns selbst finden wir unser Leben, aus uns selbst müssen wir das Wissen schöpfen, um recht zu leben. Alles übrige ist uns fremd.

Aber was haben die Menschen in Wirklichkeit getan? Sie haben sich eine Scheinwelt aufgebaut mit ihren gesellschaftlichen Institutionen, ihren Wissenschaften, Künsten, Dogmen. Und in dieser Scheinwelt suchen sie ihr Glück. Niemand bemüht sich mehr um die Wirklichkeit der Seele. Die Menschen führen eine Scheinexistenz und nicht das wahre Leben, das Leben der Seele. Diese Wesen, die allein auf die Wirkung bedacht sind, die sie ausüben können, haben mit dem eigentlichen Menschen nichts mehr gemein, mit dem natürlichen Menschen. Was ist zu tun, um den wahren Menschen zu sehen, den Menschen, wie er von Natur aus ist? Wir müssen voneinander trennen, was zu seinem Wesen gehört und was von außen hinzukam. Man muß alles ausschalten, was der Seele des Menschen fremd ist und vom Menschen selbst hinzugetan wurde. Wir müssen in jene Zeit zurückgehen, als der Mensch noch er selbst war, ehe er diese Scheinwelt der gesellschaftlichen Institutionen und der Kultur geschaffen hat. Wir müssen zum Naturstand des Menschen zurückkehren.

Wir müssen also den Menschen suchen, wie er ursprünglich war. Wir müssen ihn uns so vorstellen, wie er vor seiner Einordnung in ein soziales Gefüge war. Von all den Entdeckungen und Erfindungen, die kommen sollten, ist noch nicht die Rede. Der Mensch liebt sich selbst, weil dies seine Selbsterhaltung erfordert. So will es die Natur. Die Liebe ist für ihn das beherrschende Gefühl. Deshalb ist er wohlgesinnt und wohlwollend. Alle Haßgefühle entwickeln sich erst später, deduktiv sozusagen. Sie gehören nicht zu seinem Wesen, zu seiner Seele. Erst als der Mensch anfing, sich mit andern zu vergleichen, in ihnen Rivalen zu sehen, als er die Fähigkeit verlor, sich selbst zu schätzen, ohne sich zugleich mit andern vergleichen zu müssen, wurde aus der Liebe zu sich selbst die Eigenliebe. Jetzt erst, als er bestrebt war, sich über die andern zu stellen, befielen ihn all die schlechten Gefühlsregungen, überwältigten ihn Neid, Haß und böser Wille. Dieses Bedürfnis, sich mehr Bedeutung zuzumessen als jedem andern Menschen, dieses relative und künstliche Bedürfnis hat die Menschen dazu gebracht, einander all das Böse anzutun, das sie sich angetan haben. Der natürliche Mensch dagegen lebt für sich selbst und nicht als gesellschaftsbezogener Mensch, der nur nach außen lebt und dessen Existenz nur noch auf der Meinung der andern beruht. Da nur er allein sich beobachtet, da nur er allein über sich urteilt, sind ihm alle Haßgefühle unbekannt, die nur entstehen können, wenn er sich mit andern vergleicht. Er kennt nur Freude, die er in sich selbst findet, keine Freude, die wir außerhalb unserer selbst suchen. All die großen kulturellen Einrichtungen sind ihm unbekannt, die die Menschen geschaffen haben, um zu einem glücklichen Leben zu gelangen und sich zu zerstreuen. Er lebt ganz der Freude an seinem eigenen Sein und seiner Existenz, kümmert sich nicht darum, was die andern über ihn denken, und sorgt sich wenig um die Zukunft. So leben die Menschen im Naturstand, unabhängig voneinander. Sie machen keinen Unterschied untereinander. Jeder führt sein eigenes Leben, als Menschen sind sie alle gleich. Da das Gefühl der Liebe allen angeboren ist, ist der Mensch gut und mitfühlend. Er überläßt sich dem wahren, natürlichen Instinkt, und da dieser nur gut sein kann, ist er auch selbst gut. Alles Böse steht außerhalb des seelischen Bereichs, tritt an den Menschen von außen heran. Gerade durch die Vernunft hat sich der Mensch eine Existenz geschaffen, die der Seele fremd ist, ein Leben unter den Augen der andern, er ist einem Denken zum Opfer gefallen, das nichts mit seiner Seele gemein hat. Die Menschen wollten den Naturstand verlassen, deshalb sind sie böse und unglücklich geworden. Was man Fortschritt nennt, hat den Menschen sich selbst entfremdet.

Will man sich das vor Augen halten, braucht man nur die Entwicklung der Menschheit zu verfolgen. Rousseau zeigt, wie das Eigentum entstanden ist, der Begriff von Mein und Dein, wie die Menschen sich langsam in eine arme und eine reiche Klasse geteilt haben, »eine Handvoll Menschen, die im Überfluß schwimmen, während der hungernden Masse das Nötigste fehlt«[1]. Er beschreibt, wie die Menschen, die im Naturstand für sich lebten und gleich waren, voneinander abhängig wurden. Die verschiedenartigsten Beziehungen des menschlichen Zusammenlebens, die Wandlungen der ursprünglichen Verfassung des Menschen als Folge der zeitlichen und sächlichen Abfolge, haben den Menschen fast unkenntlich gemacht, zu einer Art Ersatzwesen. Das Kind, der Mensch ist von Natur aus gut. Warum sind die Menschen böse? Man muß die Geschichte der Menschheit überblicken, um den Ursprung allen Übels entdecken zu können, um zu zeigen, wie das Böse und der Irrtum, die mit seiner ursprünglichen Natur nichts gemein haben, von außen eingewirkt und ihn schrittweise umgewandelt haben. Es gilt zu beweisen, daß der Mensch gut bleibt, wenn nichts Fremdes in seine Seele kommt, daß alles Übel von außen auf ihn einwirkt. Schließlich ist zu zeigen, daß nur eine negative Erziehung verhindern kann, daß das Böse in das menschliche Herz eindringt, dem Menschen das ihm ursprünglich mitgegebene Gute bewahrt und der Seele ihr natürliches Leben sichert, daß die Seele allein legitim ist, und daß jede positive Erziehung, welcher Art sie auch sein mag, schicksalhaft ihr Ziel verfehlen muß.

Die bürgerliche Freiheit oder die Freiheit der Übereinkunft

Man kann sich also einen Erzieher denken, dem man ein Kind von der frühesten Kindheit an anvertraute und der es vor seiner Umwelt beschützt erziehen konnte, unberührt von allem, was seiner Natur fremd ist, und daß es so gelänge, in ihm den echten Menschen zu bewahren, den Menschen, wie ihn die Natur geschaffen hat. Aber es handelt sich dabei nur um den Einfluß, den man auf ein einzelnes menschliches Leben ausüben kann. Doch die Menschen leben in einer Gemeinschaft. Wie könnte man die gesellschaft-

1 De l'Inégalité parmi les hommes.

lichen Institutionen so umwandeln, daß die Menschen von allen Übelständen befreit werden, mit denen das Leben in der Gemeinschaft behaftet ist? Es kann nur davon die Rede sein, den Naturzustand wiederherzustellen, das Zeitalter der Unschuld und der Gleichheit. Das aber ist unmöglich. Doch ein Kompromiß zwischen dem Leben in der Gemeinschaft und dem Naturzustand ist nicht denkbar. Was ist zu tun?

Das ganze Elend des menschlichen Zusammenlebens rührt von der Tatsache her, daß die einen von den andern abhängig sind. Es gibt nur noch Herren und Knechte, die sich gegenseitig zugrunde richten. Jede Existenz ist eine Funktion der andern, eine widernatürliche Existenz. Aber wie soll man erreichen, daß das menschliche Zusammenleben erhalten bleibt und die Glieder der Gemeinschaft trotzdem ihre Freiheit bewahren? Das ist nur möglich, wenn der Wille des Menschen durch einen unpersönlichen Willen ersetzt wird: durch das Gesetz. Wenn es gelänge, so festgefügte und in sich geschlossene Gesetze zu schaffen, daß keine menschliche Macht sie umstürzen kann, würden die ihnen unterworfenen Menschen nicht mehr in der Abhängigkeit von ihresgleichen leben, sondern allein in der Abhängigkeit von den Dingen, die dann jener Abhängigkeit angeglichen werden kann, wie sie uns durch die Naturgesetze gegeben ist.

Das politische Problem besteht also darin, eine Regierungsform zu finden, die das Gesetz über die Menschen stellt. Denn sobald das Gesetz von den Menschen abhängig ist, gibt es nur noch Sklaven und Herren. Der Staat selbst löst sich auf, und das schlechteste unabhängige Gesetz ist noch besser als das beste der Herren. Aber sobald nur das Gesetz herrscht, müssen ihm alle gehorchen, und niemand hat zu befehlen. Dann ist das Volk also frei. Es gehorcht, aber es dient nicht. Es gehorcht dem Gesetz, aber nur dem Gesetz, und durch das Gesetz gehorcht es nicht den Menschen.

Aber wer soll das Gesetz schaffen? Wer bestimmt als Gesetzgeber über die Gemeinschaft? Ein einzelner Mensch kann es nicht sein, denn dann müßte das Volk wieder in die Hand eines einzelnen zurückfallen, eines Individuums mit seinen persönlichen Bestrebungen, die zwangsweise den Interessen der Gemeinschaft zuwiderlaufen. Nur das ganze Volk kann über sich selbst bestimmen, nur der Wille der Gemeinschaft kann Gesetze erlassen, der Gemeinwille, der seiner Natur nach unpersönlich ist und nur das wollen kann, was im Interesse aller ist.

Aber wer zwingt den einzelnen, sich dem Gemeinwillen zu beugen? Er darf dazu nicht mit Gewalt gezwungen worden sein, sonst wäre er nicht daran gebunden. Es darf nur mit seiner eigenen Zustimmung zu einem Vertragsschluß mit andern kommen. Und doch darf der andere vertragschließende Teil keine Person sein; damit würde er wieder in die Abhängigkeit von einem andern eintreten, seine Freiheit verspielen und Sklave eines Herrn. Alle Mitglieder einer Gesellschaft sind sich gegenseitig verpflichtet; jeder hat sich allen anvertraut und damit nur der Gemeinschaft und nicht dem einzelnen. Durch diesen Zusammenschluß von Individuen, die ursprünglich einzeln und jeder für sich lebten, bildet sich im Vertrauen auf den gemeinschaftlich geschlossenen Vertrag ein kollektives Ich, ein Gemeinwille. Das Individuum ist ein integrierender Bestandteil dieser Gemeinschaft, sein Wille und der gemeinsame Wille sind ein und derselbe Wille. Gehorcht das Individuum dem Gemeinwillen, bedeutet das nichts anderes, als daß es seinem eigenen Willen gehorcht. Es hat sich aus eigenem Entschluß gegenüber der Gemeinschaft verpflichtet, ist eines ihrer Glieder geworden, und da sein Wille ein Teil des Gemeinwillens ist, hat es an den Gesetzen mitgewirkt, denen es gehorcht.

So kommt es zur Lösung des Problems der Freiheit des Individuums in einem Staat; so kann es leben, ohne sich dem Willen anderer Einzelwesen zu beugen. Es nimmt frei an der Gemeinschaft teil; durch den Abschluß eines Vertrags mit dem Staat hat es nur seine Freiheit in Anspruch genommen, die durch die Zustimmung zu einer Vereinbarung nicht eingeschränkt werden kann. Da außerdem das Individuum, wenn es Glied eines Staates wird, sich nicht der Willkür eines Einzelwillens unterwirft, sondern einer unpersönlichen Gewalt, dem Gesetz nämlich, dient es nicht privaten Interessen. Da er selbst an der gesetzgebenden Gewalt beteiligt ist, ist es mit dem gemeinsamen Willen solidarisch, wobei es von untergeordneter Bedeutung ist, ob es bei der Abstimmung über ein Gesetz zur Mehrheit oder Minderheit gehört. Der Gemeinwille bezieht sich seiner Natur nach auf Dinge, die alle Glieder des Staates betreffen; es ist also selbstverständlich, daß in einem solchen Fall das Individuum von sich aus keine Beschlüsse fassen kann, sondern nur als integrierender Bestandteil eines Ganzen. Das Individuum bleibt also frei. Aber diese seine Freiheit ist nicht mehr die Freiheit eines Menschen, der für sich lebt und nur tut, was ihm beliebt. Es handelt sich um eine neue Freiheit, die darin besteht, nur dem Gesetz zu gehorchen, sich nur dem gemeinsamen Willen zu beugen, niemals einem Einzelwillen, mit einem Wort, um die bürgerliche Freiheit oder die Freiheit der Übereinkunft. So entsteht ein kollektiver Organismus, ein Gemeinwille, ein beseeltes gesellschaftliches Ganzes.

Dann beginnt für den Menschen ein ganz neues Leben. Wenn bisher das Individuum seinen Blick nur auf sich selbst gerichtet hatte und für sich ein vollkommenes Ganzes darstellte, verwandelt es sich jetzt zu einem Teil eines größeren Ganzen, das ihm sozusagen sein Leben und Wesen gibt. »Wer in der bürgerlichen Ordnung den Vorrang der natürlichen Gefühle bewahren will, weiß nicht, was er will. Er wird immer zu sich selbst im Widerspruch stehen, schwankend zwischen Pflicht und Neigung, und wird nie Mensch oder Bürger sein; er handelt weder gegen sich selbst noch gegen andere gut. Er wird sein, was die Menschen heute sind: ein Franzose, ein Engländer, ein bürgerlicher Mensch; das kann zu nichts Gutem führen[2]. Das Unglück der Menschheit beruht gerade auf diesem Gegensatz zwischen Pflicht und Neigung, zwischen der Natur und den gesellschaftlichen Institutionen, zwischen dem Menschen und dem Bürger. Der Mensch kann sich nicht in zwei Teile teilen; er muß entweder für sich selbst oder für den Staat leben. Versucht er aber, beiden gerecht zu werden, steht er stets zu sich selbst im Widerspruch, bleibt immer innerlich zerrissen.

Will man aber in einer sozialen Ordnung leben, bedarf es einer ganz neuen sittlichen Haltung. In der natürlichen Ordnung lebte der Mensch für sich allein; er lebte das Leben seiner Seele; er war gut, ohne es zu wissen, ohne es sein zu wollen. In der bürgerlichen Ordnung dagegen ändert sich seine Seinsform. In seinem Innern entwickelt sich eine neue ethische Haltung, die dem neuen Zustand angepaßt ist. Zuerst war er gut, jetzt hat er ein ethisches Bewußtsein; er fühlt sich Herr seiner selbst, er erfüllt seine Pflicht und handelt jeweils nach der Stimme seines Gewissens. Im Staat muß es einen Sittenkodex geben, eine Art Glaubensbekenntnis des Bürgers, das dem neuen Evangelium einen positiven Ausdruck verleiht, Maximen, auf denen der Staat ruht, eine Art Katechismus des Bürgers. All seine Neigungen, sein ganzes Wesen muß darauf abzielen, aus sich ein Glied des ganzen zu machen. In dieser Seinsform findet er seine Einheit wieder: er wird gut und glücklich sein. Das Glück des einzelnen ist zugleich das Glück der Gemeinschaft. Jeder einzelne lebt durch und für die Gemeinschaft. Die gesellschaftlichen Einrichtungen sind dann gut, wenn sie den Menschen ganz von dem trennen, was er ursprünglich von Natur aus war, ihm seine absolute Daseinsform nehmen und ihm eine relative geben, die sein Ich in das unteilbare Ganze der Gemeinschaft hineinstellt, in das Ich der Kollektivität. Jeder darf seine Einheit nicht mehr in sich selbst finden, sondern in der öffentlichen Sache, darf sich nur so weit seiner selbst bewußt werden, als er an dieser teil hat. Deshalb muß jeder einzelne stets vom Ganzen abhängen: keine Aufgabe oder Funktion kann ohne die Sanktion des Staates erfüllt werden. Jeder wird sich stets dessen bewußt bleiben, was

2 Emile ou de l'Education, L. I.

die öffentliche Meinung von ihm denkt; ohne sie kann er nichts tun, keiner Sache teilhaftig werden, zu nichts gelangen. Dann wird die Gemeinschaft von jenem gemeinsamen inneren Aufschwung erfüllt sein, jenem patriotischen Rausch, der allein den Menschen über sich selbst hinaushebt und ohne den die Freiheit nur ein leeres Wort ist. Die Menschen sollen von der frühen Kindheit an zu der Überzeugung erzogen werden, daß die Individualität ausschließlich eine Funktion der Kollektivität ist und daß ihr eigenes Leben stets auf das Ganze bezogen ist. Die Menschen müssen schließlich dazu kommen, sich mit der öffentlichen Sache zu identifizieren, sie zu lieben, wie der für sich lebende Mensch nur sich selbst liebte, und im Innern stets auf dieser Stufe zu bleiben. Eine solche Liebe zum Vaterland wird schließlich die ganze Existenz des Bürgers erfüllen: er wird nur noch sein Land sehen, nur noch dafür leben. Allein verliert er jeden Wert: ohne Vaterland ist er nicht mehr er selbst. Der neue Staat muß also so beschaffen sein, daß sich jeder Bürger unablässig um ihn bemüht und ihn nie aus den Augen verliert. Der Mensch darf nicht mehr allein sein wollen, seine Zuneigung muß sich allen zuwenden. Jeder liebt und sieht sich nur durch die andern. Man muß öffentliche Feste veranstalten. Eine unbeschreibliche Erregung, eine Art Rausch erfaßt dann alle. Friede und Verstehen herrschen in allen Herzen. Alle sind Freunde, alle Brüder. Jeder genießt das Glück der andern, fühlt sich im Glück mit den andern verbunden.

Rousseau schafft so zwei Menschentypen, von denen jeder ein Idealbild darstellt. Einerseits der natürliche Mensch, der Mensch, wie ihn die Natur geschaffen hat, der nur für sich selbst lebt und auf die Stimme seiner Seele hört, andererseits der Mensch als Bürger, dessen Ich im großen Ich der Gemeinschaft aufgeht und dessen Fühlen, Denken und Handeln, dessen ganze Existenz um das Leben des Volkes als Mittelpunkt kreist. Beide Begriffe sind aus der gleichen Abneigung gegen das Leben der Menschen seiner Zeit entstanden. Wie elend ist doch unser Dasein! Wir werden von unserer Seele und von den Menschen in zwei entgegengesetzte Richtungen gezerrt, unsere stets widersprüchlichen Regungen lassen uns keinen Augenblick in Frieden. Wir werden schließlich uns selbst fremd, bleiben es aber auch gegenüber den andern und beenden so unser Leben, ohne zu einer Harmonie zu kommen, auch nicht mit uns selbst. Und weil wir nicht zu leben vermochten, sterben wir, ohne gelebt zu haben. Wie sollte man da nicht fragen, worin denn die wahre Natur des Menschen besteht? Der Mensch ist von Natur aus ein gutes, von Liebe erfülltes Wesen. Wie kommt es, daß er böse ist? Wie kommt es, daß der Mensch von Natur aus eine liebende Seele hat, daß die Menschen aber einander hassen? Die Seele ist ganz Liebe. Wie kommt es, daß sie nichts findet, dem sie ihre Liebe zuwenden könnte? Ein ganzes Leben lang dürstete ich nach Liebe und Freundschaft und habe doch keinen Menschen gefunden, keine menschliche Seele. Kein Mensch wollte mehr Liebe geben als ich. Aber die Menschen haben ihr Zusammenleben so eingerichtet, daß ich einsam leben muß in der Masse. Jegliches Haßgefühl war mir fremd: Ich hegte nie Neid oder Rachegefühle in meinem Herzen. Als Kind wollte ich von allen Menschen meiner Umgebung geliebt werden, und später steigerte sich dieses Gefühl bis zur Leidenschaft. In der Jugend war meine Seele erfüllt von geliebten Wesen, wie sie nur die Fantasie erschaffen kann, und jede Liebe wurde nur noch größer bei der Berührung mit anderen Menschen, denen meine Seele liebend nahestand. Alles Unglück meines Lebens kommt von diesem Bedürfnis, geliebt zu werden, das seit meiner Kindheit mein Herz verzehrte. Visionen verfolgten mich; unaufhörlich versammelte ich um mich geisterhafte Wesen, deren Zauber mich gefangen hielt. Ich verbrachte mein Leben wie in einem Zustand süßer Trunkenheit. Das sanfte Traumbild der Freundschaft machte mein Leben unglücklich.

Und da Rousseau keine Menschen findet, die er lieben kann, schafft er sich neue Menschen. Er versetzt sich zurück in ferne Zeiten, in denen die Menschen gut und voll liebender Zuneigung waren, oder seine Phantasie schafft neue Formen der Gemeinschaft, in denen die Menschen ohne Ausnahme durch gemeinsame Gefühle zusammengehören. »Zu sehr liebe ich die Menschen ... weil ich sie liebe, muß ich sie fliehen«, schreibt er an M. de Malesherbes. Ich liebe sie alle. Ich brauche keine besonderen Freunde auszuwählen. Er denkt sich aus, was die Menschen sein könnten, und versucht so zu vergessen, was die Menschen wirklich sind. Er träumt von einem goldenen Zeitalter, in dem die Menschen gut waren und zusammengehörten. Er bildet sich eine Vorstellung vom natürlichen Menschen. Er findet den wahren Menschen, wie ihn die Natur geschaffen hat, in seinem eigentlichen Wesen, fern von allem, was ihn umgibt, was ihm aufgepfropft wurde, in sich selbst, wenn er in sein Inneres zurückgeht. Er findet seine Seele wieder; sie lebt ihr eigenes Leben, fern von den andern, auf sich selbst zurückgezogen, und liebt nur sich selbst. Und weil die Seele sich selbst liebt, muß sie ihre Liebe auf alles ausdehnen, was sie umgibt. Sie breitet sich aus auf das All, sie zieht irrend durch die ganze Welt; sie verliert sich im Unendlichen, sie fühlt sich eins werden mit dem Ganzen, mit der Natur. Von unbeschreiblichen Ekstasen ergriffen geht sie ein in die große Weltordnung, an der alle Geschöpfe teilhaben. Jetzt erscheint ihr die Natur in schönster Gestalt, in den leuchtendsten Farben. Die Seele liebt alles, sie lebt mit allem gemeinsam. Sie spricht mit den Pflanzen, weil der Mensch nicht mit den Menschen sprechen kann; sie schafft sich selbst die Freunde, von denen sie träumt, und lebt mit ihnen in einer idealen Welt, in der alle Wesen mit Liebe begabt sind. Das Glück, das ihr in der gegebenen Gesellschaftsordnung nicht mehr zugänglich ist, ersetzt sie durch schöne Bilder. Das ist die Welt, die sie sich selbst aufbaut. Diese Ekstase, die uns über uns selbst hinaushebt, sollte ewig dauern können und unser Leben ganz erfüllen. Dann fühlten wir uns frei und glücklich. Der Mensch findet nur wieder sein Glück, wenn er zu sich selbst zurückkehrt, wenn er das Leben seiner Seele lebt und wieder wird, was er am Anfang war. Das ist für Rousseau eine Lebensform, die Lebensform des natürlichen Menschen, zu der jeder von uns zurückkehren kann, wenn er sich in sich selbst zurückzieht, von allem fernhält, was ihm die Gesellschaft um ihn an Fremdem zuträgt, und das Leben eines Einsiedlers lebt.

Aber neben dieser Lebensform könnte man sich eine andere vorstellen, die Gemeinschaft einer neuen Menschheit, in der die Menschen zusammenleben, ohne sich zu hassen oder neidisch zu sein, einander nicht fremd oder feind, sondern im Gegenteil Freund und Bruder. Doch das ist nur möglich, wenn sich das Individuum ganz dem kollektiven Ich hingibt, wenn es auf sich selbst verzichtet und sich in der Seele der Gemeinschaft wiederfindet. Nur im Glück aller kann dann auch das Individuum glücklich leben. Sein ganzes Leben wird von der leidenschaftlichen Zuneigung zum Gemeinwohl beherrscht; es erreicht sein höchstes Glück bei einem Fest des ganzen Volkes, an dessen Freude es teilnimmt.

Diese beiden Lebensformen nehmen in Rousseaus Vorstellungsvermögen Gestalt an. Entweder zieht sich die Seele in sich selbst zurück und lebt ihr eigenes Leben in der Natur, oder sie geht auf im Leben eines Volkes, gibt sich völlig dem geistig-sittlichen Wesen hin, das die Gemeinschaft bildet. Beide Lösungen des inneren Konflikts, der ihn beherrscht, sind aus dem gleichen Geist der Opposition entstanden. Die Seele sieht um sich nur Masken, Scheinexistenzen; sie findet niemand, dem sie ihre Liebe zuwenden könnte, nur Menschen, die sich selber und den andern fremd sind. So sucht die Seele ihr Glück in sich selbst oder aber sie träumt von einer neuen Gemeinschaft, die die Menschen in noch unbekannten, kollektiven Lebensformen finden müßte, von einer Gemeinschaft, an der sie teilhaben könnte bis zu einem völligen Vergessen ihrer selbst. In beiden Fällen muß man auf das gleiche Gefühl zurückgehen, auf das Bedürfnis zu lieben oder geliebt zu werden. Dieses Gefühl fand Rousseau in sich selbst, dehnte es auf seine Umgebung aus, auf den ganzen Bereich der Natur. Oder aber er versucht, es mit allen Menschen zu teilen, sich den andern hinzugeben, um sich so nicht mehr als Fremder unter den Menschen zu fühlen.

So wird auch verständlich, wie Rousseau zugleich die Romantiker inspirieren und vom Volk der Revolution in den Himmel gehoben werden konnte, das ihm Denkmäler errichtete und nicht aufhörte, ihn zu feiern und ihn bei allen großen Feiern zu verehren. Der neue Wert, der dem Menschen als solchem und seiner Gefühlswelt beigemessen wird, und das revolutionäre Ideal des Bürgers haben ihre Wurzel in ein und demselben Gefühl.

Will man die revolutionäre Wirkung begreifen, die Rousseau ausgeübt hat, muß man von dem tiefen Unbehagen ausgehen, das er in den literarischen Kreisen von Paris empfand. Alle anderen Denker seiner Zeit gehören in irgendeiner Form der Gesellschaft an, sie leben von ihrem geistigen Leben, sie fühlen sich mit ihrer kulturellen Sphäre solidarisch, sie wirken in dieser Gesellschaft, auch dann, wenn ihr Handeln einen polemischen Charakter hat. Im übrigen hat diese Solidarität nicht nur einen rein äußerlichen Charakter; die Art ihres Verhaltens und Auftretens ist durch diese gesellschaftliche Atmosphäre, in der sie leben, bedingt. Die Männer der Französischen Revolution mußten ihnen deshalb auch fremd gegenüberstehen. Deshalb zählte man sie auch bald zur »guten Gesellschaft des Ancien Régime«. Ihre Art, beim Denken leicht über die Dinge hinwegzugehen, versteht man nicht mehr. Als Persönlichkeit können sie nicht Vorbild sein, sie sind nicht der Typus des neuen Menschen, wie ihn die Revolution sich vorstellt. Montesquieu ist ein Funktionär der Gerichtsbarkeit des Ancien Régime, Voltaire der Günstling der Souveräne, und all die andern haben den Lebensstil der guten Gesellschaft beibehalten, eben jener Aristokratie, die es jetzt zu beseitigen gilt. Aber wo sollen die Männer, die sich jetzt anschicken, die Macht zu ergreifen, ihr Vorbild finden? Rousseau ist der Mann, dem die Liebe des Volkes gehören wird, Rousseau, der unter der herrschenden Gesellschaft leidet, der zu seiner ganzen Umgebung im Gegensatz steht. Für das Denken des Volkes der Revolution war Rousseau schon zu seiner Zeit einer der Ihren; sie sind und verwirklichen, was er wollte, wonach er strebte, sie sind seinesgleichen.

In einem gewissen Grad hat das Volk auch recht. Aber wenn Rousseau sich in den literarischen Kreisen von Paris unbehaglich fühlte, dann nicht, oder wenigstens nicht in erster Linie, weil er Demokrat war und sich dem Volke zugehörig fühlte. Er war vor allem seinem ursprünglichen Wesen nach ein Fremder, er fühlte sich als solcher. Und doch verdankte er seine geistige Bildung der französischen Literatur, der allgemeinen geistigen Entwicklung in Frankreich, seine Bildung war französisch. Wenn sein Unbehagen in der Pariser Gesellschaft sich bis zum Extrem steigerte, dann gerade deshalb, weil er seiner geistigen Tradition nach Franzose war und zugleich ein Fremder durch seine ethische und politische Tradition, wie auch in der ganzen Art seines Empfindens. Gerade diese Heimatlosigkeit, dieses Leiden am Anderssein, diese menschliche Kontaktlosigkeit, bringen ihn in die Nähe des Volkes der Revolution. Dieses Gefühl, bei Rousseau seinem ursprünglichen Wesen und einer ganz besonderen Empfindsamkeit entsprungen, wird in der Französischen Revolution als das Bewußtsein interpretiert, einer anderen gesellschaftlichen Klasse anzugehören, einem anderen Sittengesetz zu folgen, kurz als die Zugehörigkeit zum Volk. Rousseau bietet durch seine Theorien und seine Persönlichkeit die Möglichkeit, eine grundsätzliche Opposition zu allem Vergangenen aufzubauen, die Möglichkeit zur Konzeption des Menschenbildes einer neuen Zeit, fast könnte man sagen, einer anderen Welt.

Der Glaube an das Gute in der menschlichen Seele und die Idee der Gleichheit

Wir müssen Rousseaus Empfindungen in Paris noch besser zu verstehen versuchen, was ihn dort anzieht und was ihn abstößt. In der »Neuen Heloise« beschreibt er einen Schweizer, der nach Paris kommt. Der Ritter Saint-Preux sieht dort nur Masken und Gespenster. Man nimmt sie kaum wahr. Will man nach ihnen greifen, sind sie schon verschwunden. In diesem Chaos lebt er in furchtbarer Einsamkeit. Seine Seele möchte sich entfalten, aber überall stößt sie auf unüberwindliche Grenzen. Sein Herz möchte sprechen, aber er spürt, daß niemand es hören würde. Er möchte Antwort geben auf Fragen, aber niemand sagt etwas, das bis zu ihm vordringt. Er sieht überall nur Scheingefühle. Ihr Leben ist wie ihre Bühne. Racine ausgenommen, gibt es in ihren Stücken kein Ich. Sie können ihre Gefühle nur in der Form des »Man« ausdrücken, in allgemeinen Maximen.

Aber wo sonst sollte man Rousseau verstehen können als in Paris? Nur in Paris findet man die differenzierte und angemessene Gefühlswelt, deren es bedarf, um alle Nuancen der Herzensempfindungen begreifen zu können, die ein Roman wie die »Neue Heloise« enthält. Nur in Paris kann man den geheimen Sinn dessen erfassen, was er nur andeuten wollte, ahnt man, was er an Wesentlichem sagen wollte, und weiß seine Paradoxe zu schätzen; nur in Paris ist die Seele empfindsam genug, um seine individuellen Empfindungsweisen zu spüren, hat man einen ausreichend geschulten Sinn für die feinen Unterschiede, um sich aller Gefühlsnuancen bewußt werden zu können, aller Nuancen des Seelenlebens, so daß der Leser sie selbst variieren, sie in veränderter Form wiedergeben kann.

Und doch bleiben die Menschen in Paris ihm fern, obwohl sie ihn so verstehen; was er selbst empfindet, kann er bei ihnen nicht wiederfinden. Das ist der zweifache Aspekt seiner Haltung gegenüber dem kulturellen Leben in Paris. Diese Doppelheit finden wir auch in seiner Einstellung gegenüber Frankreich. Er bleibt Schweizer. Genf ist die Heimat seines Herzens, dort gibt es auch jetzt noch Menschen, die würdig sind, den Menschen der Antike an die Seite gestellt zu werden. Er schreibt es immer wieder: Seiner Abstammung nach ist er ein Feind des Despotismus, eigensinniger Republikaner, und doch hat er eine unwiderstehliche Vorliebe für die Franzosen, für dieses ihm servil erscheinende Volk, für eine Regierungsform, die seinen Anschauungen widerspricht.

So lebt Rousseau im Bereich des französischen Geisteslebens: Er fühlt sich angezogen von der geistigen und literarischen Tradition, auf die er sich beruft, von der Kunst, für alles Verständnis zu entwickeln, von den Möglichkeiten des differenzierten Denkens, die feinsten Nuancen seelischer Regungen auszudrücken; er fühlt sich abgestoßen vom gesellschaftlichen und politischen Leben der Franzosen, von ihrer übertriebenen Stilisierung, von der Distanz, die sie gegenüber ihren eigenen Gefühlen und denen anderer wahren. Und aus diesem Leiden an dem beständigen Schwanken zwischen Zu- und Abneigung erwächst in ihm die Idee eines neuen Menschen, der Gedanke, dem Menschen ein neues Wertbewußtsein zu geben.

An den Menschen in Paris findet er es besonders anziehend, daß sie sich gerne in Szene setzen und eine Rolle in der Gesellschaft spielen wollen. Jeder will individuell auftreten, einen eigenen Stil seines Denkens und Formulierens entwickeln, sich sozusagen einen eigenen geistigen Stil schaffen, im Umgang mit andern seine eigene Anschauungsweise finden, jeder will seine Rolle spielen im Gesamtbereich des geistigen Lebens, das für ihn wie auf einer Bühne abläuft.

Rousseau sieht diese Stilisierung zuerst als Soziologe. Diese Art zu leben, bei der die Menschen wie in einer bestimmten Rolle einander gegenübertreten, das Streben, sich ein bestimmtes Erscheinungsbild zu schaffen, ist nichts anderes als eine bewußt gepflegte Verhaltensweise, um Distanz zu schaffen. Jeder ist sich bewußt, daß er von den andern beobachtet wird, und läßt nur sichtbar werden, was dem von ihm angestrebten Erscheinungsbild entspricht. Ein solches Verhalten ist jedoch nicht nur äußerlich zu werten. Es gilt nicht nur in der Gesellschaft eine Rolle zu spielen, sondern sein Inneres nach bestimmten Wertmaßstäben zu formen. Der Mensch erlangt nur einen Wert, wenn er sozusagen etwas aus sich macht und sich einen bestimmten Charakter schafft. Und weil er sich selbst gestaltet, kann man über ihn nach bestimmten ästhetischen und ethischen Wertmaßstäben urteilen. Doch was wird dann aus den von der Natur geschaffenen Wertunterschieden?

Man braucht nur an die Helden von Corneille zu denken. Sie sind groß, weil sie in jedem Augenblick ihres Lebens ihre Seele zu dieser Größe erheben und dabei den Grundsätzen der souveränen Vernunft folgen. Die Vernunft gestaltet die Seele und verleiht ihr Wert und Größe. Neben diesen Helden sind die andern Gestalten nur kleinmütige Seelen, die eines Platzes in der Tragödie nicht würdig sind. Die Seele selbst wird nur als ein Bündel von Leidenschaften begriffen. Wie man die einzelnen Leidenschaften bewertet, ist kaum von Bedeutung. Die Seele mit ihren vielen Leidenschaften ist nur ein Betätigungsfeld für die Vernunft, nur die Vernunft kann ihr eine Einheit verleihen, nur durch die Tatsache, daß die Seele von der Vernunft geformt wurde, erhält sie ihren ethischen Wert.

Aber wenn man zunächst geglaubt hatte, daß die souveräne Vernunft die Seelen formen könne, so ist jetzt dieser Glaube geschwunden. Und da die Leidenschaft in der Seele vorherrscht, bekommt ihr Empfinden eine neue Bedeutung, den tragischen Wert, den ihr Racine zumessen wird. Das ändert nichts an der Tatsache, daß die Bewertungsgrundlage gleichbleibt; die Seele sträubt sich gegen die Vernunft; die Vernunft steht in einem tragischen Kampf mit der Seele. So sieht man die Dinge jetzt. In dieser Sicht wird die Seele immer chaotischer; sie verliert jeden inneren Sinn, gerade weil sie sich von der Vernunft nicht zu einem zusammenhängenden Ganzen gestalten läßt.

Das ist die anthropologische Konzeption des Jahrhunderts, das nicht aufhört, sich zu fragen, wie die Seele nach großen und einfachen Prinzipien gestaltet werden könne, ein Jahrhundert, für das Seele nur Seelengröße heißt. Das 18. Jahrhundert dagegen fühlt sich angezogen von der Vielfalt der Formen, die die Seele annehmen kann. Vernunft und Leidenschaft stehen sich nicht mehr gegenüber; es geht nicht mehr um den heroischen Menschen, sondern um den Ablauf und die Verflechtung einer Reihe seelischer Regungen, um den Verstand, der von Fall zu Fall eingreift, um den Menschen, der sich zu einem differenzierten Ganzen gestaltet, das dem Intellekt in einem gewissen Grade zugänglich ist und verschiedene Formen annimmt. Oder auch geht es später um eine einheitliche Stilisierung des

Menschen, der sein Denken und Fühlen großen humanitären Zielsetzungen zuwendet und so die große Leidenschaft des 18. Jahrhunderts in eine auf das Wohl der Menschheit gerichtete Aktivität umwandelt.

Doch in beiden Fällen bleibt die anthropologische Konzeption die gleiche: man will der Seele einen Wert verleihen, einen bestimmten Charakter. Dem kann Rousseau gerade nicht zustimmen. Für ihn gewinnt die Seele ihren Wert durch ihr Eigenleben, die Seele, wie sie die Natur geschaffen hat; sie ist an sich gut. All diese Formen der Seele sind nur Kunstprodukte, die ihr doch keinen neuen Wert verleihen können. Es kommt darauf an, daß man das wahre Leben der Seele sieht und zur Sprache bringt, und nicht, was die Menschen aus ihr gemacht haben. Die Seele hat nur ein Ziel: ihr eigenes Leben leben. Darauf muß jede Erziehung gerichtet sein, nicht auf eine Umwandlung des Menschen nach rationalen Wertmaßstäben. Rousseau selbst war ein Opfer dieser Anschauungen. Sollte er nicht etwas sein, sollte er sich nicht eine bestimmte Rolle zumessen? Ein Feind er Gesellschaft? Mag sein. Das war verständlich. Doch ich bin nichts weiter als ein einfacher Mensch, ein guter Mensch, wie ihn die Natur geschaffen hat. Gerade das will man nicht begreifen.

Es gibt zwei grundverschiedene Arten zu leben. Entweder man macht aus sich etwas Großes und Schönes, bringt Ordnung und Klarheit in seine Seele, fragt sich stets, ob das eigene Denken und Fühlen Größe hat und dem eigenen Ideal entspricht: Man kann so sogar in der Gesellschaft eine Rolle spielen, eine besondere Aufgabe haben und zum Fortschritt der Menschheit beitragen. Oder aber man gibt sich seiner Seele hin, befragt sie selbst nach ihrem Wesen, lebt ihr Leben, dann wird man glücklich leben. Was die Seele kraft ihrer Authentizität und Realität empfindet, macht den letzten Wert aus. Deine Gefühle sind in dir selbst; sie erheben dich und tragen dich. Glaube an deine Seele. Wer glaubt, in die Eigenentwicklung der Seele eingreifen zu können, gibt sich einer Täuschung hin; er kann trotz ausgreifender Gebärden der Seele nur eine Scheinexistenz geben. Wer anstrebt, was er sein zu müssen glaubt, verfälscht nur sein eigenes Wesen. Lebe aus dem wahren Leben deiner Seele, halte dich den deformierenden Einflüssen der Menschen fern.

So gelangt die Seele zu einem neuen Wert. Und damit hat Rousseau die späteren Generationen beeinflußt. Es scheint, daß man sich alles eingestehen kann, was sich an Wirrem, Aufgelöstem, Ungebändigtem in der Seele zeigt. Und langsam fragt man sich nicht mehr, ob dem eigenen Erscheinungsbild von außen her ein Wert beigemessen wird, weil ein vollkommenerer oder auch nur beachtenswerterer Mensch in Erscheinung tritt, sondern man mißt seinen eigenen Wert an der erreichten Selbstverwirklichung der Seele. Der ganze Reichtum der Erlebnisse in ihrer jeweiligen Bedeutsamkeit, die direkte Einwirkung der Dinge auf die Seele ohne das Eingreifen einer Interpretation durch den Intellekt, ein Höchstmaß an Empfindsamkeit, um alles erkennen zu können, was der Seele nicht unmittelbaren und authentischen Ausdruck verleiht, eine Hingabe des ganzen Wesen an das Fühlen, an die Fülle der Freuden und Schmerzen, all das erklärt den Einfluß Rousseaus auf die Romantik.

Der Einfluß von Rousseaus Menschenbild auf die Philosophie der Revolution ist dagegen ganz anders zu erklären. Betrachtet man die Seele als in sich selbst ruhend und ohne jede Verbindung zu den Menschen und zu den Dingen, mißt man damit dem Geschehen in der Seele selbst einen neuen Wert bei. Überträgt man diese Vorstellung auf den Menschen, sieht man ihn unabhängig von jeder menschlichen Gemeinschaft, als existiere er allein in sich; der Mensch bekommt dadurch einen Wert durch sich selbst, einen Wert ohne jeden Bezug zur Gemeinschaft. Nicht mehr die Gemeinschaft bestimmt den Wert des Menschen, nach seinem Verhältnis zu ihr, seinem sozialen Rang und seiner gesellschaftlichen Funktion. Er trägt seinen Wert in sich selbst. In den Augen der Menschen ist er Bauer, Handwerker, Minister. So will es die Gesellschaft. Aber es handelt sich dabei nur um eine Scheinexistenz, eine gesellschaftsbezogene Existenz. Denn der Mensch als solcher ist eine Seele mit einem Eigenleben, das seinen eigenen Wert besitzt. So führen die innere Erfahrung dessen, was das Wesen des Menschen ausmacht, und die Bedeutung, die ihr Rousseau beimißt, einerseits zu neuen Formen des künstlerischen Ausdrucks, andererseits zur Entstehung eines neuen Selbstbewußtseins gegenüber der Gesellschaft. Ich bin ein Mensch durch meine natürliche Eigenart, ich bin der Mensch, der sich seiner selbst bewußt wird, der Mensch, für den das Leben das primäre Faktum ist, der von Natur aus gute Mensch, der natürliche Mensch. Die revolutionären Folgen dieses Standpunkts sind offenkundig. Der Mensch, der ein solches Selbstbewußtsein erlangt hat, ein Bewußtsein seines Werts als Mensch, unabhängig von jeder Bindung an die Gesellschaft, muß die herrschende Gesellschaftsordnung ablehnen und sie bekämpfen. Dieser Gegensatz zur Gesellschaft ist keine reine Abstraktion. Er hat es selbst empfunden, was Menschsein heißt. Er ist zu einem konkreten Bild des natürlichen Menschen gelangt, wie er vor jedem gesellschaftlichen Bezug existierte. Unter diesen Voraussetzungen kann der wesentliche Wert des Menschen nicht von der Gesellschaft bestimmt werden. Der Mensch trägt seinen Wert in sich selbst. Die Gesellschaft gibt ihm nur die Werte, die er als Bürger hat. Bis jetzt ist bei Rousseau nur vom natürlichen Menschen die Rede. Die Bindung des Menschen an die Gesellschaft ist für ihn noch ein widernatürlicher Zustand. Das Problem der Beziehungen zwischen dem natürlichen Menschen und dem Menschen als Bürger ist eine der Fragen, die sich die Philosophie der Französischen Revolution stellen wird. Viele werden nicht sehen wollen, daß zwischen dem natürlichen Menschen und dem Menschen als Bürger ein Gegensatz besteht, sie sehen im letzteren nur eine notwendige Ergänzung des ersteren. Doch nun stellt sich gerade die Aufgabe, in der Gemeinschaft den Eigenwert des Menschen zu sichern. Der Mensch, wie ihn die Natur geschaffen hat, muß die Voraussetzung bleiben, und die Aufgabe besteht darin, eine neue Gesellschaft aufzubauen und dabei von dem absoluten Wert des Menschen als solchem auszugehen, vom Menschen überhaupt.

So versteht man ohne weiteres, welche Folgen dieser Standpunkt für die Demokratie haben kann, wie auch seinen Gegensatz zur Philosophie der Aufklärung. Im 17. Jahrhundert schafft man die Tragödie, angeregt von der römischen Geschichte und stoischen Maximen, Helden, die niemals ihre Selbstbeherrschung verlieren, Könige, Menschen, die zum Herrschen geboren sind. Die andern Menschen dagegen überlassen sich ihrem Instinkt; sie leben ihr tägliches Leben und dienen in der großen Tragödie bestenfalls als Statisten. Oder man strebt nach dem humanistischen Ideal der Gelehrten. Der gelehrte und gebildete Mensch ist jetzt modern, der Ästhet. Gelehrte, Künstler, souveräne Kenner im Reiche der Kunst stehen jetzt im Mittelpunkt des Interesses. Diese Beschäftigung mit ästhetischen Fragen setzt sich übrigens im 18. Jahrhundert fort und entwickelt sich weiter. Voltaire ist neben seiner polemischen Aktivität, seinem Kampf gegen das »Infame«, beständig mit Fragen der Ästhetik beschäftigt. Dagegen verliert das Ideal einer umfassenden Bildung an Bedeutung. Es wird durch den aufgeklärten Menschen ersetzt, der sich seines kritischen Denkens bedient und sich sowohl in Fragen von grundsätzlicher Bedeutung wie in allen Lebenslagen zurechtfindet, der Mensch, der überlegen und denken kann. So entsteht unter den Menschen eine neue Wertordnung. Und allmählich ist nicht mehr der große Gelehrte oder der einsame große Denker das Ideal, sondern die Masse, gemeint sind die Tausende von Menschen, bei denen es gilt, ihre Denkfähigkeit zu wecken. Die Denkfähigkeit aber ist in allen Menschen angelegt. Die Konsequenz, die man aus einem solchen Standpunkt ziehen kann, muß notwendigerweise revolutionäre Folgen haben, denn die Stellung des Menschen in der Gesellschaft entspricht nicht dem Grad seiner geistigen Fähigkeiten.

Das führt zu der Vorstellung von einer Demokratie, die auf Begabung und Können aufbaut. Wenn der Verstand herrschen soll, muß man ihn überall suchen und für jeden die Möglichkeit schaffen, jeden Beruf zu ergreifen. Darüber hinaus muß man grundsätzlich voraussetzen, daß in der Politik das Volk selbst Entscheidungen trifft, die es angehen. Das bedeutet das Selbstbestimmungsrecht des Volkes, die freie Entwicklung aller seiner Kräfte in der Wirtschaft, Wissenschaft und Politik und die Freiheit für jeden einzelnen, sein eigenes Leben zu leben und zu denken, was er für richtig hält. All das gehört zu den Konsequenzen der Philosophie der Aufklärung. Aber die Philosophen des 18. Jahrhunderts denken ihre Gedanken nicht konsequent zu Ende, auch da nicht, wo sie demokratischen Lösungen nahekommen; sie kommen immer wieder auf den Gedanken einer Auswahl unter den Menschen zurück, auf eine Gesellschaftsordnung, die von dem Grad der geistigen Kompetenz der Menschen bestimmt wird, die in einer bestimmten Epoche leben. Sie gehen von einem aristokratischen Wertbegriff aus, nicht von einem allen Menschen gemeinsamen Wert.

Rousseau wendet sich gegen all diese Hierarchien der Werte. Nicht daß ihm die heroische Haltung der Seele, der Begriff des edlen Menschen, die großen Männer Plutarchs fremd wären. Aber dieses Herrsein seiner selbst als ethischer Wert ist ein Produkt des Lebens in der Gesellschaft; es ist aus der ständigen Notwendigkeit eines jeden in der Gesellschaft entstanden, sich der Gemeinschaft anzupassen, mit ihr eine Einheit zu bilden. Das wahre Gute im Menschen, das natürliche Gute wohnt im Menschen selbst, wie es die Natur ihm mitgegeben hat, wie er es selbst empfindet, wenn er aus dem Leben seiner Seele lebt. Alle anderen Werte, ästhetisches Empfinden, Gelehrsamkeit, Geistesgaben, haben mit dem Wesen der Seele nichts zu tun; sie kommen von außen hinzu und sind ihr fremd. Die Empfindung von Freude, Schmerz und Liebe macht den Wert des Menschen aus. Es muß also genügen, eine Seele zu haben, die ihr Eigenleben lebt. Alles übrige beruht nur auf künstlich geschaffenen Unterschieden zwischen den Menschen.

Hier liegt also ein ganz anderer Begriff der Demokratie vor. Es geht um alle Menschen, die nichts besonderes an sich haben, die Freude und Schmerz erleben von Tag zu Tag, die im gesellschaftlichen Leben keinerlei Rolle spielen, die im engen Kreis ihrer Nächsten ihr Leben leben und an ihr Heil glauben. Der Mensch hat jetzt ein neues Bewußtsein seines Werts. Er fragt sich nicht mehr, auf welchen Wert er sich vielleicht berufen kann, sondern spürt, daß sein Wert allein auf seiner Existenz beruht, auf seinem eigentlichen Sein. So sieht jetzt die Revolution das Volk: die Masse der Menschen, die nicht über sich selbst hinauswachsen wollen, die sich keinen

Wert zumessen, den sie nicht mit andern teilen, die einfachen Menschen, die ohne Ehrgeiz ihr Leben leben, jeder an dem Platz, an dem er steht, die heranwachsen mit dem engen Horizont ihres Zuhauses und ihres Heimatorts, die nichts davon wissen, was außerhalb ihrer Umgebung geschieht und nur die Freude und das Leid des wahren Menschen kennen. Und alle sind sie gleich. Dazu genügt es, zu leben und auf seine Gefühle zu hören.

Das wenigstens versteht Rousseau unter Demokratie. »Alle Menschen sind gleich« heißt für ihn nicht: Alle Menschen haben die gleichen Fähigkeiten, stehen auf der gleichen geistigen Ebene. Es heißt: Alle Menschen empfinden den gleichen Schmerz und die gleiche Freude, sie haben die gleiche psychische Konstitution, die gleichen Reaktionen. Aber gerade weil sie gleich sind, kann man sie nicht einfach miteinander vergleichen. Jeder Mensch hat seinen Eigenwert, seinen eigenen Charakter. Erst die gesellschaftliche Ordnung schafft die Ungleichheit unter den Menschen, weil sie jedem Menschen eine andere Rolle und Funktion im Bereich der Zivilisation zuweist. Sie weckt erst in jedem Menschen ein Wertbewußtsein, das auf die andern Menschen bezogen ist. Der Mensch erlangt einen bestimmten sozialen Rang, er stellt sich von sich aus in eine bestimmte Hierarchie der Werte und nimmt dort den Platz ein, der ihm auf der sozialen Stufenleiter zukommt. Doch sobald man ihn von diesen sozialen Bindungen löst und außerhalb der Bedeutung sieht, die ihm die andern beimessen, bleibt nur noch der Mensch übrig, ganz einfach der Mensch, dessen Wert nicht relativ durch ein Plus oder Minus bestimmt werden kann. Sein Leben kann für die andern einen höheren oder geringeren Wert haben – das ist eine Relation –, aber sein Leben als solches, was in seinem Innern geschieht und was er empfindet, kann nicht mit plus oder minus gemessen werden. Denn das Leben, die Tatsache, daß der Mensch empfindet, was in seinem Innern geschieht, macht das eigentliche, ihm mitgegebene Wesen aus. Von Natur aus sind die Menschen gleich. Die Unterschiede unter den Menschen gibt es nur, weil man nach Werten mißt, die ihrem Wesen fremd sind. Der eine ist reicher als der andere, das heißt, daß man ihm in der Gesellschaftsordnung einen größeren Bereich des Lebensgenusses zugeteilt hat als den andern; daß einer ethisch auf einer höheren Stufe steht als der andere, heißt, daß er in der Gesellschaftsordnung es mehr als ein anderer versteht, sich bestimmten Forderungen anzupassen, daß er seinen Pflichten gegenüber der Gemeinschaft besser nachkommt.

All das hat mit dem Menschen als solchem nichts zu tun. Sobald der Mensch sich ein Ziel setzt und nach Werten strebt, die ihm nicht natürlich gegeben sind, entfernt er sich mehr und mehr von seinem wahren Leben, verliert er die Werte, die ihm ursprünglich eigen sind. Er ist dann, was die Gesellschaft aus ihm macht, ein künstlicher Wert, ein Scheinwert. Er ist nicht mehr, was er eigentlich ist. Er verliert seinen natürlichen Wert. Deshalb verwirklichen die Menschen um so mehr den ihnen von der Natur mitgegebenen Wert, je weniger sie sich in die Gesellschaft einordnen lassen, je mehr sie ein natürliches Leben führen. Die Menschen aus dem Volk haben etwas von diesem natürlichen Wert bewahrt; sie sind mehr Mensch im wahren Sinn dieses Wortes als die andern. Rousseaus Auffassung von der Gleichheit verlangt eine Demokratie, die auf einem Wert aufbaut, den der einfache Mensch repräsentiert, der natürliche Mensch, wie wir ihn noch im einfachen Volk finden.

Der positive Aspekt dieser Vorstellung vom natürlichen Menschen, wie sie von Rousseau entwickelt wurde, beruht für das revolutionäre Denken darauf, daß Rousseau das Bild eines Menschen entwirft, der von den Menschen der alten Gesellschaftsordnung abweicht, daß er den Menschen ganz außerhalb jeder sozialen Hierarchie sieht, allein den Menschen, wie er sich aus seinem natürlichen Menschsein heraus darstellt. Auf diesem spezifischen Charakter des Menschseins beruht für Rousseau die Gleichheit der Menschen. Das Bild dieses natürlichen Menschen findet er im Volk, wo sich die natürlichen menschlichen Werte reiner erhalten haben als anderswo. Wir lassen hier die Rolle beiseite, die während der Französischen Revolution der Mensch als Bürger des »Gesellschaftsvertrags« spielt; davon wird im Rahmen anderer Gedankengänge die Rede sein.

Die Dialektik der Einflüsse von Rousseau und Voltaire auf die Revolution

Die beiden großen geistigen Strömungen des 18. Jahrhunderts, wie sie von Rousseau und Voltaire repräsentiert werden, wirken während der Revolution gleichermaßen weiter. Gemeinsam ist ihnen die Hervorhebung allgemein menschlicher Werte; beide Strömungen bereiten das Menschenbild der Revolution vor. Nach dem Begriff der Demokratie, wie er sich aus der Philosophie der Aufklärung entwickelt, ist jeder Mensch mit Verstand begabt; setzt man also die Evidenz der Schlüsse voraus, die seine Urteilsfähigkeit ermöglicht, so kann der Mensch zu jeder Frage Stellung nehmen, ist er im geistigen Bereich völlig unabhängig. Dieser Gesichtspunkt wird neben den Vorstellungen Rousseaus aufrechterhalten. Wendet man ihn auf die Politik an, so bedeutet dies, daß jeder aufgeklärte Mensch sich ein selbständiges Urteil über politische Fragen bilden kann. Man meint nicht mehr, daß nur große Staatsmänner die Fähigkeit besitzen, alle ein Land betreffenden Fragen zu beherrschen; die Politik ist nicht mehr eine Wissenschaft oder Kunst, die nur einer kleinen Zahl von Menschen vorbehalten bleibt, die dafür kompetent sind. Da jeder Mensch die Fähigkeit zu denken besitzt, kann er auch wie jeder andere über Politik nachdenken. Dieses Nachdenken wiederum muß von der öffentlichen Meinung, von der Presse und der freien Diskussion gefördert werden. Im politischen Bereich muß man sich der Gabe Voltaires bedienen, die Dinge verständlich darzustellen, sich in den religiösen und philosophischen Fragen zurechtzufinden, sich mit kritischen Überlegungen zu befassen, mit Interesse zu diskutieren und sich den Erfordernissen zu öffnen, im realen Leben vernunftgemäßen Gesichtspunkten Geltung zu verschaffen. Nach Voltaire ist die Zahl derer Legion, die durch ihre soziale Stellung daran gehindert werden, sich ihrer geistigen Fähigkeiten zu bedienen. Soll ihnen Gerechtigkeit widerfahren, mußte ein anderes Wertempfinden Geltung bekommen, das Gefühl für den Wert des Menschen als solchem. Es bleibt darum nicht weniger gültig, daß die geistige Souveränität des Menschen Prinzip ist. Gerade dann wird es eine dringende Pflicht, das Volk zu erziehen, die Umstände so weit als möglich einzuschränken, die die Mehrheit der Menschen daran hindern könnten, sich ihrer Fähigkeit des Denkens zu bedienen. Das Hauptproblem konzentriert sich im Grunde auf die Frage, wie man das philosophische Denken der Aufklärung einer breiten Öffentlichkeit vermittelt, wie man die Menschen zum selbständigen Denken erzieht.·

Doch bei der Frage nach ihrem Einfluß auf die Französische Revolution gehen Voltaire und Rousseau noch in einem weiteren Punkt zusammen: Beide sind der Überzeugung, daß jeder Mensch in sich trägt, was er zum Leben braucht. Der Mensch als solcher braucht kein Wissen, das ihn nicht direkt angeht. Der Wert der Philosophie beruht für ihn auf ihrem menschlichen Bezug, auf ihrer möglichen Einwirkung auf die Lebensführung des Menschen. Dieser Gesichtspunkt führt notgedrungen zu einer oppositionellen Haltung gegenüber dem Staat, in dem ihre Zeitgenossen leben. Voltaire unterzieht die verschiedenen historischen Epochen einer Kritik. Was seit der Entstehung des Christentums geschah und die gegenwärtigen Zustände widersprechen der Vernunft. Rousseau seinerseits wendet sich gegen die Lebensformen, wie er sie in seiner Umgebung beobachtet: sie widersprechen der Natur, die Natur fordert andere Lebensformen. In beiden Fällen entstand so eine negative Reaktion auf den Kontakt mit der sozialen Wirklichkeit, einmal durch die Evidenz der Ergebnisse logischer Überlegungen, zum andern durch ein Zurückgehen des Menschen auf sich selbst. Die herrschende Gesellschaftsordnung ist absurd; sie ist widernatürlich. So entsteht einerseits die Hoffnung auf eine neue Herrschaftsform, die Herrschaft der Vernunft, andererseits das Bild eines präsozialen Zeitalters, in dem der Mensch ein natürliches Leben führte. Beide Vorstellungen entspringen der Weigerung, die Ergebnisse der historischen Entwicklung anzuerkennen. Voltaire und Rousseau begegnen sich in dieser Opposition, wie auch in der Hoffnung auf ein neues Zeitalter der Menschheit, in ihrem Glauben an die Wirksamkeit individuellen Denkens. Und doch stimmen sie in ihrer Auffassung vom Wesen des Menschseins nicht überein. Der eine sieht den Wert des Menschen in seiner Fähigkeit zu denken, in der Evidenz der Schlüsse dieses Denkens, der andere aber im Empfinden des Menschen, wenn er auf sein Inneres zurückgeht. Voltaire spricht von einem neuen Zeitalter der Menschheit, in dem sie besser, glücklicher, aufgeklärter sein wird; er will in den Menschen die Begeisterung erwecken, die sie zum Kampfe ruft für dieses neue Reich; sein Glaube an die Vernunft der Menschheit erfüllt ihn mit Hoffnung; am Horizont sieht er alle Entwicklungsmöglichkeiten des menschlichen Geistes. Rousseau dagegen verweist die Menschen auf ihre Seele, auf ihr naturgegebenes Wesen, auf das Glück, das in ihnen wohnt, auf ihr ursprüngliches Bedürfnis, andern Liebe zu schenken und von ihnen Liebe zu empfangen.

Beide Anschauungen wirken weiter und beeinflussen die Französische Revolution. Bald verbinden sie sich, bald stehen sie einander entgegen, in vielfältigster und mehr oder weniger bewußter Art. Aber Rousseaus Anschauung behält schließlich die Oberhand. Wie kann man dem Volk, der Masse, Gerechtigkeit widerfahren lassen, wenn man nur auf die Philosophen der Aufklärung hört? Sie sprechen von bisher ungeahnten Entwicklungsmöglichkeiten, von kommendem Reichtum für das ganze Volk, von einer verhundertfachten Aktivität auf den Gebieten der Wirtschaft, Wissenschaft und Politik, von einer universalen Kultur. Das ganze Volk wird aufgeklärt, adlig und groß sein. Und die Philosophen selbst behalten sich die Rolle der Helden und Wohltäter des Volkes vor. Aber ihre Gegner erwidern ihnen: Bei all dem ging es euch nie um die Liebe zum Volk. Was wißt Ihr denn vom Volk, von diesen Menschen, die ihre eigenen Leiden zu tragen haben und ihr eigenes Glück genießen, die nichts von all dem Glanz haben, von dem man ihnen erzählt und mit dem man sie nur zum Narren hält? Was bedeuten euch überhaupt diese Menschen, die nichts besonderes an sich haben, die in ihrer natürlichen und guten Art von einem Tag zum andern leben, ohne großen Gedanken nachzujagen? Um ihnen einen Wert zuzuerkennen, bedurfte es eurer Erfindung eines künstlichen Werts; ihr Leben selbst sagte euch nichts.

Später dann, im 19. Jahrhundert, lebt der Geist Voltaires und der Philosophie der Aufklärung in Frankreich wieder auf: Eine rationale Geisteshaltung, eine Tendenz zu Kritik und Negation, Mißtrauen gegenüber möglichen Täuschungsversuchen, die Neigung, nur zu glauben, was rational begründet werden kann und was man aus sich selbst heraus versteht, leidenschaftliches Eintreten für das Vernünftige und Richtige, ebenso vieles, was auf politischem Gebiet ganz im Sinne Voltaires zum Ausdruck kommt, im Kampf gegen die Kirche, was sich dann nach dem errungenen Sieg der Wissenschaft zuwendet, um schließlich im Positivismus zu enden. Zugleich wird der Einfluß Rousseaus einerseits im Bereich der Literatur spürbar, in der lyrischen Dichtung, den autobiographischen Werken, dem psychologischen Roman, andererseits in der Politik, in den Gedankengängen und Gefühlen, die in den sozialistischen Tendenzen wirksam werden.

Aber in der Zeit unmittelbar vor der Französischen Revolution wirken beide Anschauungen hauptsächlich durch die ihnen gemeinsame Tendenz, dem Allgemeinmenschlichen Geltung zu verschaffen. Alle neuen Formen der Auffassung vom Menschen und seine Bewertung hängen mit einer dieser beiden großen Grundanschauungen zusammen. Die Physiokraten wollen, daß der Mensch auf ökonomischem Gebiet seine Unabhängigkeit erreicht, denn niemand versteht es besser als er, über seine eigenen wirtschaftlichen Interessen zu wachen, niemand weiß besser, was er zu seinem eigenen Nutzen zu tun hat. Nach überzeugenden Erfahrungen auf dem Gebiet eines Handels mit festen Zielsetzungen fordert der Mensch Freiheit für wirtschaftliche Beziehungen, die auf natürlichen Voraussetzungen und Gesetzmäßigkeiten beruhen. Daneben gibt es die vielen philanthropischen Richtungen, die für alle Menschen ein menschenwürdiges Leben fordern, Strömungen im Bereich des christlichen Denkens, die Nächstenliebe und Brüderlichkeit predigen. Bei allen geistigen Strömungen der zweiten Hälfte des 18. Jahrhunderts steht der Mensch im Mittelpunkt. Die wissenschaftlichen Erkenntnisse sind nicht mehr wertfrei; ihr Sinn beruht allein auf ihrer Bedeutung für das Leben des Menschen. Wenn Rousseau und seine unmittelbaren Anhänger gegen den Fortschritt der Wissenschaft Stellung bezogen, dann mit der Begründung, daß die wissenschaftliche Erkenntnis nichts mit dem inneren und wahren Leben des Menschen zu tun habe. Sie waren nur auf der Suche nach allem, was für die menschliche Seele von Bedeutung sein konnte, für das wahre Leben des Menschen.

Sogar das religiöse Denken ist mehr und mehr auf das Leben des Menschen gerichtet. Die natürliche Religion entfernt sich von den transzendenten Dogmen und sucht dem Menschen Anweisungen für ein gottgefälliges

Leben zu geben, oder aber die Religion versucht unter Beibehaltung ihrer dogmatischen und transzendenten Form, mit ihren Dogmen die Bestimmung des Menschen zu erklären und erhebt den Anspruch, Gottes Pläne in der Menschheit verwirklichen zu wollen.

Zahlreiche Schriften erscheinen über die Erforschung wirtschaftlicher Beziehungen mit Plänen zu ihrer Verbesserung, mit Vorschlägen zur Strafrechtsreform im humanitären Sinne, populärwissenschaftliche Aufsätze, Reisebeschreibungen über fremde Länder, historische Darstellungen, politische und soziologische Untersuchungen jeglicher Art. All diese Schriften sind auf den Menschen gerichtet, den Menschen ihrer Zeit. Man denke nur an Mirabeau. Condorcet, Dupont de Nemours, Rabaut-Saint-Etienne, Linguet, Brissot. Die Literatur ist jetzt auf das reale Leben gerichtet. Überall spürt man das Bestreben, die Lebensbedingungen zu ändern, zum Wohle der Menschheit zu handeln. Ob man den Menschen gefühlsbestimmt sieht, den wahren Menschen, gemeint ist der natürliche Mensch, im Auge hat, oder ob das Menschenbild von der Vorstellung des Fortschritts bestimmt ist, von den im Menschen angelegten Entwicklungsmöglichkeiten, von der verwandelnden Kraft der Vernunft, so bleibt doch das angestrebte Ziel, der letzte Wert, immer der Mensch und was für alle Menschen Gültigkeit hat. So bricht sich die Forderung Bahn, das herrschende Regime zu stürzen, damit dieser Wert Wirklichkeit werde, damit gesellschaftliche Voraussetzungen geschaffen werden, die dem Wesen des Menschen entsprechen, und schließlich eröffnet sich die Möglichkeit, zu einer ganz anderen Vorstellung vom Leben der Menschheit zu kommen, die dem herrschenden Zustand widerspricht, wie sie Rousseau sich erschloß, als er sich so anders fühlte als die übrigen Menschen, so heimatlos in der Pariser Gesellschaft.

Der Mensch als natürliche Rechtsperson

Die beherrschende Idee zu Beginn der Französischen Revolution ist der Mensch als primärer Wert, das Wohl der Menschheit als das leidenschaftlich angestrebte Ziel. Diese Anschauung konnte zunächst nur zu Reformen führen, die sich zum Beispiel auf die unteren Klassen bezogen und zu damit verwandten Fragen, oder aber sie konnte im Sinne Rousseaus die Vorstellung von einem goldenen Zeitalter der Menschheit erwecken und zur Entwicklung von Utopien anregen. Auf der einen Seite stand die Idee des primären Werts des Menschen, auf der andern Seite herrschten gewisse Vorstellungen von den sozialen Mitteln und einer idealen Lebensform der Menschheit, die es erlaubt, diesem Wert Gerechtigkeit widerfahren zu lassen. Aber keines dieser Mittel, keine dieser Utopien konnte die Form von revolutionären Forderungen annehmen; es waren nur Möglichkeiten, Wünsche, Träume in voneinander abweichenden Formen. So lautete zum Beispiel ein alter Grundsatz, daß das Wohl des Volkes das höchste Gesetz sein solle. Sicher, dieser Grundsatz bekommt im Lichte der neuen Auffassung vom Menschen einen neuen Sinn. Das Wohl des Volkes war in den Anschauungen der Philosophen wie in den volkswirtschaftlichen Theorien des 18. Jahrhunderts zu einem weit konkreteren Begriff geworden. Wenn man davon sprach, das ganze Volk an der Kultur teilhaben zu lassen, allen wirtschaftlichen Kräften freien Lauf zu lassen und jedem das Recht auf ein glückliches Leben zubilligte, so lagen all dem weit präzisere Vorstellungen zugrunde. Aber aus der Sicht des Revolutionärs stellt man die Frage, über welche dieser Forderungen denn ein Einvernehmen möglich gewesen wäre? Man hätte sich höchstens über die erforderlichen Mittel einigen können. Aber welche Mittel wären das gewesen? Man hätte zunächst an neue Regierungsformen denken können. Nun, wie denkt man sich die beste Regierungsform? Endlose literarische Diskussionen darüber. Oder man wendet sich rechtlichen und wirtschaftlichen Mitteln zu. Freihandel oder Protektionismus. Neue Diskussionen. Nur mehr oder weniger realisierbare Vorschläge. Vielleicht dachte man sogar daran, daß das Ziel nur schrittweise erreicht werden könne, durch ein Vorgehen ohne streng definierte Zielsetzungen, eine stufenweise Erziehung der Massen. Aber was blieb bei all dem von der revolutionären Forderung übrig, an die man glaubte, und für die man kämpfte: der Wert des Menschen als solchem, das Glück, auf das er ein Anrecht hat? Was man sich auch zur Erreichung dieses Ziels ausdenken konnte, bezog sich nur auf mehr oder weniger wirksame Mittel. Aber der Zeitpunkt für ein wahrhaft revolutionäres Dogma war noch nicht erreicht.

Alle Schlußfolgerungen, zu denen man in der vorrevolutionären Periode gelangt war, führten nicht zu einer unmittelbar revolutionären Aktivität. Rousseaus natürlicher Mensch führt höchstens zu der Vorstellung von einem goldenen Zeitalter der Menschheit, zu schönen Träumen vom Menschen, wie ihn die Natur geschaffen hat. Die Rückkehr zum Naturstand ist bei Rousseau keine revolutionäre Forderung. Es ist eine gefühlsbestimmte Haltung, die ausgelöst wurde durch das Leiden an der Einsamkeit und Heimatlosigkeit unter den Menschen, von dem brennenden Wunsch, den Menschen Liebe entgegenzubringen und von ihnen Liebe zu empfangen. Der Mensch ist heute nicht mehr, was er ursprünglich war. Die Natur hat ihn anders geschaffen. Das ist die einzige Schlußfolgerung, die sich aus seiner Theorie ergibt. Aber welche Forderungen ergeben sich aus dem wahren Wesen des Menschen? Wie kann man dem spezifisch Menschlichen in der Praxis zu seinem Recht verhelfen? Wie gibt man dem Menschen die Möglichkeit zu einer Bestätigung seines Wesen? Das ist eine ganz andere Frage. Voltaire andererseits ist eine kämpferische Natur. Er will bestimmte Forderungen der Vernunft und der Gerechtigkeit durchsetzen. Doch um welche Forderungen handelt es sich? Da ist der Glaube an die Vernunft, die Leidenschaft, sie zu verteidigen. Klären wir die Menschen auf, dann wissen sie auch, was sie zu tun haben. Sicher finden wir bei Voltaire einen stets wachen kritischen Sinn, einen festen Glauben an eine neue Herrschaftsform und die tiefe Überzeugung, daß es die Pflicht der Philosophen ist, für diese neue Regierung zu kämpfen. Doch all sein Eifer bringt ihn nicht zu der Einsicht, daß das Ziel seines Kampfes einer dogmatischen Formulierung bedarf. Er will ein Solidaritätsgefühl erwecken bei den Philosophen, die für die gute Sache kämpfen, er will ein Einverständnis über die zu verfolgende Taktik erreichen, aber er hat nicht im voraus festgelegt, zu welchen konkreten Ergebnissen dieser Kampf führen soll, er hat sich keine klare Vorstellung davon gemacht, was geschehen soll, wenn die Menschen sich ihrer Vernunft bedienen können. Alle dogmatischen Präzisierungen könnten nur die Philosophen bei ihrem gemeinsamen Kampf uneinig machen, und das möchte Voltaire unter allen Umständen vermeiden. Rousseau aber will nicht in diese Philosophenarmee einrücken, er will nur nach eigenem Gutdünken handeln. Deshalb sieht Voltaire in ihm einen »Deserteur«[3], einen Judas unter den Philosophen.

Geht man auf Montesquieu zurück, so findet man bei ihm nur die Mittel zur Erreichung bestimmter Ziele im sozialen Leben, aber Montesquieu mißt keinem dieser Ziele, auch nicht der Freiheit, einen absoluten Wert von revolutionärer Tragweite bei, der als Norm für alle Staatswesen dienen könnte.

In der vorrevolutionären Periode hat sich also eine oppositionelle Haltung gegen die herrschenden sozialen Zustände entwickelt, die man als absurd und widernatürlich ansieht, das Bedürfnis, von Vernunftgründen ausgehend in diesen Zustand einzugreifen, die Kenntnis wirksamer politischer Mittel, ein neues Wertbewußtsein des Individuums, des Menschen, verbunden mit einer betont emotionalen Hinwendung zum Volk; dazu kommt später, gegen das Ende des 18. Jahrhunderts, eine wachsende Konzentration des Denkens und Fühlens auf den Menschen, auf die Notwen-

3 Lettre de Voltaire à d'Alembert, 31-x-1761.

digkeit, zum Wohle der Menschheit zu wirken. Jetzt mußte es sich darum handeln, für all diese Bestrebungen eine solide Grundlage zu finden, eine Denkform, die es erlaubt, die revolutionären Forderungen zu formulieren und in die Wirklichkeit umzusetzen.

Das absolute Recht des Menschen steht anerkanntermaßen fest; es ist eine Tatsache. Aber wo findet sich eine Norm, die allgemein genug ist, um uns zu sagen, wie man diesen absoluten Wert auf die Wirklichkeit überträgt? Kommen wir noch einmal auf Montesquieu zurück. Montesquieu betrachtet das kollektive Gemeinwesen, den Staat, als ein Ganzes, das nach auf das gleiche Ziel gerichteten Gesetzen aufgebaut ist, als eine teleologische Einheit. Aber er definiert nicht aus einer universalen Sicht das Ziel, dem das Kollektiv zustreben soll, er nennt nicht den letzten Wert, den der Staat verwirklichen sollte. Nun hat man aber diesen Wert gefunden, es ist der Wert, den der Mensch als solcher darstellt; und auf der andern Seite hat Voltaire das Prinzip der Souveränität des kritischen Denkens aufgestellt, das sich nach wohl definierten Wertmaßstäben mit allen Gegebenheiten auseinandersetzt. Wir wissen also jetzt, was recht und unrecht ist; wir wissen auch, wie man in die lebendige Wirklichkeit eingreift, um sie zu verwandeln und gesetzmäßig zu formen; wir kennen die Bauprinzipien, die die Errichtung kollektiver Einheiten mit einem vorgefaßten Ziel bestimmt haben. Wir wissen endlich, daß der Mensch das höchste Ziel darstellt. Wie sollen nun die Normen lauten, die dem kritischen Denken Genüge tun, die als Grundstruktur des Staates dienen können, die Normen, die nichts anderes sind als die notwendige Konsequenz und der Ausdruck des menschlichen Werts?

Diese Normen müssen im Bewußtsein des Menschen eindeutig vorliegen; sie müssen unangreifbar, sicher und überzeugend sein, damit sie für die neue Regierungsform als Grundlage dienen können. Es sind die natürlichen Rechte des Menschen. Ich bin ein Mensch und als Mensch weiß ich, daß mein Wert mir nicht von außen zukommt, daß ich ihn nur in mir selbst in meinem eigenen Wesen finde. Von meinem Wesen als Mensch ausgehend, fordere ich bestimmte Rechte, die auf diesem Wesen beruhen. So bin ich zum Beispiel meinem Wesen nach frei. Deshalb kann ich meine Freiheit nicht abtreten und von einem andern abhängig machen. Geschieht es trotzdem, werde ich zum Sklaven. Ich muß auf meine Eigenschaft als Mensch verzichten. Die Freiheit ist ein angeborenes Recht, kein Recht, das man nur gewähren kann oder das mir erst bewußt gemacht werden müßte; ich brauche nur mein Gewissen zu befragen; es sagt mir, daß ich frei bin. Die Freiheit ist ein Naturrecht.

Jeder Mensch hat allein durch die Tatsache seines Menschseins einen absoluten Rechtscharakter. Er hat bestimmte Naturrechte, gleichgültig an welchem Ort und in welchem Zeitpunkt er sich in der Welt befindet. Diese Rechte sind zugleich mit den Menschen entstanden. Sie sind der normative Ausdruck des Wesens des Menschen. Der Mensch hat das Recht zu leben, uneingeschränkt zu handeln, Verträge zu schließen etc. Der Staat ist eine Assoziierung dieser Individuen, die als solche Rechte besitzen; er verfolgt das Ziel, diese Rechte aller zu wahren. Dazu bedarf es einer durch Gesetze bestimmten, kollektiven Organisation. Wenn wir imstande sind, die naturgegebenen Rechte des Einzelmenschen festzulegen, können wir von jedem Gesetz sagen, ob es auf einer Rechtsgrundlage beruht oder nicht, ob es richtig ist oder nicht, ob es dem Wesen des Menschen entspricht oder nicht. Diese Rechtsgrundsätze liefern uns die absolute Norm für den Aufbau eines Gemeinwesens. In diesem jetzt erwachten Rechtsbewußtsein finden wir die Quelle, aus der der revolutionäre Charakter der bis jetzt erreichten Ergebnisse des menschlichen Denkens entspringt, wie auch ihre Weiterentwicklung zu Forderungen und Aktionen.

Die Frage, die es jetzt zu lösen gilt, ist also nicht mehr darauf gerichtet, die Menschen glücklich zu machen, ihnen eine erträgliche Existenz zu verschaffen, sondern auf die Rechte, die sie kraft ihrer Eigenschaft als Mensch fordern dürfen. Die Menschen müssen frei und gleich sein, nicht oder wenigstens nicht in erster Linie, weil sie die erreichte Freiheit und Gleichheit glücklich macht, sondern weil sie von Natur aus frei und gleich sind, weil sie so geboren sind. In den Menschenrechten findet die Revolution ihre dogmatische Grundlage. Jetzt weiß man, warum man kämpft, jetzt findet man im absoluten Recht einen Maßstab für jedes Gesetz; man ist im Besitz von sicheren Voraussetzungen, um den Wert des Menschen und des Lebens verwirklichen zu können. Der Mensch, den man durch seine souveräne Denk- und Urteilsfähigkeit definiert hatte, durch die Evidenz seiner vernunftgemäßen Aussagen, der Mensch als Seele, als ein durch seine Existenz begründeter Wert, unabhängig von jeder gesellschaftlichen Hierarchie, dieser Mensch erschließt jetzt Rechte, durch deren Genuß er sein wahres Wesen verwirklicht, der Mensch als natürliche Rechtsperson. Jetzt ist zu zeigen, wie das Rechtsbewußtsein sich während der Französischen Revolution entwickelt hat, und wie in ihren Anfängen der Begriff des Naturrechts, dem frühere Theorien des Naturrechts zugrunde liegen, sich schließlich nach einem Kampf mit der Theorie des positiven Rechts durchsetzt.

vi. Kapitel
Der revolutionäre und universale Charakter der Rechtsidee

Naturrecht und positives Recht

Was man zu Beginn der Revolution fordert, sind Rechte; genauer, Rechte, die jeder einzelne bereits hat, die er aber nicht ausübt. Die Nichtausübung eines Rechtes ändert jedoch nichts an der Tatsache, daß es existiert. Um welche Rechte aber geht es? Das ist eine Frage, die noch in vielen Punkten der Klärung bedarf. Daß es altüberkommene Rechte gibt, deren man nicht verlustig gehen kann, wie auch die Zeitumstände seien: daran ist nicht zu zweifeln. Es bleibt die Frage, wo man sie findet.

Zwei Möglichkeiten scheinen sich zu bieten. Diese Rechte können entweder in dem von der Geschichte überlieferten positiven Recht, oder aber im Naturrecht begründet sein. Man kann sagen: Unsere Vorfahren haben bestimmte Rechte erworben, die durch ordnungsgemäß bekräftigte, in den Archiven verwahrte Urkunden bezeugt werden. Diese Rechte sind für uns erworben worden; sie sind auch heute noch gültig, wenn auch in Vergessenheit geraten. Es geht jetzt darum, sie wieder in Kraft zu setzen. Oder aber man kann außer acht lassen, was unsere Vorfahren getan und verfügt haben, und sagen: Unsere Rechte liegen in uns selbst, es sind Menschenrechte. Daraus ergeben sich zwei Meinungsrichtungen, und die Versuche sind zahlreich, diese beiden Meinungen zu vereinigen. Die Anhänger des positiven Rechts durchwühlen die Archive. Die Ergebnisse ihrer Nachforschungen entsprechen jedoch nicht ihren Erwartungen. Die Geschichte erscheint ihnen wie ein wahrhaftes Labyrinth. Mit jedem Schritt verirrt man sich darin noch mehr. Die verschiedensten Parteien können aus der Geschichte Argumente zu ihren Gunsten schöpfen. Die, die an die Despotie glauben, finden in ihr Fakten zur Unterstützung ihres Systems, und die Anhänger der Freiheit entdecken andere Fakten, die für die Sache der Menschlichkeit sprechen.

Die Befürworter des Naturrechts halten der anderen Seite eine ganze Reihe von Argumenten entgegen. Wie können unsere Rechte von historischen Forschungen abhängig sein? Wie kann man eine so wichtige Frage auf Grund der zufälligen Entdeckungen lösen, die man in den Archiven möglicherweise macht? Die Dokumente, die unsere Rechte beweisen, sind vielleicht verlorengegangen oder von den Würmern aufgefressen worden. Derartige zufällige Umstände würden also darüber entscheiden, ob wir frei oder Knechte sind! Das unerschütterliche Bewußtsein unseres Rechts wird niemals die unsicheren Ergebnisse anerkennen, zu denen die historische Forschung gelangt. Die Zeugnisse aus den verschiedenen Jahrhunderten widersprechen sich. Der Autor, der seine Behauptungen mit der größten Sicherheit aufstellt, wird von denen, die nach ihm kommen, genauso widerlegt, wie er selbst seine Vorgänger widerlegt hat. Wenn wir unsere Prinzipien auf die Resultate gründen, die die historischen Forschungen möglicherweise ergeben, so genügt es, letztere in Zweifel zu ziehen, um damit zugleich die ersteren zu erschüttern. Gelingt der Beweis, daß die Ergebnisse falsch sind, dann verlieren auch die Prinzipien ihre Gültigkeit. Das kann nicht sein; das hieße die Evidenz leugnen, mit der unser innerstes Gefühl von Anfang an unterscheidet zwischen dem, was gerecht ist, und dem, was nicht gerecht ist. Selbst jene, die die Existenzberechtigung des positiven Rechts neben dem Naturrecht anerkennen, geben zu, daß man da, wo Beweisdokumente fehlen, auf die Prinzipien evidenter Rechte zurückgreifen muß.

Aber selbst in den Fällen, wo in den Archiven Dokumente vorhanden sind, die einen Rechtszustand beweisen, wird damit nicht die Frage gelöst, ob dieser Zustand legitim, ob er wirklich auf das Recht gegründet ist. Es gibt zahlreiche Rechte, die durch Gewalt begründet wurden. Es sind nichts anderes als Gewaltakte des Stärkeren gegenüber dem Schwächeren. Wie könnte man zugeben, daß eine solche Vergewaltigung uns Pflichten auferlegt? Und wo soll man das Kriterium hernehmen, das uns ein Urteil darüber erlauben würde, ob ein durch Gesetz festgelegtes Recht mit der Gerechtigkeit übereinstimmt oder nicht? Dieses Kriterium können wir nur in unserem innersten Gefühl von dem, was Recht ist, finden. Die Notwendigkeit, in der wir uns befinden, zwischen dem wahren Recht und dem Mißbrauch, der unter Umständen damit getrieben wird, zu unterscheiden, impliziert, daß das positive Recht von einem ihm übergeordneten Recht abhängig sein muß, von dem Recht, auf das sich alle Menschen berufen, vom Naturrecht.

Und was die Fälle angeht, wo wir uns keine Gedanken über die Legitimität eines Rechtes zu machen brauchen und zugeben müssen, daß das betreffende Gesetz nicht durch Gewalt geschaffen wurde: Hier bleibt immer noch zu fragen, ob die heute lebende Generation sich als diesem Gesetz unterworfen betrachten muß. Die Gegner des Naturrechts berufen sich auf die Vergangenheit, aber gerade die Vergangenheit zeugt gegen sie. Sie berufen sich auf die fundamentalen Gesetze, denen wir gehorchen müssen. Aber jedes dieser fundamentalen Gesetze unterscheidet sich von dem jeweils vorangehenden. Mit welchem Recht hatte jede Generation das zuvor geltende Fundamentalgesetz abgeändert? Und warum sollen wir nicht berechtigt sein, das gleiche zu tun, was die vorangehenden Generationen getan haben? Hatten die früheren Generationen etwa mehr Rechte als die heutigen? Was es zu suchen gilt, sind Rechte, die für alle Generationen gelten, Rechte, die nicht verordnet werden können, Naturrechte.

Die Idee des Naturrechts siegt schließlich über die Idee des positiven, durch die Geschichte etablierten Rechts. Nicht in der Vergangenheit, nicht in den Archiven der Nationen muß man nach den Rechten suchen, vielmehr in der Natur, in den ewigen Archiven der Gerechtigkeit und der Vernunft. Den ständigen Abwandlungen, die uns die Geschichte vorsetzt, stellt das Bewußtsein in unserem Innern von dem, was gerecht und was ungerecht ist, die unveränderlichen Rechtsnormen entgegen, die nicht von unklaren Rechtstiteln abhängig sind, von bestreitbaren Fakten, von Archivdokumenten, die von den Würmern zernagt oder von der Zeit beschädigt sind, sondern die auf einer festen, unzerstörbaren Grundlage beruhen, die allen Menschen und allen Ländern gemeinsam ist. Das sind die ältesten Rechte, die einzigen Rechte, die nicht verordnet werden können.

Es sind die Naturrechte, die Rechte, die sich aus der Natur des Menschen herleiten, die Teil seines Wesens, Ausfluß seiner Existenz selber sind. Wir erkennen diese Rechte an einem untrüglichen Zeichen, an der Evidenz nämlich, mit der sie jedem Menschen vor Augen treten, der über sie nachdenkt. Und da sie mit dem Menschen selbst gegeben sind und im Gewissen eines jeden existieren, sind sie für alle Menschen, für alle Länder und für alle Zeiten gültig. Sie sind unverrückbar, ewig. Wenn etwas in einer bestimmten Epoche oder in einem bestimmten Land geschieht, wenn jemandem Gewalt angetan wird, dann ist das möglicherweise aus den Gesetzen erklärbar, die zu dieser Zeit oder in diesem Land in Geltung waren. Das hindert aber nicht, daß es eine Ungerechtigkeit bleibt, weil der Mensch als solcher verletzt worden ist, weil diese Handlung dem Naturrecht zuwiderläuft. Mein Rechtsgefühl empört sich. Der Mensch als solcher besitzt also natürliche Rechte – Rechte, die ihm einen juristischen Status verleihen und die infolgedessen unveräußerlich sind. Selbst wenn er das wollte, könnte der Mensch nicht auf sie verzichten. Denn der Mensch bleibt Mensch, was er auch tut; er kann nicht auf sein Menschsein verzichten und damit seinen Rechtsstatus ablegen. Wenn er seine Rechte nicht ausübt, so ist das keinerlei Beweis gegen die Existenz dieser Rechte.

Welches aber sind die naturgegebenen Rechte? Freiheit und Gleichheit werden als die essentiellen Rechte des Menschen angesehen. Freiheit bedeutet im juristischen Sinn, daß alle Handlungen, die auf freier Willensentscheidung des Menschen beruhen, Rechtscharakter haben, daß sie Manifestationen eines Rechtes sind, und daß im Gegensatz dazu jede Handlung, die unter Zwang erfolgt, keine Rechtsgrundlage hat, juristisch ungültig ist. Freiheit ist der Ausdruck, der juristische Begriff der Willensfreiheit des Menschen. Der Mensch ist frei geboren, weil er einen Willen hat. Wenn er frei handelt, macht er Gebrauch von seinem naturgegebenen Recht. Er kann aus eigenem Entschluß Verpflichtungen eingehen, Verträge schließen. Wenn ihn hingegen jemand zwingt, eine bestimmte Sache zu tun, ist er juristisch nicht gebunden. Das war dann lediglich ein Versuch, ihn seines Willens zu berauben, ihm das wegzunehmen, was ihn zum Rechtssubjekt macht und dessen Auslöschung zugleich die Auslöschung seiner eigentlichen Existenz als Mensch wäre. Ein anderer Mensch kann mich jedoch nicht meines Willens berauben, sondern mich höchstens zwingen, bestimmte Handlungen auszuführen; und ebensowenig kann er mir das Recht bestreiten, anders, das heißt nach meiner freien Entscheidung zu handeln. Ja, darüber hinaus: Wenn ich mich der mir zugefügten Gewalt widersetze, so mache ich von einem mir zustehenden Recht Gebrauch.

Das Recht verlangt aber, daß jeder nach seiner freien Entscheidung handelt; dieser Grundsatz gilt für jeden Menschen. Jeder Mensch muß frei sein. Wenn jemand einen anderen zu einer Handlung zwingt, liegt eine Verletzung dieses Prinzips vor. Damit dieses Prinzip respektiert wird, ist es deshalb erforderlich, daß jeder es vermeidet, auf das Recht eines anderen überzugreifen. Auf Grund der Grenzen, die der Freiheit jedes einzelnen durch den generellen Charakter des Rechtsprinzips gezogen sind, erstreckt sich sein naturgegebenes Recht nicht weiter. Die Menschen müssen unabhängig voneinander leben, dürfen sich nur durch gegenseitige Verträge binden, die unter dem Gesichtspunkt des Rechtes gültig sind, und müssen wechselseitig ihre Freiheit respektieren. Der Staat, die Sozialordnung darf nur das Mittel sein, die Freiheit jedes einzelnen zu gewährleisten.

Und wenn die Naturrechte mit der Natur des Menschen gegeben sind, so folgt daraus, daß alle Menschen rechtlich gleich sind. Die menschliche Natur, die bloße Tatsache des Menschseins, ist das, was alle gemein haben. Jeder ist also mit dem gleichen Anspruch wie alle andern Rechtssubjekt. Es kann möglicherweise Ungleichheiten in der Arbeit, in der Produktion, in der Benützung der Güter oder der Teilhabe an ihnen geben, aber es kann keine Ungleichheiten des Rechts geben. Die Rechtssphäre eines einzelnen kann sich ausdehnen, in dem Sinne, daß er Rechte an neuen Besitztümern erwirbt, aber das ändert nichts an der Tatsache, daß alle Menschen rechtsgleich sind. Ob jemand nur einen Acker oder zehn Äcker besitzt: Das Rechtsprinzip, nach dem es jedem Menschen freisteht, Eigentum zu besitzen, bleibt das gleiche, und der Kleinbauer wie der Großgrundbesitzer sind Eigentümer gleichen Rechts. Die Menschen können sich auch auf Grund ihrer Fähigkeiten unterscheiden. Darum geht es nicht. Es geht darum, daß jedem das Recht eingeräumt wird, in gleicher Weise von seinen Fähigkeiten Gebrauch zu machen, daß es keine unterschiedlichen Rechte, keine persönlichen Privilegien gibt.

Alle Menschen müssen frei und gleich sein, oder wie es in der Erklärung der Menschenrechte heißt: »Alle Menschen werden frei geboren und bleiben in ihren Rechten frei und gleich.« Während der Französischen Revolution waren es diese beiden Ideen, die Idee der Freiheit und die Idee der Gleichheit, die dem Recht Ausdruck gaben, das dem Menschen eingeboren ist. In der Idee der Freiheit wird die Natur jedes einzelnen juristisch begriffen. Die Natur des Menschen manifestiert sich in bestimmten Bedürfnissen, im Instinkt der Bewahrung, in der Notwendigkeit, ihre Fähigkeiten zum Zug zu bringen, und in jeder sonst verfügbaren Ausdrucksweise. Wenn ich sage, der Mensch sei rechtlich frei, so gebe ich damit allen Funktionen seines Seins, soweit sie zutage treten, einen Rechtscharakter, eine juristische Grundlage; ich definiere damit sein Wesen in der Essenz als Träger naturgegebener Rechte. Er besitzt Rechte, weil er Mensch ist; alle Manifestationen seines Lebens, soweit sie auf seiner eigentlichen Natur beruhen, Ausdruck seiner natürlichen Anlage sind, sind rechtlich begründet; sie können nur durch Gewalt verhindert werden. Die Freiheit ist der juristische Ausdruck der Natur des Menschen; sie ist ein Naturrecht.

Wenn man dann diesen naturgegebenen Charakter des Rechts verallgemeinert, ihn auf alle Menschen bezieht, dann gelangt man zwangsläufig zu der Idee, daß alle Menschen das gleiche Recht haben. Jeder hat das Recht, sich seiner Fähigkeiten zu bedienen; welche Fähigkeiten der eine oder der andere hat, ist im Grundsatz nicht erheblich, es ändert nichts am Grundcharakter des Menschenrechts. Im Menschen selber liegen seine Rechte; sie sind ihm eingeboren. Es genügt, daß einer Mensch ist, damit er Rechte besitzt. Und da keiner mehr oder weniger Mensch als ein anderer sein kann; da jeder eben nur ein Mensch ist, und da er sich seinen Anspruch, Mensch zu sein, weder ausborgen noch ihn abtreten kann, trägt jeder sein Menschenrecht mit sich, und dieses Recht ist für alle das gleiche. Die Freiheit drückt den dem Menschen eigentümlichen Rechtscharakter aus, und die Gleichheit verleiht diesem Rechtscharakter Allgemeingültigkeit.

Man versteht jetzt, was diese Rechtsauffassung neu ins Spiel gebracht hat: den Rekurs auf das Recht als solches. Wenn der absolute Wert des Menschen schon durch sein bloßes Sein gegeben war, so mußte die Betrachtungsweise gefunden werden, vermittels welcher die Handlungen und Verhaltensweisen der Menschen begriffen werden konnten. Unter dem Gesichtspunkt der Moral konnte man sie nicht begreifen; man konnte nicht sagen: Alle Handlungs- und Verhaltensweisen der Menschen sind gut. Selbstverständlich hinderte einen nichts daran, vom natürlichen Gutsein des Menschen zu sprechen, wie Rousseau das tat. Aber das bezog sich nur auf einen weit zurückliegenden Naturzustand, in dem die Menschen zwanglos dahinlebten, ohne sich um die andern zu kümmern; man hätte alle Haßgefühle des Menschen als naturwidrig oder zweitrangig außer Betracht lassen müssen. Andrerseits konnte es nicht in Frage kommen, allen Menschen den gleichen moralischen Wert zuzusprechen.

Wo also die Form finden, in der alle diese Manifestationen des den Menschen Gemeinsamen sich ausdrücken konnten, ohne Wertunterschiede festzusetzen, ohne eine Werthierarchie zu schaffen? Nun, eben im Recht. Ich lebe, ich begebe mich hierhin oder dorthin, ich ernähre mich, ich rede, ich schließe Verträge mit anderen. All das ist legitim. Ich habe das Recht, so zu handeln. Sicher, ich habe nicht bei jeder dieser Handlungen das Bewußtsein, ein Recht auszuüben. Aber wenn es einem einfiele, mich an der Ausführung einer dieser Handlungen zu hindern, würde ich mir sofort Rechenschaft darüber ablegen, daß ich in meinem Recht verletzt bin, ich würde mir meines natürlichen Rechts auf Freiheit bewußt. Alle diese Handlungen tragen also einen Rechtscharakter in sich. Und, was mehr ist, einen auf Naturrecht beruhenden Rechtscharakter. Wenn ich das Recht habe, zu leben, zu reden, mich zu ernähren, dann nicht auf Grund eines Gesetzes. Das Gesetz ist nur dazu da, diese Rechte zu schützen. An erster Stelle steht das Recht. Das Gesetz kommt erst danach; es ist selbst nur ein Ausdruck des Rechts; Gesetzgebung ist nichts anderes als die Ausübung eines Rechtes. Während der Französischen Revolution bestätigt gewissermaßen das Naturrecht nur die Handlungen des Menschen und damit zugleich den Menschen als solchen. Es ist der Ausdruck der Selbstbewußtheit des Individuums. Wie kommt der oder der dazu, daß er sich anmaßt, mir etwas vorschreiben zu wollen? Und das ganz außerhalb der Wertbeziehung, die möglicherweise zwischen ihm und mir besteht. Ich bin von Rechts wegen unabhängig. Von einer Rechtsidee ausgehend, gelangt das Individuum dazu, sich selbst zu bestimmen; es drückt sich in Gestalt der Naturrechte aus, die ihm eingeboren sind, jener Naturrechte, die ihm kein anderer rauben kann, wer er auch sei. Die Handlungen des Menschen erhalten so einen neuen Wertakzent, da der Mensch im Handeln ein Recht ausübt. Und das Individuum selbst erlangt ein neues Bewußtsein seiner selbst gegenüber den anderen, gegenüber der Gesamtheit der anderen Menschen.

Es gibt keine allgemeinere Art, die Handlungen des Menschen zu begreifen als die, die sich auf die Rechtsidee stützt. Sie gestattet es, den moralischen oder ästhetischen Wert der Handlungen außer Betracht zu lassen, den Grad der Nützlichkeit, die ihnen vielleicht zukommt, ihre Kultur. Bevor man die Frage stellt, ob eine Handlung gut oder nützlich ist, muß man zuerst wissen, ob sie rechtmäßig ist. Darin liegt der universale Charakter des Rechts. Der Gesetzgeber, der versucht, den Willen einer Gemeinschaft in einer einheitlichen moralischen Richtung zu lenken oder festzulegen, erfaßt nicht die Vielfalt der Bedürfnisse, der Triebe, der Geisteshaltungen aller Bürger, die die Gemeinschaft bilden. Die Rechtsidee erlaubt es, die menschlichen Betätigungen in all ihrer Unterschiedlichkeit zusammenzufassen. Dem einen macht dies Freude, dem andern jenes; der eine verfolgt dies Ziel in seinem Leben, der andere jenes. Die Rechtsidee deckt das alles. Sie stellt nur eine einzige Frage: Hindert dieser Mensch, indem er so handelt, einen anderen daran, sich seiner Natur gemäß zu entfalten, oder ist das nicht der Fall?

Man versteht, daß von nun an alle Hoffnungen, alle Ideale des 18. Jahrhunderts in solchen Rechtsformen begriffen werden konnten. Es war von der Aufklärung der Menschen die Rede gewesen, man hatte von der Freiheit jedes einzelnen, selbständig zu denken, gesprochen, von der Entwicklung, die alle produktiven Kräfte nehmen würden, wenn die Menschen lernten, ihre wahren Interessen im Wirtschaftsleben zu erkennen – man hatte ein ideales Leben in der Natur beschrieben, wo jeder ein sorgloses Dasein führen könnte. All das waren nur Konkretisierungen der Möglichkeiten, die in der Idee des Naturrechts enthalten sind, in der Idee der natürlichen Freiheit. Jeder kann diese Rechtsgestalt lebendig machen, indem er sie mit seinen Hoffnungen, mit seinem Ideal erfüllt. Jeder kann sich vorstellen, sich ein Bild davon machen, worauf er ein Recht hat. Der Denker hat das wissenschaftliche Werk vor Augen, der Bauer den Acker, den er bebaut. Und alle vereinen sich in der Idee einer auf das Recht gegründeten Freiheit. Dieses Rechtsprinzip scheint all die unbegrenzten Möglichkeiten menschlicher Betätigungen, die uns eine ferne Zukunft vorbehält, mit zu umfassen. Und vor allem ist dank diesem Prinzip jeder in seinem Bereich sein eigener Herr; in dem begrenzten Bereich, der ihm eigen, der ihm gegeben ist, in seinem Haus, auf seinem Acker, gehorcht er nur sich selbst, ist er frei. Außerdem geht es nicht mehr um Einzelforderungen, um spezielle Interessensphären eines bestimmten Staates, einer Provinz oder einer bestimmten Menschengruppe, sondern um Forderungen genereller Art, die von allen, im Interesse aller vorgebracht werden. Auf Grund des Rechtes entspringen alle Handlungen der Menschen dem Prinzip der Freiheit, ungeachtet der Bedeutung, die sie, unter anderen Wertgesichtspunkten betrachtet, haben können. Und ebenso entspringen alle Menschen dem Prinzip der Gleichheit, ungeachtet dessen, daß sie in bestimmten Wertordnungen verschiedene Stufen erreichen können. Der dem Menschen inhärente Rechtswert kann durch Urteile einer anderen Ordnung nicht beeinflußt werden; er kann weder vergrößert, noch verkleinert werden.

Der Anspruch auf Recht umfaßt mithin sämtliche Einzelansprüche, gleich worauf sie sich richten, ob sie auf ein wirtschaftliches, kulturelles oder religiöses Ziel gerichtet sind. Er stellt die Menschen, die Forderungen vorzubringen haben, auf gleichen Fuß. Und da er sich nur auf das bezieht, was allgemeinmenschlich ist, erlangt er einen zeitlosen und universalen Charakter, gilt er für alle Menschen, alle Länder und alle Zeiten; er erlangt eine in sich selbst gründende Gewißheit, eine Evidenz, die von den wechselnden Erscheinungen, aus denen die Geschichte des Menschen besteht, unabhängig ist.

Das Recht und die teleologische Weltvorstellung

Versucht man, diese Vorstellung vom Recht in den Rahmen einer umfassenderen Weltauffassung zu stellen, dann scheint der metaphysische Hintergrund des Naturrechts die teleologische Schau der Natur zu sein, wie sie sich im 18. Jahrhundert herangebildet hatte. Es ist das Bewußtsein, sich im Einklang mit einem Ganzen voller Sinn und Schönheit, der Natur, zu befinden, als Mensch zu dieser Natur zu gehören; es ist das Glück, stets und in jedem den Sinn, den das Ganze hat, wiederzufinden. Es ist die Natur, begriffen in ihrer Schönheit, in dem Schauspiel, das ihre Landschaften bieten, in den Zielen, die sie verfolgt und die man wiederfindet, sobald man sie analysiert, sobald man die Struktur ihrer Werke kennenlernt. Es ist das Leben in der Natur, mit der Natur, das als normal und in sich gut begriffen wird, mit Ausschluß aller anderen Arten zu leben. Der von der

Natur bestimmte Mensch, der das Leben führt, das sie ihn weist, der auf natürliche Weise lebt und in seinem Menschsein etwas Wesentliches, Sinnerfülltes und Schönes verwirklicht. Hier haben wir wieder das einheitliche Weltbild, das den Menschen der Revolution vorschwebte. Jedes Ding fügt sich von Natur aus in ein Ganzes ein, das sinnerfüllt ist und einem bestimmten Ziele zustrebt, von dem alle seine Teile zeugen. So entnahm Voltaire dem System Newtons, den Gesetzen, die den Sternenhimmel lenken, die Idee einer höchsten Vernunft, die Vorstellung vom »Großen Geometer«; so glaubte Rousseau an die Harmonie zwischen allen Geschöpfen des Universums und träumte davon, den Menschen in diese Harmonie einzufügen, so versetzte ihn das Schauspiel der Natur in Ekstase, und er studierte die Botanik, um die Natur im Detail des von ihr Geschaffenen zu verstehen; so wollte Buffon – in der Bemühung, die Aktionen und Reaktionen zu verstehen, die sich im Weltganzen ereignen – dem Menschen seinen Platz in den Epochen der Natur zuweisen, die Gattung Mensch in das System der Lebewesen einordnen. Es geht immer um die Natur. Aber ob man sie nun in ihrer Größe oder ihrer Schönheit betrachtet, oder ob man in ihr das Walten eines gütigen Geistes zu entdecken glaubt, sie wird immer als allumfassend angesehen, als etwas, das allem einen Sinn gibt. Die Grenzen dieser Naturidee sind die, die mit dem teleologischen Blickpunkt untrennbar verbunden sind.

Wir wissen also, daß ein Universum voller Sinnhaftigkeit und Schönheit existiert. Wir sehen es, wir erfahren es immer von neuem. Aber das ist nur in bezug auf die Natur wahr. Das Leben der Menschen hingegen ist bar jeden Sinns. Es hat nichts von der Gesetzmäßigkeit, die man am Sternenhimmel, an den Pflanzen, sogar an der Natur des Menschen feststellt. Dieses Leben ist nicht naturgemäß. Es ist naturwidrig. Es steht im Widerspruch zu der Natur des Menschen und damit auch zu der teleologischen Gesetzmäßigkeit höherer Ordnung der gesamten Natur, die sich im Sein des Menschen wiederfinden müßte. Wir haben also einerseits, im Universum, etwas Sinnvolles, dessen Existenz wir feststellen, dessen Sein wir um uns und in uns erkennen – und auf der andern Seite etwas Absurdes, Sinnloses, nämlich unser Leben, das menschliche Leben.

Diese Vorstellung von der Absurdität des menschlichen Lebens und vom Gegensatz zwischen ihm und der Gesetzmäßigkeit des Universums hatte schon gegen Ende des 17. Jahrhunderts Ausdruck gefunden. Aber die Gesetzmäßigkeit des Universums hatte damals einen mathematischen und mechanischen Charakter, der nichts damit zu tun hatte, welchen Lauf das menschliche Leben verfolgen könnte. Im 18. Jahrhundert hingegen, wo die

Naturbeobachtung morphologisch und deskriptiv wird, wo Zoologie und Botanik eine besondere Bedeutung erlangen, wo man von der konkreten Untersuchung der organischen Wesen, die eines nach dem andern betrachtet werden, zum Detailstudium ihrer Struktur und ihrer Funktionen übergeht, entsteht eine andere Beziehung zwischen der Natur und dem menschlichen Leben. Wenn man im 17. Jahrhundert den Menschen als Teil des Universums auffaßte, so deshalb, weil man der Meinung war, sein Körper sei wie alle andern Körper den physikalischen und mechanischen Gesetzen unterworfen, die den Kosmos lenken. Im 18. Jahrhundert wird die Beziehung zwischen Mensch und Universum viel intimer. Auf Grund seiner Lebensfunktionen, seiner Bedürfnisse und Triebe, seiner ganzen Konstitution gehört der Mensch zur Natur. Die Natur ist nicht mehr etwas außerhalb von ihm, das ihm in seiner rein mechanischen und mathematischen Gesetzmäßigkeit fremd bleibt. Sie wirkt in ihm nach einem festgelegten Zweck und ist zugleich die Welt, wie er sie wahrnimmt, die Welt, in der er lebt und in der alles nach einer logischen Ordnung eingeteilt ist. Sie ist nicht mehr das abstrakte Kräftespiel, das man nur mit mathematischen Formeln erfassen kann; sie ist nicht mehr die Maschine von Descartes. Sie ist etwas Lebendiges geworden, das der Mensch unmittelbar spürt. Von lebendigen, konkreten Fakten ausgehend, weitet sich so die Vorstellung, die man sich von der Natur macht, immer stärker aus, umfaßt immer mehr Gegenstände. Die Natur wird zu dem, was allem einen Sinn, einen Zweck gibt; sie ist in gewisser Weise das, was da ist, was sich aufdrängt. Man betrachtet sie als das Normale, als eine Tatsache, die man lediglich feststellen kann, als etwas, das in der Wirklichkeit gegeben ist: der Himmel, die Welt rings um uns, der Mensch in dieser Welt. Sie ist etwas, das seine Bestimmung, sein Schicksal, schon in sich trägt, das sein muß, das auf eine bestimmte Art leben muß, weil das seine Bestimmung ist. Stellt man die Frage: »Wie ist dieses Geschöpf beschaffen?«, so schließt das die weitere Frage ein: »Wozu ist es bestimmt, zu welchem Zweck ist es so gemacht?« Diesen von der Natur verfolgten Zweck können die Naturwissenschaften in gewissem Umfang erfassen. Es gelingt uns, ihn wahrzunehmen, wenn wir die Dinge in gelassener Zuversicht beobachten. Er enthüllt sich uns in der unmittelbaren Meditation darüber, was wir in Wirklichkeit sind. Er ist das, was gegeben ist, was an sich ist, gegenüber dem, was künstlich oder nur Schein ist; er ist das Wahre, das Wirkliche, das, was seinem Ziel zu geht, was gemäß seinem Sinn so ist, was gewiß ist – gegenüber dem, was willkürlich ist, absurd, veränderlich, unbestimmt und zusammenhanglos.

Der Gegensatz zwischen dem Leben der Menschen und der Natur nimmt so einen völlig anderen Charakter an. Man gibt die Vorstellung auf, das Universum sei einer rein rationalen, abstrakten Gesetzmäßigkeit unterworfen, und es sei vergebens, in ihm die Grundelemente aufspüren zu wollen, mit deren Hilfe man das Menschenleben verstehen könnte. Es handelt sich nicht mehr um den Geist der Geometrie, den man in den mannigfaltigen Erscheinungen unseres Lebens vergeblich sucht. Jetzt handelt es sich um eine teleologische Gesetzmäßigkeit, die man in jedem Leben wiederfindet, schon beim Kind. Die Struktur des Menschen beruht auf den gleichen Gesetzen, die auch das Weltall regieren. Wir brauchen also nur zu fragen, wie der Mensch organisiert ist, welches seine Anlagen sind, um in der Lage zu sein, seine »Natur« zu erkennen, das Ziel, das seiner Erschaffung zugrunde lag. Und dann werden wir berechtigterweise sagen können, daß das Leben der Menschen ihrer Natur zuwiderläuft, weil es ihr nicht gemäß ist, und weiter, daß es nicht in den Gesamtplan der Natur hineinpaßt, dessen Zielen es widerspricht. Man kann sich den natürlichen Menschen auf unterschiedliche Weise vorstellen. Man kann zum Beispiel an das Kind denken, oder an den Menschen der Vorzeit, der noch nach seinen eigenen Gesetzen lebte. Aber das sind immer nur konkrete Abbilder eines Grundgedankens, auf den man zurückgehen muß. Es geht darum, den Menschen, wie ihn die Natur gebildet hat, zu finden, den Menschen, dessen innere Gesetzmäßigkeit den von der Natur verfolgten Zielen entspricht. Und hier stellt sich nun eine andere Frage: Hat die bisherige geschichtliche Entwicklung den Menschen erlaubt, ihre natürliche Bestimmung zu erfüllen? Entspricht der Zustand, in dem die Menschen heute leben, ihrer Natur? – Nein. Sie können sich der Fähigkeiten, mit denen die Natur sie ausgestattet hat, nicht bedienen; sie konnten bis heute keinen Gebrauch von ihrer Vernunft machen, sie wurden in ihrem Selbsterhaltungstrieb gehemmt, ihre natürlichen Gaben wurden in den Dienst anderer gestellt. An die Stelle der Gesetzmäßigkeit der Natur, die den Menschen und die Anlagen, mit denen sie ihn begabt hat, mit umfaßt, ist eine dem Menschen fremde Gesetzmäßigkeit getreten. Der Mensch muß wieder in den teleologischen Grundzusammenhang der Natur integriert werden.

Die Teleologie der Natur offenbart sich in ihren einzelnen Schöpfungen; sie drückt sich im Menschen aus. Es ist nicht nötig, aus dem Ziel, welches das Universum verfolgt, jenes zu deduzieren, dem der Mensch zustrebt; dieses Ziel ist mit dem Menschen zugleich gegeben. Wenn der Mensch Bedürfnisse hat und auch die Mittel, sie zu befriedigen, so ist diese Übereinstimmung nichts Zufälliges. Wieweit damit andere Konkordanzen impliziert sind und größere teleologische Zusammenhänge erkennbar werden, ist eine andere Frage. Es ist hier nicht wichtig, herauszufinden, wie weit wohl der teleologische Charakter der Natur reicht und ob man bis zu der Behauptung gehen kann, daß alles nur als Funktion des Menschen existiert. Es geht auch nicht darum, alle Einzelheiten vom teleologischen Gesichtspunkt aus zu interpretieren und zu beweisen, wie jedes einzelne Ding auf ein Ziel bezogen ist. Was man eindeutig feststellen will, ist, daß es in den Schöpfungen der Natur eine immanente Teleologie gibt. Man kann selbstverständlich auf den Ursprung dieser Teleologie zurückgehen und sie einer transzendenten Macht, Gott, zuschreiben. Man kann desgleichen versuchen, ihr letztes Ziel zu bestimmen. Man wird auch versuchen, in jedem einzelnen ein Streben nach einem ihn übersteigenden Ziel zu entdecken, und man wird sich darauf stützen, um Beziehungen zwischen den Einzelwesen herzustellen. Aber die dahin zielende Frage hat nichts mit jener zu tun, die nach der teleologischen Organisation als solcher eines natürlichen Geschöpfes, und insbesondere des Menschen, forscht. Wenn ich behaupte, daß der Mensch Bedürfnisse hat und die Mittel, sie zu befriedigen, daß eine teleologische Beziehung zwischen beiden besteht, so behaupte ich damit nicht, das Faktum der Befriedigung der Bedürfnisse sei ein Ziel, oder daraus, daß jeder dazu fähig ist, entstehe zwischen den Individuen – wie das die Physiokraten behaupten – ein in diesem Sinne ausgerichtetes Bündnis. Die Physiokraten behaupten in der Tat, die menschlichen Gesellschaften entsprächen einer natürlichen Ordnung. Die Menschen seien von Natur aus dazu bestimmt, in Gesellschaft zu leben, und diese Bestimmung verwirkliche jeder in sich, indem er die Ziele verfolge, die in seiner eigenen Natur angelegt sind. Deshalb fordern die Physiokraten die Freiheit für jeden einzelnen, damit sich die normale Sozialordnung verwirklichen kann, das von der Natur gewollte ökonomische System. Diese Anschauung ist während der Französischen Revolution nicht ohne Einfluß, bildet jedoch nicht die teleologische Grundidee. Letztere sieht den Menschen als ein Ganzes, das durch seine Struktur in einer bestimmten Richtung orientiert ist und das – in ein Universum gestellt, das ein ganzes Bündel von Zielen verfolgt, die den seinen übergeordnet sind – dieses Universum in sich wirken läßt und in gewisser Weise sich darin einfügt, aber dabei doch die Rolle spielt, die ihm die Natur zugeteilt hat.

Aber hier gerät der Mensch nun in Widerstreit zu seiner eigenen Natur. Man kann das so auslegen: Die organischen Funktionen des Menschen sind zu seiner Selbsterhaltung bestimmt. Nun aber befindet der Mensch sich in Situationen, wo es ihm unmöglich ist, sich selbst zu erhalten. Das beweist nicht, daß die Funktionen seines Organismus jetzt nicht mehr auf seine

Selbsterhaltung ausgerichtet seien. Das heißt lediglich, daß er sich in einem widernatürlichen Zustand befindet, und ist keinerlei Gegenbeweis gegen seine teleologische Grundstruktur. Es genügt, einen dem Menschen gemäßen Zustand zu schaffen, jede Beeinträchtigung seiner Natur zu verhindern, damit er ein seiner Natur entsprechendes Leben führt und seine Bestimmung erfüllt. Und diese teleologische Struktur ist dem Menschen inhärent; sie ist allen Menschen gemeinsam. Der Mensch hat ganz allgemein Bedürfnisse und Fähigkeiten. Er kann wollen und denken. Das beweist, daß er darauf angelegt ist, bestimmte Ziele zu verfolgen. Dieser von der Natur angelegte teleologische Bezug zwischen seinen Funktionen ist unabhängig von den Unterschieden, die es hinsichtlich dieser Funktionen zwischen den verschiedenen Individuen geben kann. Welches sind also nun die Forderungen, die der Mensch berechtigterweise stellen kann? Jeder muß nach seiner Anlage leben können, gemäß der Bestimmung, die ihm die Natur zugewiesen hat, jeder muß frei sein.

Hier ist der Punkt, wo wir uns die Beziehungen vergegenwärtigen können, die zwischen der teleologischen Anschauungsweise und dem auf dem Recht basierenden Denken bestehen. Das Recht ist nur der Ausdruck der teleologischen Anlagen, mit denen die Natur alle Menschen ausgestattet hat, der inneren Notwendigkeiten des Menschen. Es ist eine Form, die menschliche Bestimmung begrifflich zu erfassen, und außerdem der Versuch, diese Bestimmung für jeden Menschen in einer Gemeinschaft zu verwirklichen. Meine Natur treibt mich dazu, zu handeln; ich habe folglich das Recht, zu handeln. Der Mensch als solcher hat einen letzten Wert erlangt. Man hat dem, was spezifisch menschlich ist, den Manifestationen des Menschseins, den Sinn gegeben, der in der Verfolgung eines Zieles notwendig inbegriffen ist, und diese innere Gesetzmäßigkeit hat ihren Ausdruck in den Rechten gefunden, dank derer sie von nun an die Gestalt hat, in der sie sich frei entfalten kann. Wenn ich für jeden Menschen das Recht fordere, seinen Bedürfnissen Genüge zu tun, von seinen Fähigkeiten Gebrauch zu machen, frei zu wollen, so verlange ich nur, daß die innere Gesetzmäßigkeit Wirklichkeit wird, die in jedem Menschen auf bestimmte Ziele zusteuert. Wenn ich eine Sozialordnung schaffe, in der allen Bürgern die freie, gleichberechtigte Ausübung ihrer Rechte gewährleistet ist, so schaffe ich damit nur die Möglichkeit, das Ziel zu erreichen, das mit der Natur des Menschen gegeben ist. Das Recht und das von der Natur verfolgte Ziel werden damit zu einer Einheit.

Die teleologische Konzeption, der Glaube an die Natur, an den Menschen, wie er von der Natur geschaffen wurde, ist also die Grundlage der Rechtsidee während der Revolution. Der feste Kern innerhalb dieses Komplexes wiederum ist der Gedanke, daß von nun an die Rechtsidee – ihrer Natur nach kohärent – im ganzen Ablauf der Geschichte als revolutionäres Ferment im Geist der Menschen weiterwirken wird. Die Vorstellung, daß man im Sinne einer universalen, teleologischen Gesetzmäßigkeit handelt, daß man gewissermaßen für die Forderungen der Natur kämpft, daß das, was man fordert, nichts von Willkürlichkeit an sich hat, sondern in der Natur des Menschen begründet ist – diese Vorstellung enthält ein Gefühlselement. Deshalb wäre es schwierig, genau zu sagen, wie man sich diese dem Menschen von Natur gegebene, innere Gesetzmäßigkeit vorstellt, wie jeder die Natur des Menschen in sich konkretisiert und empfindet. Man konnte wie Rousseau den Menschen als ein empfindendes Wesen verstehen, das sich sozusagen stets ganz mit sich trägt, oder in ihm, wie die Philosophen des 18. Jahrhunderts, ein Vernunftwesen erblicken, das mit Fähigkeiten von unbegrenzter Entwicklungsmöglichkeit ausgestattet ist. Oder ihn schließlich, von einem mehr sensualistischen Blickpunkt aus, lediglich nach seinen persönlichen Bedürfnissen betrachten. Es galt, die ganze Vielfalt der Definitionen beizubehalten, die das 18. Jahrhundert von der Natur des Menschen gegeben hatte, und die Möglichkeiten, ihn zu verstehen, nicht einzuschränken – seien sie nun gefühlsmäßiger oder verstandesmäßiger Art. Der Mensch, wie ihn die Natur geschaffen hatte, durfte keine leere, abstrakte Idee bleiben. Man mußte versuchen, den Menschen zu entdecken, das, was an ihm spezifisch menschlich ist, den Zweck, den die Natur verfolgt hatte, als sie ihn schuf. Dieser Glaube an den Menschen durfte jedoch nicht abstrakt formuliert werden. Was ein für allemal feststeht, ist, daß der Mensch, eben weil er Mensch ist, Rechte besitzt, daß er frei und gleichen Rechtes wie jeder andere sein muß. Was das übrige angeht, so handelt es sich hier nur um eine gefühlsmäßige Grundlage, um konkrete Bilder, um Argumente, die dazu dienen, die Rechtsidee evident zu machen, sie dadurch mit Leben zu erfüllen, daß sie in einen größeren, universalen Gesamtzusammenhang einbezogen wird.

Das Recht als solches bestimmt nicht den Charakter des Menschen. Es nimmt den Menschen als ein Faktum, als das generell Gegebene, das sich in jedem Menschen findet. Und da es in ihm den Inhaber von Rechten sieht, ihm einen rechtlichen Wert zuspricht und seinen Handlungen Rechtscharakter verleiht, kann es alle Interpretationen des spezifisch Menschlichen gelten lassen. Es ist unwichtig, was der Mensch ist oder wie du ihn dir vorstellst. Er besitzt Rechte. Die Interpretationen der menschlichen Natur können sich wandeln, die Konzeption des Menschen als des Inhabers von Rechten hingegen bleibt. Gewiß, wenn ich für den Menschen Freiheit fordere, so kann ich glauben, daß er ein Ziel verfolgt, wenn er nach seinem Willen handelt. Ich kann mir sagen, daß das einen Sinn hat, daß die Natur ihn dazu bestimmt hat, frei zu sein. Das ist das Credo der Französischen Revolution. Aber das Rechtsbewußtsein geht über all diese Erwägungen hinaus. Es beschäftigt sich nicht mit der Frage, ob das Handeln eines einzelnen mit dem Ziel übereinstimmt, das ihm die Natur zugewiesen hat, sondern betrachtet ihn in seiner persönlichen Rechtssphäre. Und innerhalb dieser Rechtssphäre ist es dem Rechtsbewußtsein gleichgültig, ob die Handlungen des einzelnen mit einem Ziel übereinstimmen oder nicht; sie sind legitim, sie haben unter dem Gesichtspunkt des Rechtes ihre Daseinsberechtigung, einfach weil sie der Rechtssphäre angehören. Sicherlich, der Wert, die Bedeutung, die man dem Menschen als solchem gibt, kann dazu beitragen, die Idee seiner Unabhängigkeit, wie sie das Recht begreift, zu stärken. Das Bewußtsein seines Wertes, das der Mensch hat, ist eine notwendige Vorbedingung des Bewußtseins seines Rechtes, das er haben wird. Aber der Anspruch auf Recht wird am Ende eine selbständige Existenz haben, sich als solcher behaupten. Das Bewußtsein seiner selbst, das der Mensch hat, wird seinen revolutionären Ausdruck nur in der Form finden, die seine Ansprüche auf Recht annehmen werden.

Die Erklärung der Menschenrechte

Es ist also notwendig, die Rechte klar und endgültig zu formulieren. Und das geschieht durch die »Erklärung der Menschen- und Bürgerrechte«. Man weiß jetzt, was man anstrebt und worum man kämpft. Jeder muß wissen, welche Rechte er hat; jeder muß wissen, daß es seine eigenen Rechte sind, die hier formuliert werden. Denn was hier formuliert ist, weiß jeder und findet jeder in sich, wenn er nur ein wenig nachdenkt. Die Erklärung der Menschenrechte muß allen späteren juristischen Konstruktionen, muß der Errichtung des Staates als Grundlage dienen. Denn bevor wir uns daran machen, eine neue Gesellschaftsordnung zu schaffen, muß eindeutig festgesetzt werden, welche Rechte wir haben. Freiheit und Gleichheit erscheinen nicht mehr als ferne Ideale, als Schimären. Es sind Rechte, die uns gegeben sind, die ganz allgemein als zum Menschen gehörig feststehen. Man kann sie uns nicht mehr rauben; sie können nicht mehr in Vergessenheit zurückfallen. Die Zeiten der Unterdrückung, die Jahrtausende, in denen Unrecht und Elend herrschten, sind zu Ende. Denn wenn ganze Völker, wenn Tausende von Menschen der Willkür von einigen wenigen gehorchten, dann einzig und allein deshalb, weil sie ihre Rechte nicht kannten. Es genügt, den Menschen zu zeigen, welche Rechte sie haben, daß sie es nicht mehr ertragen, so wie bisher zu leben. Und dann wird es vielleicht – meint Barère – eine »Erklärung der Menschenrechte« geben, die auf der Erde herrschen wird wie die Naturgesetze das Universum regieren; sie wird das neue Evangelium sein, das Evangelium der ganzen Menschheit. Denn so wie jeder seine Rechte hat und kennt, muß die »Erklärung der Menschenrechte« die Rechte aller Menschen verkünden, jedes einzelnen Menschen, der Menschen allgemein. Diese Rechte müssen zum Abc der Kinder werden, man muß sie in den Schulen lehren. Sie müssen auf offenem Platz verkündet werden, unter dem Trompetenschall von Herolden, die Priester müssen sie von der Kanzel herab verlesen, man muß sie in Flugblättern auf den Märkten verteilen, sie in den Archiven deponieren, amtlich an den Mauern aller Städte und Dörfer anschlagen. Dann wird auch der geringste Bürger sich seiner Rechte bewußt werden. Jeder weiß dann, ob ihm Gerechtigkeit widerfahren ist oder nicht, jeder verfügt dann über die Norm, auf Grund deren er über alle vom Staat ergriffene Maßnahmen, über alle Gesetze urteilen kann. In jedem beliebigen Zeitpunkt und bezüglich jeden Gesetzes kann die ganze Nation auf Rechtsprinzipien zurückgreifen und sich nötigenfalls auf sie berufen, um dem Gesetz entgegenzutreten. Im Bewußtsein ihres Rechtes, wie es in der Erklärung der Menschenrechte seinen endgültigen Ausdruck gefunden hat, ist die Nation zum souveränen Richter über die Gesetze geworden.

Die Erklärung der Menschenrechte ist gewissermaßen der Kodex der revolutionären Theorie. Es kann vorkommen, daß die Verfassung in gewissen Gesetzen Konzessionen an die bestehenden Verhältnisse macht; dessenungeachtet bleibt die revolutionäre Forderung unerschütterlich; sie hat ihren endgültigen Ausdruck gefunden. Man hat ihr im Recht noch nicht Genüge getan. Im Verlauf der Revolution ereignen sich immer wieder Fälle, wo die Ausgestaltungen des politischen Lebens sich im Widerspruch zur Erklärung der Menschenrechte befinden. Wir sind rechtlich noch nicht frei und gleich; wir haben noch nicht das allgemeine Wahlrecht, es gibt in unseren Kolonien noch Sklaven, es gibt noch Aristokraten, die mehr sein wollen als das Volk; wir haben noch einen König. Solcherlei Einwände werden später erhoben werden. In der Erklärung der Menschenrechte, in den darin ein für allemal festgelegten fundamentalen Prinzipien, liegt gewissermaßen eine immanente Logik, die zu immer revolutionäreren Konsequenzen führt.

Die Erklärung der Menschenrechte umfaßt sehr unterschiedliche Rechtsgrundsätze, doch bleiben Freiheit und Gleichheit ihre beiden fundamentalen Ideen. Die »Verfassunggebende Versammlung« stellt fest, daß diese Ideen sich im ganzen Königreich ausgebreitet haben, in alle Gesellschaftsschichten eingedrungen sind. Sie nehmen immer mehr alle anderen Menschen- und Bürgerrechte in sich auf. Jetzt geht es um die Frage, wie man die Rechtsprinzipien im Leben verwirklichen kann, wie man es anstellen muß, ein positives Recht nach den Prinzipien des Naturrechts zu schaffen, das gemeinschaftliche Leben der Bürger eines Staates zu konzipieren und dabei Freiheit und Rechtsgleichheit zu respektieren, auf die jeder dieser Bürger nach dem Naturrecht Anspruch hat.

VII. Kapitel
Die Prinzipien der Gesellschaftsgestaltung in der Französischen Revolution

Öffentliches Recht und Privatrecht

Die verfassunggebende Versammlung steht vor einem zweifachen Problem. Wie kann sie einen Staatsorganismus schaffen, in dem die gesetzgeberischen Maßnahmen vom einzelnen nicht als Zwang empfunden werden, als Beeinträchtigung seiner persönlichen Freiheit – einen Staat, in dem er nicht gezwungen ist, anderen Menschen zu gehorchen, in dem keine Ungleichheiten zwischen Regierenden und Regierten entstehen, wo vielmehr die Gesetze rechtlich auf dem freien Willen jedes einzelnen basieren, wo der den Gesetzen gehorchende Mensch nur sich selbst gehorcht, wo kein Bürger einem anderen unterworfen ist, sondern wo der Wille aller sich auf jeden einzelnen in gleicher Weise auswirkt? Das ist das Grundproblem, das die Konstituante lösen muß: das Problem der Rechtsbeziehungen zwischen dem einzelnen und der Gemeinschaft, zwischen dem einzelnen und dem Staat.

Und wie kann sie andrerseits auf dem Gebiet des Privatrechts die Rechtsbeziehungen zwischen den einzelnen so fassen, daß diese frei und rechtsgleich bleiben, daß die Gesetze und die damit verknüpften Maßnahmen die Rechte jedes Einzelmenschen nicht beeinträchtigen oder gar unterdrücken, vielmehr sie gewährleisten und ihre Entfaltung fördern? Zusammengenommen laufen die beiden Probleme auf die Frage hinaus, wie die Gesetze beschaffen sein müssen, damit die natürlichen Rechte des Menschen zugleich ihre Grundlage und ihr Ziel bilden.

Römisches Recht und Eigentum als Grundlagen des Privatrechts

Als erstes versucht man, Freiheit und Rechtsgleichheit aller Bürger in ihren privatrechtlichen Beziehungen zu sichern. Jeder muß gleich sein, mit demselben Anspruch in allem, was sein Eigentum betrifft, in seiner wirtschaftlichen oder geistigen Produktion. Die Feudalrechte werden abgeschafft; alle Frondienste, alle persönlichen Servitute, die die Bauern an ihren Grundherren fesselten, werden beseitigt. Der Bauer ist frei auf seinem Grund und Boden. Die Aufteilung des Grundbesitzes wird als endgültig, als rechtmäßig akzeptiert. Es muß Schluß gemacht werden mit allen Lasten und

Verpflichtungen, die auf dem Grundeigentum liegen: mit der Ungleichheit der Rechte unter den Eigentümern, mit Privilegien jeglicher Art. Alles, was den Menschenrechten entgegensteht, muß abgeschafft werden. Die Feudalrechte beeinträchtigen den Menschen als Menschen; deshalb müssen sie ausgelöscht werden. Das Komitee, das von der verfassunggebenden Versammlung beauftragt wird, die Feudalrechte zu untersuchen, hat sich von zwei Grundsätzen leiten zu lassen: Es muß mit äußerster Strenge gegen alle Rechte vorgehen, die der Freiheit des Menschen entgegenstehen, und es muß mit peinlichster Sorgfalt das Eigentum respektieren.

Der freie Eigentümer wird zu einer Art Symbol des Rechtes, zur bildlichen Verkörperung der Rechtsvorstellung der Französischen Revolution. Die Rechtssphäre des einzelnen konkretisiert sich gewissermaßen in dem Grund und Boden, den er besitzt. Die Idee des Rechts verwirklicht sich in den der Rechtssphäre gesetzten strikten Grenzen, die nichts anderes sind als die genau gezogenen Grenzlinien seines Besitzes, im Recht jedes einzelnen, nach seinem Gutdünken das ihm Gehörende zu nützen und darüber zu verfügen. Niemand hat das Recht, meinen Besitz zu betreten, wenn ich nicht damit einverstanden bin, niemand kann ihn mir rauben, das ist ein mir gewährleistetes Recht. Der Bauer ist frei auf seinem Feld; er ist dort sein eigener Herr. Im Selbstbewußtsein des freien Eigentümers nimmt das Rechtsbewußtsein eine konkrete und genau umschriebene Form an; die Ideen der Freiheit und Gleichheit erlangen einen unmittelbaren, lebendigen Sinn. Ich bin ein freier Eigentümer, genau so wie mein Nachbar, der einen viel größeren Besitz als ich hat; er kann nicht mehr Eigentümer sein als ich, nicht mehr Herr seines Grund und Bodens als ich des meinigen. Jeder ist frei in seiner besonderen eigenen Rechtssphäre; gleich, welcher Unterschied zwischen den rechtmäßig erworbenen oder ererbten Objekten besteht, die Eigentümer haben in bezug auf sie die gleichen Rechte.

So betrachtet, stellt das Eigentum eine Verlängerung des jedem einzelnen eingeborenen Naturrechtes dar. Damit, daß jeder Besitzer der eigenen Person ist und das Recht hat, von seinen Fähigkeiten Gebrauch zu machen, nach eigenem Belieben über seine physischen und geistigen Mittel zu verfügen, erwirbt er zugleich das Eigentum an seinem Besitz, der damit zur Vitalsphäre wird, in der er handelt und werkt, zu seiner nährenden Erde, dem Ort, mit dem er verbunden ist, wo seine Kinder groß geworden sind, mit dem er in enger, unmittelbarer Beziehung lebt.

Die Idee des persönlichen Rechtes wird so für alle verständlich, sie ruft Empfindungen wach, die jeder in sich fühlt. Ich habe Rechte, ich habe eine juristische Persönlichkeit, mit anderen Worten: Ich bin ein freier Eigentümer. So ungefähr stellt man sich die Sache vor. Ich bin mein eigener Herr in meinem Hause, auf meinem Grund und Boden, niemand hat ein Recht auf das, was mir gehört, kein anderer kann daherkommen und die Arbeit auf meinem Feld dirigieren wollen. Ich habe hier Rechte, die niemand mir streitig machen kann. Gewiß, wenn ich diese Überlegung anstelle, beschäftige ich mich kaum mit Erwägungen über die Natur des Eigentumsrechts und über seine eventuellen Beziehungen zum Naturrecht. Aber welche Ursprünge man auch dem Eigentumsrecht zuschreiben mag, es wird jedenfalls als unbestreitbares Recht betrachtet.

Geht man von diesen fest umrissenen Rechtsbegriffen aus, so können die Rechtsansprüche, die sich aus den beiden Ideen der Freiheit und der Gleichheit ergeben, in Gesetzesform niedergelegt werden, ohne daß prinzipielle theoretische Schwierigkeiten entstehen. Es gibt da keinen Konflikt zwischen alten und neuen Rechtsformen. Man brauchte nur auf das römische Recht zurückzugreifen, dort fand man die privatrechtlichen Begriffe fix und fertig vor. Es war nicht nötig, eine neue Idee des Eigentums zu schaffen. Das römische Recht hatte sie bereits. Dafür, der Idee der Freiheit im Privatrecht Geltung zu verschaffen, lieferte das römische Zivilrecht fertig ausgearbeitete Formulierungen. Und zwar sowohl hinsichtlich der Unabhängigkeit des Individuums innerhalb seiner Rechtssphäre, als auch hinsichtlich dessen, daß er in Sicherheit leben und keine Verletzung seines Rechts statthaben konnte, auch nicht von seiten des Staates. Es ging jetzt nur noch darum, die Rechte, die das römische Recht nur einer kleinen Zahl von Bürgern zuerkannte, auf alle Individuen auszudehnen. Und wenn eine Regelung für die Beziehungen zwischen den freien Eigentümern selber gefunden werden mußte, so war es wieder das römische Recht, das den Gedanken des frei abgeschlossenen Vertrages lieferte. Für die Idee der Gleichheit gilt dasselbe. Das antike römische Zivilrecht geht von dem Grundsatz aus, daß seine Bestimmungen für alle Bürger gleichermaßen gültig sind – natürlich immer mit der Einschränkung, daß es sich um römischen Bürger handeln mußte. Auf jeden Fall war die Idee eines auf alle gleichermaßen anwendbaren Rechtes gegeben. Natürlich ist zuzugeben, daß dieses Recht durch Privilegien eingeschränkt war, aber das ändert nichts an der Tatsache, daß es ein Recht gab, demgegenüber die Sonderrechte nur eine Ausnahme bildeten, – das Recht aller Nichtprivilegierten. Wollte man also im Zivilrecht eine Rechtsgemeinschaft, die Gleichheit der Rechtssubjekte, verwirklichen, so brauchte man nur davon Abstand zu nehmen, irgend jemanden – ganz gleich, wer es sei – von dieser Gemeinschaft auszunehmen.

Während der Französischen Revolution erstreckt man also das Prinzip des römischen Zivilrechts auf alle Menschen und gewährleistet damit die Freiheit aller Besitzer von Gütern. Zwar ist einzuräumen, daß die im Namen von Freiheit und Gleichheit erhobenen Forderungen von einem neuen Geist beseelt sind und daß die neuen rechtlichen Maßnahmen einen andersartigen Inhalt haben; aber selbst wenn daraus geschlossen werden kann, daß die jetzt eingeschlagene Entwicklung des Rechts zu einer wirtschaftlichen Umwälzung führen wird: Die Tatsache bleibt trotzdem bestehen, daß die juristischen Formen, in deren Gewand die Forderungen ihr Ziel erreichen werden, gegeben sind. Man unterstützt eine Evolution, die im Endeffekt zur Vernichtung der Feudalrechte führen wird, zur Umwandlung des fronpflichtigen Leibeigenen in einen Bauern, der frei über seinen Besitz verfügt, und schließlich zur Aufstellung eines Zivilrechtskodex, der in eben dieser Gestalt im Laufe der Zeit von ganz Europa übernommen werden wird.

Aber diese Evolution, die, von den Grundsätzen des römischen Rechtes ausgehend, die Vorstellung des erblichen Privateigentums übernahm und die bestehende Besitzverteilung als rechtmäßig anerkannte, mußte zwangsläufig auf ihre eigenen Grenzen stoßen. Und die vom Naturrecht ausgehende Kritik an der überlieferten Eigentumsvorstellung, die Versuche, die Prinzipien der Freiheit und Gleichheit bis zur letzten Konsequenz auf das Eigentum anzuwenden, mußte die Theorie der Revolution zu sozialistischen Ideen führen, wie sie Babeuf vertreten hatte. Gewiß, man hatte sich schon zu Beginn der Revolution gefragt, ob der, der nichts besaß, nicht in moralische Abhängigkeit von dem geriet, der Besitz hatte, und so eines Teils seiner natürlichen Freiheit verlustig ging, ob von einer Gleichheit der Rechte zwischen Armen und Reichen gesprochen werden konnte. Man hatte sich jedoch mit der Hoffnung getröstet, daß im Rahmen der neuen Ordnung jeder Arbeiter, der sich ernsthaft bemühte, es eines Tages dazu bringen werde, selber Eigentümer zu sein, daß die neu errungene Freiheit zu einer besseren Eigentumsverteilung führen und der Kleinbesitz zunehmen werde. Man nahm sich vor, mit allen Kräften auf dieses Ziel hinzuarbeiten.

Die Reform des Privatrechts während der Revolution zielt also darauf ab, der Idee der naturgegebenen Freiheit und Gleichheit des Individuums innerhalb der schon bestehenden Rechtssphären der einzelnen Geltung zu verschaffen. Diese Rechtssphären können durch frei abgeschlossene Verträge zwischen einzelnen ausgedehnt oder eingeschränkt werden. Es ist dann Aufgabe des positiven Rechts, von Fall zu Fall die Regeln festzulegen, nach denen die Grenzen dieser neuen Rechtssphären bestimmt werden, und in ihrem Rahmen jedem die Freiheit und die Rechte zu gewährleisten, die allen Mitbürgern gleichermaßen zustehen. Es wurde jedoch keinerlei Versuch unternommen, die jedem nach seinen natürlichen Rechten zukommende Rechtssphäre festzulegen, die Güter unter den einzelnen nach den Prinzipien der Freiheit und Gleichheit aufzuteilen, die in diesen Rechten impliziert waren. Man beschränkte sich auf den Versuch, den neuen Forderungen in den herkömmlichen, vom positiven Recht tradierten Formen Genüge zu tun, und ließ die Eigentumsverhältnisse bestehen, die im Widerspruch zum Naturrecht standen.

Das Naturrecht als Grundlage des öffentlichen Rechts

Anders verhielt es sich mit der Lösung, durch die man das Problem zu bewältigen versuchte, das sich im öffentlichen Recht stellte. Bezüglich des Privatrechts war man von den Ideen der Gleichheit und der Freiheit ausgegangen; man nahm jedoch die traditionellen Formen des Zivilrechts wieder auf und bekräftigte das Eigentum, die Erblichkeit des Eigentums und den Vertrag. Man beschränkte sich auf das Bemühen, die Bürger in ihrem erworbenen oder ererbten Eigentum frei und gleichberechtigt zu machen, sowie darauf, die Gültigkeit ihrer Verträge zu garantieren. Alle diese Ideen bildeten jedoch keine hinreichend tragfähige Grundlage für die Schaffung eines neuen öffentlichen Rechts. Es gab keine allgemein anerkannten Traditionen des öffentlichen Rechts, keine Rechtsformen, die fähig gewesen wären, den Forderungen des Naturrechts Ausdruck zu geben. Man hatte eine klare Vorstellung davon, was der Staat und das Gesetz waren, man hatte Maximen für den Aufbau und das Funktionieren eines Staates, aber es fehlten die Rechtsformen, in die man das Leben des Staates fassen konnte. Man wußte noch nicht, wie man es anstellen konnte, den Staat zu einer rechtlich zusammenhängenden Einheit zu machen. Man stand auf der einen Seite der Staatsidee gegenüber, in der der Staat als von Gesetzen gelenkt gesehen wurde, gegenüber der Idee des Gesetzes, gegenüber gegebenen politischen Prinzipien und Beispielen – und auf der andern Seite gegenüber dem Naturrecht; und zwischen beiden gab es keine Verbindung. Wie konnte man die Idee des Staates, des Gesetzes, mit der Idee des Rechts in Übereinstimmung bringen? Wie konnte man ein auf das Naturrecht gegründetes öffentliches Recht schaffen? Wie konnte man, von diesem öffentlichen Recht ausgehend, eine neue Sozialorganisation konzipieren, gemäß der Ordnung, welche die Gesetze verlangen, gemäß den Konstruktionsprinzipien, welche die Gründung eines Staates implizite erfordert?

Das Problem, das die Schaffung eines auf das Naturrecht gegründeten öffentlichen Rechts aufwarf, war nicht neu. Es war das Problem, das sich die Philosophen des Naturrechts, wie Grotius, Hobbes, Pufendorf, vorgenommen hatten. Man hatte versucht, das Souveränitätsrecht des Monarchen mit dem Argument zu legitimieren, dieses Recht sei ihm vom Volk auf Grund eines Vertrages abgetreten worden. In der Folge hatte dann Rousseau eine neue Theorie des öffentlichen Rechts aufgestellt, wobei er einige dieser alten Theorien wiederaufnahm und weiterentwickelte, während er andere verwarf.

Materialien für den Aufbau der Verfassung

Die Konstituante bediente sich der Theorie Rousseaus, um ein neues öffentliches Recht zu schaffen. Sie hatte freilich noch andere Gegegebenheiten vor sich. Da war einerseits die Vorstellung vom Staat als einer von Gesetzen regierten Gemeinschaftsorganisation, und andrerseits das Beispiel der in anderen Ländern geltenden Verfassungen. Aber bei keiner dieser Gegebenheiten konnte sie die juristische Form finden, die ihr erlaubt hätte, neue Rechtsprinzipien aufzustellen und einen Staat zu errichten, wie ihn Rousseau verstand – einen Staat, der auf eine vom Naturrecht abgeleitete Theorie des öffentlichen Rechts gegründet ist.

Überlieferungen, die auf die Antike zurückgingen, hatten die Allmacht des Gesetzes begründet, die Verpflichtung der Bürger, sich ihm bedingungslos zu unterwerfen. Sparta, Athen und Rom hatten darum gekämpft. Montesquieu andrerseits hatte gezeigt, daß es die Gesetze sind, die das Leben des Staates regeln, daß Könige und Völker sich der Rechtsstruktur des Landes unterwerfen. Er hatte den Geist, die unpersönliche Macht der Gesetze gezeigt. Aber wenn die Idee des Gesetzes, der Glaube an seine Allmacht, fest begründet waren, so blieb doch eine Frage übrig, auf die bisher keine Antwort gegeben worden war, die Frage nämlich: Wer soll das Gesetz machen? Montesquieu hatte festgestellt, daß je nach der in Kraft befindlichen Verfassung die Aufgabe der Gesetzgebung dem König oder dem Volk, oder auch einem Parlament zukommt. Aber die Französische Revolution wollte jetzt wissen, wem das *Recht* zustand, die Gesetze zu erlassen, welches die Rechtsgrundlage der Gesetze war.

Montesquieu hatte ferner gesagt, daß in einem Staat, der die Freiheit seiner Bürger sichern will – was für ihn übrigens nur eines aus einer Reihe von Zielen war, die sich die Gemeinschaft vornehmen konnte –, die drei Gewalten, die gesetzgebende, die ausübende und die rechtsprechende Gewalt, getrennt sein müssen und um keinen Preis in einer Hand vereinigt werden dürfen. Sobald ein Mann alle diese Gewalten zugleich ausübt, herrscht er als Despot. Die Trennung der Gewalten hingegen hält diese in gegenseitigem Gleichgewicht, so daß die Angehörigen des Staates frei bleiben. Da nun aber die Revolution sich das Ziel gesetzt hat, die Freiheit der Bürger zu gewährleisten, versteht es sich von selbst, daß sie sich das Prinzip der Gewaltentrennung zu eigen macht, und daß die »Erklärung der Menschenrechte« dieses Prinzip übernimmt. Dieses Prinzip schloß gleichzeitig eine Einschränkung der gesetzgebenden Gewalt ein, da diese Gewalt nicht von dem oder von denen ausgeübt werden darf, die die Ausführung der Gesetze wahrzunehmen haben.

Die englische und die amerikanische Verfassung

Als Beispiel dafür, wie man die gesetzgebende und die ausübende Gewalt trennen kann – denn um diese beiden Gewalten handelt es sich vor allem –, führt Montesquieu die englische Verfassung an, nach der die gesetzgebende Gewalt den Abgeordneten, die ausübende Gewalt dem König zusteht. Es schien, als sei hier das Beispiel einer Repräsentativverfassung gegeben, die sich für Frankreich eignen würde. Zahlreiche Franzosen glaubten gegen Ende des 18. Jahrhunderts, in der englischen Verfassung das für ihr Land passende Ideal vor sich zu haben. Aber, so hielten ihnen die Revolutionäre entgegen, entspricht diese Verfassung wirklich den von uns aufgestellten Rechtsprinzipien? Ist sie nicht vielmehr das Produkt einer historischen Entwicklung, die vom Zufall abhängig ist, von Konzessionen, von Umständen aller Art, die in verschiedenen Epochen und aus vielerlei Anlässen entstanden sind? Wir hingegen wollen ein zusammenhängendes, geschlossenes System des öffentlichen Rechts, wir wollen eine Verfassung, die einzig und allein auf die Rechte und Interessen des Volkes gegründet ist. Im übrigen war in Frankreich die Idee einer Art von Repräsentation durch die »Generalstände« bereits gegeben. Freilich waren sie das letzte Mal im Jahre 1614 einberufen worden, und freilich war es richtig, daß sie in ihrer Form, dem König Bitten vorzutragen, und in ihrer veralteten Gestalt nicht mehr dem Zeitgeist entsprachen. Aber unsere Vorfahren hatten sich doch schon gewisser Rechte erfreut, und man brauchte die Generalstände nur von neuem einzuberufen und sie mit einem neuen Geist zu erfüllen.

Dann gab es da noch das Beispiel der Vereinigten Staaten von Amerika. Hier war der Versuch gemacht worden, eine Verfassung in einem Geist zu schaffen, der dem Ideal der Revolution sehr viel näher stand als der der englischen Verfassung. Die Verfassunggeber hatten sich von allgemeingültigen Rechtsgrundsätzen, von den Grundsätzen der Freiheit und Gleichheit leiten lassen. Hier war ein Volk, das sich neu gestalten wollte, so wie es jetzt die Franzosen tun wollten. Aber die Franzosen hatten in der Mehrzahl keine unmittelbare Anschauung von dieser neuen Entwicklung; die beiden Völker waren nicht durch gemeinsame Überlieferungen verbunden; es hatte zwischen ihnen keinen kontinuierlichen, längerdauernden Gedankenaustausch gegeben, der diese neuen Formen des öffentlichen Rechts im Geist der Franzosen hätte lebendig machen und verwurzeln können. Für die Franzosen waren die Amerikaner Menschen einer anderen Welt, Kolonisatoren, die sich im Busch vorwärts arbeiteten und unter unbekannten Lebensbedingungen ein neues Land eroberten – Kolonisatoren, die auf einer neuen Erde eine mehr oder weniger dauerhafte Union verschiedener Staaten errichtet hatten. Man konnte Ideen, neue Rechtsformen bei ihnen entlehnen, ihr Beispiel konnte auch dem Vertrauen in die praktische Anwendbarkeit bisher rein theoretischer Rechtsgrundsätze neuen Auftrieb geben. Aber das, was Frankreich wollte, mußte er selbst verwirklichen. Frankreich hatte es nicht nötig, andere Länder nachzuahmen.

Die Französische Revolution war also mit politischen Prinzipien und Beispielen wohl versehen. Da war zunächst – und das war einer ihrer unerschütterlichen Stützpfeiler – die Idee des allmächtigen Gesetzes, das in seinem unpersönlichen Charakter den Gegensatz zur Willkür des Individuums bildet. Diese Idee wird in ihrer Weiterentwicklung schließlich zum Gegenstand einer Art von Kult. Dann gab es die Maxime, nach der die Bürger nur dann frei sein können, wenn keiner alle Gewalten auf sich vereinigt, und die Idee einer gesetzgebenden Gewalt, die von der Gewalt, die die Ausübung der Gesetzgebung wahrzunehmen hat, unterschieden und getrennt ist. Schließlich das Schema, nach dem die gesetzgebende Gewalt den Volksvertretern und die ausübende Gewalt dem König zusteht. Auf der andern Seite das Beispiel einer Repräsentativverfassung, nämlich die Verfassung Englands, in der zahlreiche Franzosen das Ideal erblickten, die jedoch für die Revolutionäre nur ein Beispiel war, das man allenfalls hilfsweise heranziehen konnte, weil es den Forderungen der Revolution nicht entsprach. Gewiß, dachten die Revolutionäre, die Bürger in England sind glücklicher als die in Frankreich, und es kann nicht so weitergehen, daß sie uns voran sind. Sie zeigen uns die Möglichkeit, eine parlamentarische Verfassung zu verwirklichen, und das ist schon viel, aber wir können uns nicht damit begnügen, sie nachzuahmen. Was sie erreicht haben, entspricht nicht dem Ziel, für das wir kämpfen und das wir anstreben. Dann gab es außerdem noch die Tradition der alten Generalstände, die Tradition einer in Vergessenheit geratenen Verfassung, die Möglichkeit, auf die Vorfahren, auf seit langem erworbene Rechte zurückzugreifen. Aber noch einmal: die Generalstände waren nicht mehr lebendig, und um überlieferte Rechte wiederherzustellen, mußte man sich auf historische Forschungen stützen, deren Resultat zweifelhaft blieb.

Schließlich konnte man sich auf die amerikanische Verfassung berufen, auf die Verfassung eines Volkes, das seine Freiheit in offenem Kampf, durch eine Revolution erlangt hatte, das gezeigt hatte, daß Rechtsansprüche im realen Leben durchgesetzt werden können. Das Beispiel Amerikas legitimierte die Hoffnungen der Revolutionäre, aber das amerikanische Volk war zu weit weg, seine Lebensverhältnisse waren zu verschieden von den ihren, als daß die Franzosen es als Kampfgenossen betrachten konnten. Auch die Antike hatte Beispiele geliefert, von denen man sich leiten lassen konnte: die Spartaner, die Römer, das freie Volk der römischen Republik, das Bewußtsein, Bürger in einem freien Staat zu sein. Hier fanden die Männer der Revolution einen Heroismus, der ihrem eigenen verwandt war.

Das waren die Quellen, aus denen die Revolution bei der Schaffung einer neuen Gesellschaftsordnung schöpfen konnte. Aber all das waren eben nur Beispiele, ähnlich liegende Fälle, Überlieferungen – nicht das, was notwendig war, um die revolutionären Forderungen zu befriedigen.

Wenn das Naturrecht im Privatrecht eine über die Generationen hinweg von den Juristen bewahrte Tradition vorfand, ein Beispiel, auf das es sich stützen konnte, so traf das für das öffentliche Recht nicht zu, das keine vergleichbare Tradition hatte. Die Aufgabe war also, aus vielerlei Teilstücken ein öffentliches Recht zu schaffen, einen Staat zu konstituieren, der auf den Prinzipien des Naturrechts basierte und in dem es nichts gab, das nicht auf dieses Recht zurückging, keinerlei Beziehung zwischen Menschen, die sich nicht darauf stützte, kein einziges Ding, das nicht aus einem der Prinzipien des Naturrechts abgeleitet werden konnte.

Der Staat ist ein Gemeinwesen, das durch Gesetze geschaffen und von Gesetzen regiert wird. Das Wesen des Staates wird durch seine Fundamentalgesetze, durch seine Verfassung bestimmt, lautet die politische Leitidee. Man lebt in einer Monarchie, in einer Republik, in einer Despotie. Die Struktur des Staates, die Norm des Gemeinschaftslebens wird dadurch bestimmt, ganz unabhängig davon, welche Personen die Macht innehaben. Es gibt grundlegende Formen für die Errichtung eines Staates, die über alle Gesetzgebungsmaßnahmen entscheiden, die in der Folge getroffen werden, die dem Staat insgesamt seinen Charakter, der Nation ihre Einheit geben. Einen politischen Organismus schaffen, heißt ein Ganzes formen, das in allen seinen Teilen von Gesetzen bestimmt und von ihnen zusammengehalten wird.

Diese Erschaffung eines Staates wird in gewisser Weise als eine Kunst angesehen. Es ist die Kunst der Sozialarchitektur, die Begabung, ein Gemeinwesen zu erbauen und ihm eine sinnvoll zusammenhängende Verfassung zu geben. Unter allen politischen Menschen hat wohl Sieyès am stärksten den künstlerischen Charakter der sozialen Gestaltung empfunden. Eine zahllose Masse, Millionen von Menschen gruppieren und organisieren sich nach Gesetzen, bilden durch ihre Beziehungen ein Ganzes, das Gesetzen gehorcht. Der Geist, souverän in seinem künstlerischen Schaffen, empfindet ein Gefühl der Macht gegenüber der Wirklichkeit, die sich seinen Gesetzen beugen muß; dieses Machtgefühl erreicht später, in anderer Form und unter ganz andersartigen Zielen, einen Höhepunkt in der Schaffung des napoleonischen Staates. Die Dinge vollziehen sich in der Welt des Geistes ganz anders als in der physischen Welt, bemerkt Sieyès. Die physische Welt hat ihre Gesetze, sie sind mit ihr gegeben. Die menschliche Vernunft braucht sie bloß festzustellen. Der Naturwissenschaftler hat es mit Fakten zu tun, seine Aufgabe besteht darin, sie zu sammeln und ihre gegenseitigen Beziehungen zu untersuchen. Das physische Universum existiert und behauptet sich, unabhängig von allen Gedanken, allen Verbesserungsideen, die der Naturwissenschaftler haben kann. Gegenstand der Naturwissenschaften ist die Erkenntnis *dessen, was ist.* In der Welt des Geistes verhält es sich anders. Hier muß der Gesetzgeber sich fragen, *was sein soll.* Er findet kein Modell in der sozialen Ordnung, in der historischen Wirklichkeit. Hier hat die Vernunft Besseres zu tun, als zu erkennen; sie muß schöpferisch gestalten. Es ist richtig, daß die Politik Fakten, nicht Schimären, miteinander kombiniert; aber das ändert nichts an der Tatsache, daß sie eben kombiniert.

Daß der menschliche Geist die Fähigkeit besitzt, schöpferisch in die lebendige Wirklichkeit einzugreifen, verleiht ihm ein Gefühl der Souveränität. Man glaubt an Rechtsprinzipien, die für alle Menschen gültig sind, an den absoluten Charakter der Forderungen, die sich auf diese Prinzipien berufen. Und man verfügt andrerseits über die Macht der Gesetzgebung, die diese Forderungen erfüllen und sie im Leben verwirklichen kann. Das Gesetz wird gewissermaßen zum Universalmittel der Sozialarchitektur, das uns erlaubt, die von den Menschen geforderten Rechte in gleicher Weise für alle zu verwirklichen und ihnen überall Geltung zu verschaffen. Die Vernunft erkennt mit der Evidenz ihrer eigenen Logik, welches die natürlichen Rechte des Menschen sind, und das Gesetz liefert ihr das Mittel, eine menschliche Gemeinschaft zu begründen, in der die Sonderrechte eines jeden zur Wirklichkeit für alle werden.

Die Ablösung der naturwidrigen Gesellschaft durch eine rationale Gesellschaft

In der Revolution entsteht aus dem Zusammenwirken von vielerlei Vorstellungen die Idee von der Allmacht des Gesetzes – des Gesetzes, dessen sich der souveräne Geist bedient, um die lebendige Wirklichkeit zu unterwerfen. Man dachte an die großen Gesetzgeber der Antike, an Lykurg, an Solon; man dachte an das römische Volk, »dieses Modell aller freien Völker«, das doch Sklave seiner Gesetze war. Und in der Neuzeit hatte Montesquieu gezeigt, daß sich in den Gesetzen das Wesen der sozialen Organismen ausdrückt, und hatte bewiesen, daß die geschichtliche Entwicklung durch die Gesetze der verschiedenen sozialen Organismen, wie sie sich im Laufe der Zeit heranbilden, bedingt und repräsentiert wird. In der Folge hatte die Philosophie des Jahrhunderts der Aufklärung die Ansprüche festgelegt, auf die alle vernunftbegabten Wesen, alle Menschen ein Recht haben. Sie hatte den Begriff der Vernunft in den Vordergrund gerückt, die nur vermittels allgemeinverbindlicher Regeln ihr Reich aufrichten und herrschen kann, nur dadurch, daß sie das Leben ihren Gesetzen unterwirft. Daneben gab es die Vorstellung von der Natur, deren Gesetzen alles unterliegt, den teleologischen Begriff der Natur, der auch den Menschen in ihre Gesetzmäßigkeit mit einbezieht, ihn in Zusammenhänge einfügt, die Gesetzen unterworfen sind. Und schließlich die Anschauung der Physiokraten, die die Gesetzmäßigkeit der Natur auf die Sozialordnung ausdehnten. Das Gesetz, das mit der im Lauf der Geschichte erworbenen Macht ausgestattet ist, – das Gesetz als grundlegende Form des Gemeinschaftslebens, – das Gesetz, das die Vernunft verwirklicht, – das in der Natur gegebene und von ihr geforderte Gesetz: Alle diese Definitionen des Gesetzes wirken bei der Entstehung der Vorstellung zusammen, die sich dann die Revolution vom Gesetz macht.

In diesem Bedürfnis, die Beziehungen zwischen den in der Sozietät lebenden Menschen durch Gesetze zu regeln, steckt etwas vom Geist des 17. Jahrhunderts, von seinem Sinn für Proportionen, von seiner Vorstellung, daß eine vernünftige Ordnung im menschlichen Leben herrschen müsse, damit die Seele ein harmonisches Ganzes bildet. Aber die Vernunft hatte sich als unfähig erwiesen, das Zusammenleben der Menschen zu regeln. In den menschlichen Gesellschaften ist alles Chaos und Verwirrung, alles läuft durcheinander und gegeneinander. Voltaire hatte das am Beispiel der Schicksale seiner Romanfiguren gezeigt, hatte es bewiesen, indem er die Geschichte Revue passieren ließ, wo Jahrhunderte hindurch Leben und Geschick der Menschen von ein paar absurden Vorstellungen beherrscht wurden, wo alles Elend des Lebens auf dieser armen Welt gelastet hatte, die ohne Vernunft war. Diese negative Geschichtsauffassung war auch die der Revolution. Die Zeiten, die ihr vorangegangen waren, stellen für sie eine trübe, verworrene Masse dar, in der man vergeblich nach einem Sinn suchen würde. Und daß das so ist, hat seinen Grund darin, daß bis jetzt das menschliche Leben nicht nach den Gesetzen der Vernunft geregelt war.

Bei den Revolutionären bildet, wie bei Voltaire, der Glaube an die künftige Herrschaft der Vernunft das Gegenstück zu dem pessimistischen Bild der vergangenen Zeiten. Der Mangel an Rationalität im Leben der Menschen kommt nicht von diesen selbst. Jeder Mensch ist mit Vernunft begabt und gehört als Geschöpf der Natur einem sinnvoll zusammenhängenden Ganzen an. Nicht er ist vernunftwidrig, auch die Natur ist es nicht, sondern der Zustand, in dem er jetzt lebt. Und dieser Zustand ist verursacht durch die mangelhafte soziale Organisation, in der die Menschen leben, durch die künstlichen Beziehungen zwischen ihnen, die das falsch verstandene Gemeinschaftsleben geschaffen hat. Das 18. Jahrhundert wird beherrscht von der Vorstellung der Antinomie zwischen der Rationalität, die der Natur des Menschen inhärent ist, einerseits und der Irrationalität des menschlichen Lebens andrerseits, wie sie der Lauf der Geschichte bezeugt. Das 18. Jahrhundert ist zugleich pessimistisch, nämlich in seiner Geschichtsauffassung, und optimistisch, nämlich in seiner Naturauffassung. Damit diese Antinomie erklärt werden kann, muß es ein drittes Element geben, auf das man diesen Widerspruch zwischen Natur und Geschichte zurückführen kann, diesen Gegensatz zwischen dem, was die Menschen in Wahrheit sind, und dem, was aus ihnen geworden ist. Dieses dritte Element ist die Gesellschaft. Rousseau hatte gesagt, die Gesellschaft, der Zustand der Vergesellschaftung als solcher, sei wider die Natur und unvereinbar mit der Natur des Menschen. Aber für die Revolution konnte es selbstverständlich nicht in Frage kommen, jeden gesellschaftlichen Zustand zu leugnen und den Menschen auf das isolierte Leben zurückzuführen, das der Naturzustand bedingt. Das Problem des Lebens in der Gesellschaft, das Problem, wie die Beziehungen zwischen den in einer Gemeinschaft lebenden Menschen beschaffen sein sollen, war ganz allgemein gestellt worden. Wenn die Menschen unglücklich sind, dann deshalb, weil die bestehende Gesellschaftsordnung mangelhaft ist. Diese Gesellschaftsordnung muß man angehen, wenn man will, daß das Leben der Menschen vernünftig wird. Es kann nur eine kollektive Lösung geben. Rousseau, dem klar war, daß eine Rückkehr zum Naturzustand nicht in Frage kam, hatte im übrigen selbst schon die Grundlagen eines dem Naturrecht gemäßen gesellschaftlichen Zustandes festgelegt. Und auf seine Theorie stützte sich die Revolution. Diese Theorie wurde gegen Ende des 18. Jahrhunderts durch wirtschaftliche und politische Überlegungen aller Art ergänzt, die zu einer radikalen Umwandlung der politischen Verhältnisse führen sollten.

Wenn wir den Menschen – so sagen die Revolutionäre – neue, rationale Gesellschaftsformen geben, dann wird sich ihre Bestimmung erfüllen. Warum aber war die Gesellschaft die Ursache aller unsrer Übel, anstatt daß sie uns das Glück brachte? Weil in ihr nur Zufall und Willkür herrschten, weil jeder die anderen dazu zwingen wollte, seinen persönlichen Interessen zu dienen, weil der Mensch über den Menschen herrschte. Es gilt zu erreichen, daß anstelle der dem Menschen eigenen Willkür das Gesetz herrscht; die unpersönliche Macht des für alle gleichen Gesetzes muß alles regeln.

Und jetzt kann man sagen: Ja, das Leben der Menschen, so wie es heute ist, ist irrational und willkürlich, aber den Menschen ist die Aufgabe gestellt, die Wirklichkeit zu verändern, neue Gesellschaftsformen zu schaffen, in denen sie nach rationalen Prinzipien leben können, wo sie im Menschenleben die in der Natur herrschende Gesetzmäßigkeit verwirklichen und den Menschen in ein sinnvolles, von Gesetzen geregeltes Ganzes integrieren können. Die Vernunft wird praktisch und konstruktiv, und sie verfügt dazu über ein wirkungsvolles Mittel: die Kunst der Gesetzgebung. Im Menschenleben muß sich alles zu Einheiten gruppieren, die Gesetzen unterworfen sind, die Menschen müssen durch die Gesetze geeint werden, das menschliche Leben darf nicht länger ein unentwirrbares Durcheinander bleiben, wo der Stärkere den Schwächeren unterdrückt, wo der Zufall der Geburt über das Schicksal eines Menschen entscheidet, wo in der einen Provinz erlaubt ist, was in der anderen verboten ist, wo Tausende von einem Menschen abhängig sind, der ihresgleichen ist. Man muß dahin kommen, daß sich im menschlichen Leben alles zu einem vernünftigen, sinnvollen Ganzen ordnet, das von Gesetzen regiert wird.

VIII. Kapitel

Über die Schwierigkeit der Abgrenzung von Privatrecht und öffentlichem Recht

Rechte des Individuums und Rechte der Nation

Der Begriff des Gesetzes als des Prinzips, welches das menschliche Leben ordnet und regelt, ist also jetzt gegeben. Und damit zugleich der Gedanke, daß alles, was in unserem Leben schlecht, unvernünftig und widersprüchlich ist, auf eine fehlerhafte Gesellschaftsorganisation zurückgeht. Die Lösung besteht also darin, die Gesellschaft auf andere Grundlagen zu stellen. Unter der Französischen Revolution bekommt der Begriff Gesellschaft einen neuen Sinn. Die Gesellschaft, das ist der Staat, begriffen als eine Organisation, als eine Körperschaft von Menschen, die durch ihre Funktionen geeint sind, nicht als ein Haufen von Individuen, die zusammen leben. Frankreich oder England, das sind nicht einige Millionen Menschen, die in einem bestimmten, geographisch begrenzten Raum leben, es sind vielmehr organisierte Körperschaften. Montesquieu hatte uns gelehrt, diese Körperschaften als Individualitäten zu sehen, deren jede ihre eigene Artung hat, als Einheiten, die mit einem je besonderen Leben ausgestattet sind. Die durch die Staatsform gegebene Einheit ist für ihn das zu erreichende Ziel, das Ideal des organisierten Handelns. Auf dieser Tendenz zur Einheit beruhte übrigens schon unter dem *ancien régime* in Frankreich die Theorie der unbegrenzten Souveränität des Königs. Sie hatte zum Kampf gegen die Feudalrechte – wenigstens, soweit sie politischer Natur waren – und zum absoluten Königtum geführt. Damit die Einheit vollkommen ist, muß ein einziger Wille herrschen. Diese Tendenz zur Einheit bleibt bestehen; sie findet ihren vollendetsten Ausdruck in der Französischen Revolution. Die Nation ist ein zusammenhängendes Ganzes. Es geht nicht darum, dem einzelnen jedmögliche Unabhängigkeit gegenüber dem Staat zu geben, ihn soweit als möglich sich selbst zu überlassen, wie das die Tendenz der englischen und der amerikanischen Verfassung ist. Es steht unstrittig fest, daß das Individuum zu einem kollektiven Ganzen gehört, in ihm lebt, daß es integrierender Bestandteil eines gesellschaftlichen Organismus sein muß. Und hierin gewinnt das Denken Rousseaus seine ganz besondere Bedeutung, für den das Individuum, sobald es in den gesellschaftlichen Zustand eintritt, eine ganz andere Existenzform beginnt, nicht mehr für sich allein existiert, in bezug auf die Gemeinschaft kein Ganzes mehr ist, sondern der »Bruchteil einer Einheit«. Man könnte das den kollektiven Gesichtspunkt der Französischen Revolution nennen; der einzelne ist nur noch Teil eines kollektiven Ganzen; er lebt und handelt nur in Funktion dieses Ganzen. In seinem Dasein, in den Richtlinien, die er seinem Leben gibt, wird er durch die Gesetze bestimmt, die allein die Macht haben, über das Leben jedes einzelnen zu bestimmen.

Diesem Staatskollektivismus stellt sich jedoch der andere Gesichtspunkt der Französischen Revolution entgegen: der Gesichtspunkt der Rechte des Individuums. Das Individuum hat Rechte, die ihm angeboren sind, die niemand, auch nicht die Gesellschaft, ihm aufzwingen oder entziehen kann. Das Individuum hat auf der einen Seite das Bewußtsein der Unabhängigkeit, was seine Rechte anbetrifft, auf der andern Seite das Bewußtsein, in ein kollektives, von Gesetzen regiertes Ganzes integriert, Teil der Nation zu sein. Wie läßt sich beides vereinbaren? Wie die Freiheit, die jedem Menschen rechtmäßig zusteht, die Maxime »Jeder ist sein eigener Herr« mit der Abhängigkeit in Einklang bringen, in der sich der Mensch gegenüber dem Gesetz und dem Staat befindet?

Als erstes verlangt man – denn das ist die erste Forderung des Rechtsbewußtseins –, daß der Mensch nicht vom Menschen abhängig sei, sondern nur vom unpersönlichen Gesetz. Dann stellt sich die Frage, wie das allgemeine, für alle gültige Gesetz sich mit dem Recht des einzelnen vereinbart. Zuerst scheint es, man könne in der gleichbleibenden Souveränität des Gesetzes, das auf alle ohne Ausnahme angewandt wird, das Ideal der Einheit des Staates mit den Forderungen in Einklang bringen, daß kein Mensch von einem anderen abhängig sein darf und alle Menschen vor dem Recht gleich sein müssen. Das Gesetz in seiner Beständigkeit stellt sich allem Wechselhaften, Zufälligen im Einzelwillen entgegen. Auf der einen Seite die Willkür, Veränderlichkeit, Launenhaftigkeit des Despotismus – auf der andern das beständige, gerechte Gesetz. Das Gesetz, das über das Allgemeininteresse wacht, das das öffentliche Wohl gegen die wechselhaften und widersprüchlichen Interessen der einzelnen verteidigt. An die Stelle der Herrschaft des Menschen will man die Herrschaft des Gesetzes stellen. Der freie Mensch kann nicht einem andern Menschen gehorchen, er kann sich nur dem Gesetz unterwerfen. Er muß von jeder Macht, außer der des Gesetzes, vollkommen unabhängig sein. Vor dem Gesetz gibt es keine Ausnahme, kein Privileg. Alle müssen vor dem Gesetz gleich sein. Kein Mensch darf von einem andern abhängig sein, aber alle sind gleichermaßen dem Gesetz unterworfen. Ein kollektives Ganzes, einzig durch das Gesetz geregelt, das jede persönliche Willkür ausschließt. So ist der Staat zu begreifen. Dann wird jeder das Bewußtsein haben, frei zu sein, weil er keinem Menschen gehorchen muß, nur dem Gesetz. Dann wird jeder das Bewußtsein haben, jedem anderen Menschen gleich zu sein, weil er wie jeder andere Mensch dem gemeinsamen Gesetz unterworfen ist. Selbst der König muß dem Gesetz unterworfen sein und darf nur durch das Gesetz herrschen. Das Gesetz ist ein unpersönliches Wesen, das durch seine Allgemeinverbindlichkeit die Einheit zwischen allen schafft. Ohne Rücksicht auf Personen behauptet es sich über alle Einzelwünsche, alle Einzelinteressen hinweg. Unabhängig von den Menschen, ruht es fest in sich selbst.

Räumt man nun aber ein, daß das seiner Natur nach objektive und unpersönliche Gesetz sich allem Persönlichen und Willkürlichen im Individuum widersetzt, so folgt daraus, daß es nicht das Produkt eines privaten Willens sein kann. Denn das würde bedeuten daß jedes Individuum, wenn es dem Gesetz gehorcht, sich einem Einzelwillen unterwirft. Nun sind aber die Gesetze der menschlichen Gesellschaften nicht vorgegeben wie die der Natur, denn sie müssen zuerst geschaffen und erlassen werden. Wem soll man aber die Aufgabe anvertrauen, sie zu machen? Die Unordnung, der Mangel an Rationalität bei den früheren Gesellschaften kamen daher, daß ein einzelner Mensch oder eine einzelne Gruppe von Menschen die andern zwang, ihren Eigeninteressen zu dienen. Wenn man einem Menschen die Möglichkeit gibt, Gesetze für die anderen zu erlassen, dann wird er dabei so vorgehen, daß Vorteile für ihn herausspringen, und die Gesetze werden für ihn nur ein wirksames Mittel sein, in einer für alle gültigen Form die andern in den Dienst seiner Interessen zu stellen. Das Gesetz würde so seinen unpersönlichen Charakter verlieren; es würde seine Existenzberechtigung verlieren, die in der Verteidigung des Gemeininteresses besteht. Man darf also nicht zulassen, daß ein Einzelwille Gesetze erlassen kann. Wenn die Gesetze zur Aufgabe haben, über die Bewahrung des Gemeininteresses zu wachen, dann muß es eine »volonté générale«, einen Gemeinwillen geben, der Ausdruck dieses Gemeininteresses ist.

Im übrigen ist das Individuum nur unter der Bedingung frei, daß es ausschließlich dem für alle gleichermaßen gültigen Gesetz gehorcht. Wäre dieses Gesetz nur der Ausdruck eines Einzelwillens, dann würde das Individuum einem anderen Menschen gehorchen, von dem es abhängig wäre; es wäre folglich nicht mehr frei. Gegenüber dem Gesetz, dem es sich unterwerfen muß, stellt sich die Frage der Rechte des Individuums. Das Gesetz verlangt, daß ich bestimmte Handlungen ausführe. Bezüglich jeder von ihnen kann ich die Frage stellen, ob diese Forderung berechtigt ist oder nicht. Ob es mein Nachbar oder meine Regierung ist, die in der Form des

Gesetzes von mir dies oder jenes verlangen, macht vom Gesichtspunkt des Rechts aus keinen Unterschied. Ich bin gezwungen, diesem Gesetz zu gehorchen. Dieser vom Gesetz ausgeübte Zwang kann ein Akt der Gewalt oder rechtlich begründet sein. Ganz gleich, welche Definition man dem Gesetz gibt: Ich muß ihm gehorchen. Ob ein Gesetz vernünftig ist oder nicht, ändert offensichtlich nichts an der Frage. Es könnte noch angehen, wenn das Gesetz nur ein guter Ratschlag wäre, den mir die anderen geben. Aber so ist es ja nicht. Das Gesetz zwingt mich seinem Wesen nach, zu gehorchen. Ob das Gesetz aus dem Willen eines weisen Gesetzgebers entstanden ist, ob es bestimmte, als solche gute Zwecke verfolgt, ob es in der Naturordnung begründet ist, ja selbst wenn es nur die Bewahrung der Naturrechte des Menschen anstrebt – die Frage bleibt immer die gleiche: Auf Grund welchen Rechtes macht dieser oder jener oder eine bestimmte Gruppe von Menschen das Gesetz? Warum muß ich diesem Gesetz gehorchen?

»Contrat social« und Gemeinwille

Das ganze Problem läuft auf die Frage hinaus: Wem soll man die Aufgabe der Gesetzgebung anvertrauen? Denn eben diese Frage faßt die Antinomie zusammen, die zwischen Recht und Gesetz besteht. Einerseits bin ich kraft meiner natürlichen Rechte frei, bin ich mein eigener Herr, andererseits gibt es das Gesetz und seinen Zwang. Das Recht muß, wie wir sahen, Vorrang vor dem Gesetz haben. Die Naturrechte des Menschen gehen dem Gesetz vor: sie sind mit der Natur des Menschen selbst gegeben. Das Gesetz kann keine Rechte schaffen. Wenn man eine Lösung für die Antinomie zwischen Recht und Gesetz finden will, muß man folglich erforschen, was die rechtliche Grundlage des Gesetzes ausmacht, muß man eine Antwort auf die Frage finden: Wem steht das Recht der Gesetzgebung zu?

Das Gesetz ist seiner Natur und seiner Bestimmung nach allgemein, in dem Sinne, daß es für die ganze Gemeinschaft gilt, an die es sich richtet, daß die Gemeinschaft in ihrer Gesamtheit sich ihm unterwerfen muß. Diese Gemeinschaft setzt sich aus Individuen zusammen. Jedes dieser Individuen ist seiner Natur nach frei. Wie kann man dann annehmen, daß die Gesamtheit der Individuen, die Nation, Knecht sei? Jeder Bürger, dem man das Recht verweigerte, seine Interessen zu bedenken, mit sich zu Rate zu gehen und sich Gesetze zu geben, wäre ein Knecht. Das gleiche gilt für die Nation. Es ist also absolut unerläßlich, daß die Nation das Recht hat, ihre eigenen

Interessen zu bedenken, mit sich zu Rate zu gehen, sich Gesetze zu geben. Wäre die Nation nicht frei, so wäre übrigens auch jeder einzelne nicht frei. Jeder würde dann einem fremden Willen gehorchen. Die Gesetze müssen folglich aus dem freien Willen der Nation hervorgehen, der gesamten Gemeinschaft, auf die sie angewendet werden sollen. Wenn diese Gesetze für eine ganze Nation gelten, so ist ausgeschlossen, daß ein einzelner einem ganzen Volk ein Gesetz aufzwingen kann. Wenn wir also vom freien Willen des einzelnen ausgehen, wenn wir die Nation als eine Gesamtheit freier Individuen auffassen, wenn wir das Gesetz als die Regel definieren, die diese Gesamtheit leiten soll, so folgt daraus notwendigerweise, daß die Gesetzgebungsbefugnis der Nation zustehen muß. Wenn einer bestimmte Richtlinien, die er sich für seine Lebensführung gesetzt hat, strikt befolgt, so ist er deswegen nicht weniger frei. Wenn eine ganze Nation sich bestimmte Regeln gibt, das heißt Gesetze, dann muß das gleiche gelten. Die Nation begibt sich dann nicht in die illegitime Abhängigkeit von einem fremden Willen, sie bleibt frei, denn sie gehorcht nur ihrem eigenen Willen, dem Gemeinwillen.

Wir stehen so vor einer neuen Rechtsauffassung. Nicht das Individuum, sondern die Nation hat das Recht, Gesetze zu erlassen, Gesetzesvorschläge anzunehmen oder zu verwerfen. Es handelt sich also nicht mehr um ein Recht des Individuums, sondern um ein Recht der Gemeinschaft, nicht um einen Einzelwillen, sondern um den Willen der Nation, den Gemeinwillen. Die Nation besitzt Rechte. Auf der einen Seite steht also das Individuum mit seinen natürlichen, ihm eingeborenen Rechten, auf der andern Seite die Nation mit ihrem Recht, über die Gemeinschaft in ihrer Gesamtheit zu bestimmen. Zwei Rechtssubjekte, ein kollektives und ein individuelles. Das Individuum muß dem Willen der Nation gehorchen, der sich in den Gesetzen ausdrückt.

Was bis jetzt bewiesen wurde, ist, daß die Nation das Recht hat, sich selbst Gesetze aufzuerlegen. Was aber ermächtigt sie zu der Forderung, daß das Individuum sich diesen Gesetzen unterwerfe? Ein Vertrag, den die einzelnen untereinander geschlossen haben, der Gesellschaftsvertrag (contrat social). Allgemein gesehen, kann man sagen, daß es zwischen den Menschen zwei Arten von Beziehungen gibt: die auf das Recht gegründeten und die nicht auf das Recht gegründeten. Wenn in einem Kampf zwischen zwei Menschen von ungleicher Stärke der Stärkere den andern besiegt hat, dann bedeutet das nicht, daß er das Recht hat, ihn zu unterjochen. Rechtlich gesehen, kann der Schwächere nicht dem Stärkeren unterworfen werden; er hat keinerlei Verpflichtung ihm gegenüber. Die Tatsache, daß der Stärkere ihn in Abhängigkeit hält, kann nicht zu einem Recht werden. Alle Beziehungen zwischen Menschen, die einem Gewaltakt entspringen, sind unrechtmäßig. Rechtlich begründet sind nur jene, welche aus dem freien Willen der beiden Parteien entstanden sind. Das Individuum kann nur mit eigener Einwilligung gebunden, an eine Verpflichtung gefesselt werden. Es gibt keine andern Rechtsbindungen zwischen Individuen als die, welche aus dem freien Willen der Vertragschließenden entstanden sind, der allein ihrer Verpflichtung Rechtscharakter verleihen kann. Außerhalb dessen gibt es nur die Herrschaft der Gewalt. Man verpflichtet sich aus freien Stücken oder man fügt sich der Gewalt. Es gibt nichts dazwischen. Daraus, daß der Mensch seiner Natur nach frei ist, folgt, daß nur die Verpflichtungen, die er freiwillig eingegangen ist, vom Rechtsstandpunkt aus gültig sind.

Wir wollen jetzt dieses Prinzip auf die Gemeinschaft, die der Staat darstellt, anwenden. Entweder gehorchen die Individuen den Gesetzen aus Zwang, auf Grund eines Gewaltaktes der Herrschenden gegenüber den Beherrschten, der Stärkeren gegenüber den Schwächeren – und dann sind sie an keinerlei Pflicht zur Befolgung des Gesetzes gebunden –, oder aber ihre Befolgung des Gesetzes entspringt einer freiwillig von jedem von ihnen eingegangenen Verpflichtung, dann beruht ihr Gehorsam gegenüber dem Gesetz auf einer Rechtspflicht.

Wir haben also jetzt die beiden Bedingungen, gemäß denen die Rechte der beiden Parteien zu respektieren sind: Allein die Nation besitzt das Recht, sich Gesetze aufzuerlegen; soll sie andererseits berechtigt sein, von jedem einzelnen zu verlangen, daß er die von ihr erlassenen Gesetze befolgt, dann muß der einzelne sich aus freien Stücken und unter den vom Recht vorgeschriebenen Bedingungen dazu verpflichtet haben. Er muß ferner diesen Vertrag mit allen anderen Mitgliedern der Gesellschaft geschlossen haben, mit anderen Worten, alle einzelnen müssen untereinander durch gegenseitige Verpflichtungen verbunden sein. Das ist der Gesellschaftsvertrag. Die Verpflichtung schließt ein, daß in allen die Gemeinschaft betreffenden Angelegenheiten jeder sich dem Gemeinwillen, dem Gesetz unterwerfen muß. Wie Rousseau es ausgedrückt hat: »Jeder von uns unterstellt in Gemeinschaft mit den andern seine Person und seine ganze Kraft der obersten Leitung des Gemeinwillens, und wir alle nehmen insgesamt jedes Mitglied als untrennbaren Teil des Ganzen auf[1].« Auf diese Weise wird die Nation zu einer moralischen Person.

1 Jean-Jacques Rousseau: Le Contrat Social, L. I, chap. VI.

Man kann sich verschiedene Formen des Zusammenschlusses vorstellen. Aber wie dem auch sei, es handelt sich immer darum, vom Individuum als solchem und den ihm eingeborenen natürlichen Rechten ausgehend, zur Idee einer Gemeinschaft zu gelangen, die zwar durch ihre Gesetze das Gemeininteresse verfolgt, dabei aber die naturgegebenen Rechte eines jeden respektiert.

Aus der Natur des Gesellschaftsvertrages lassen sich Argumente zum Beweis dessen ableiten, daß die Gesetzgebungsbefugnis dem Gemeinwillen zusteht. Die Menschen haben sich offensichtlich nicht dazu zu einer Gesellschaft zusammengeschlossen, daß ein bestimmter einzelner oder eine bestimmte Gruppe von einzelnen davon profitiert, sondern dazu, daß die Interessen aller gesichert werden. Nun kann aber das gemeinsame Interesse nicht durch den Willen eines einzelnen vertreten werden, sondern nur durch den vereinten Willen aller einzelnen. Nur der Gemeinwille richtet sich notwendigerweise auf das Interesse aller, auf die Gleichheit, so wie der Einzelwille seine eigenen Interessen vertritt und auf Vorteile aus ist. Damit der Gesellschaftsvertrag gültig ist, muß deshalb der Gemeinwille die Gesetze machen. Zum selben Schluß gelangt man, wenn man von dem jedem einzelnen innewohnenden Rechtscharakter ausgeht. Jeder von ihnen ist frei und den andern rechtlich gleichgestellt. Wenn die einzelnen durch den Eintritt in den gesellschaftlichen Zustand von anderen einzelnen abhängig würden, wenn zwischen denen, die die Gesetze machen, und denen, die sie befolgen müssen, Ungleichheiten entstünden, dann wäre der Gesellschaftsvertrag nicht mehr gültig, denn er würde gegen die Grundsätze des Naturrechts verstoßen. Damit der Gesellschaftsvertrag gültig ist, müssen die Entscheidungen, die alle Mitbürger binden, auch von allen getroffen werden, muß der Gemeinwille die Gesetzgebung ausüben. Das Recht jedes Menschen, Entscheidungen zu treffen, die das öffentliche Wohl angehen, wird gewissermaßen auf die Masse übertragen, wo es sich mit dem Recht aller anderen vereinigt. Und aus der Vereinigung aller dieser Rechte entsteht das Recht der Nation, die sie selbst angehenden Entscheidungen zu treffen. Jeder bringt sozusagen in die Gesellschaft seinen Einsatz an Rechten ein, und die Gesamtheit dieser Rechte bildet ein einziges Recht, das Recht der Gesetzgebung.

Wir wissen jetzt, welches der rechtliche Ursprung des Gehorsams ist, den wir den Gesetzen der Nation schulden. Es ist ein gegenseitiger Vertrag, den jeder von uns mit allen Angehörigen der Nation geschlossen hat. Diese Verpflichtung ist gültig, weil auf Grund der Tatsache, daß der Gemeinwille die Gesetze erläßt, die Freiheit der einzelnen intakt bleibt und das Gemeininteresse gewährleistet ist. Um seine Person und seine Güter zu sichern, kann jeder einzelne, ohne seine Freiheit einzubüßen, sich einer Gesellschaft anschließen und sich dem Gemeinwillen der Gemeinschaft unterordnen. Denn »jeder, der sich mit allein vereint«, gehorcht »doch nur sich selbst und bleibt so frei wie zuvor . . . Jeder, der sich allen hingibt, gibt sich keinem hin«[2].

Das also ist in wenigen Worten, was die Rechtsgrundlage des Gesetzes ausmacht. Der Ausgangspunkt ist gegeben. Es ist das Individuum mit seinen Einzelrechten. Wie kann man jedoch zu einem Zusammenschluß dieser Individuen kommen, wenn jedes von ihnen sich auf seine Rechte und seine Unabhängigkeit beruft? Man erreicht das mit Hilfe eines Vertrags. Wenn einer mit einem andern einen Vertrag schließt, so macht er nur von seinem Recht Gebrauch, das zu tun, was er will. Auf der andern Seite haben wir die Auffassung vom Staat als einem von Gesetzen regierten Ganzen. Der Staat ist nicht eine Ansammlung von Menschen, deren Einheit nur von Zeit zu Zeit in Erscheinung tritt, er ist eine Vereinigung, eine Organisation, deren Funktionsablauf durch Gesetze geregelt wird, eine Körperschaft, in der alle Teile so geordnet sind, daß dieser Funktionsablauf gewährleistet ist. Worauf jedoch soll die Einheit dieser Organisation beruhen? Was soll aus dieser Gesamtheit zufällig zusammengekommener Menschen mit ihren vielfältigen und wechselnden Interessen, mit der Mannigfaltigkeit ihrer Wechselbeziehungen, einen kollektiven Organismus machen? Das kann nur ein einheiliger gesetzgeberischer Wille sein, denn wenn nicht die Naturrechte der Menschen verletzt werden sollen, dann kann diese Einheit des Gesetzgebungswillens nicht außerhalb der Gemeinschaft zustande kommen, wie das gewisse Theoretiker des Despotismus beweisen wollten. Diese Einheit muß in der Gesellschaft selbst liegen, in der Übereinstimmung aller Einzelwillen, im Gemeinwillen. Dazu ist es notwendig, daß alle Einzelwillen, die sich durch Vertrag verpflichtet haben, nur noch einen einzigen Willen bilden. Damit aus dem Gesellschaftsvertrag, aus der wechselseitigen Verpflichtung unter den Individuen, ein kollektives Ganzes entstehen kann, ein Staat, der in der Lage ist, die innere und äußere Sicherheit seiner Angehörigen zu gewährleisten und gleichzeitig die Rechte jedes einzelnen und die Rechte aller zu sichern – anders ausgedrückt, damit der Gesellschaftsvertrag den Zweck erreichen kann, den er verfolgt –, muß sich ein Gemeinwille gebildet haben, der gewissermaßen zur Triebfeder der Nation wird. Dieser Gemeinwille stellt dann den Zusammenklang aller Einzelwillen dar,

2 A. a. O.

die sich durch wechselseitige Verträge untereinander verpflichtet haben. Aus der Vereinigung der Einzelrechte entsteht dann ein gemeinschaftliches Recht, das dem Allgemeininteresse entspricht, eine kollektive Rechtssphäre, die die privaten Rechtssphären umschließt.

Die Theorie, die dem Gemeinwillen die Gesetzgebungsgewalt zusprach, hat in der Französischen Revolution offenbar zugleich den Rechten Genüge getan, die das Individuum fordert, und der Notwendigkeit entsprochen, ein zusammenhängendes Ganzes zu schaffen, das souveräne Autorität über die einzelnen besitzt. Aus freien Stücken hat sich jeder einzelne gegenüber der Gesellschaft verpflichtet; die Einzelwillen sind alle integrierende Bestandteile des Gemeinwillens mit gleichem Recht geworden; das Privatinteresse ist im Gesamtinteresse gesichert. Was konnte das Individuum mehr verlangen? Es konnte ja nicht beanspruchen, allein über die Gemeinschaftsangelegenheiten zu bestimmen. Einzig als Teil des Ganzen, als Teil des Gemeinwillens kann es ein Mitspracherecht fordern. Andererseits bildet – während der Gemeinwille eine Einheit ist, und diese Einheit sich in dem gemeinschaftlich erlassenen Gesetz ausdrückt, der absoluten Macht, der ein jeder gehorchen muß – der Staat eine Gesamtheit, sodaß die Forderung erfüllt ist, die im Wesen des Staates impliziert ist, daß er nämlich eine sinnvoll zusammenhängende, durch Gesetze regierte Organisation sein muß, die alle Erscheinungen des Gesellschaftslebens einbegreift.

Die gesetzgebende Gewalt

Damit ist also die Maxime gegeben, die dem öffentlichen Recht als Grundsatz zu dienen hat: »Die Nation besitzt die gesetzgebende Gewalt.« Wie diese Maxime in der Praxis anzuwenden ist, darüber kann man verschiedener Meinung sein. Für die einen bedeutet sie, daß die Nation selber sich Gesetze geben muß, für andere wieder kommt diese Aufgabe gewählten Vertretern der Nation zu. Die Meinungen gehen auch darüber auseinander, ob man die Aufgabe, Gesetze zu erlassen, vollständig den Volksvertretern anvertrauen kann oder ob es nicht richtiger ist, daß ihre Entscheidungen in letzter Instanz der Sanktion durch den König bedürfen. Aber wie dem auch sei; es steht fest, daß die Nation nur Gesetzen gehorchen kann, an denen sie auf die eine oder andere Weise mitgewirkt hat.

Aber es gab noch eine weitere Maxime des öffentlichen Rechts: die der Gewaltentrennung. Wenn die Nation die gesetzgebende Gewalt hat, erklärte man, dann kann sie nicht gleichzeitig die vollziehende Gewalt haben.

Wem soll also die ausübende Gewalt anvertraut werden? Dem König. Dann steht auf der einen Seite die Nation, auf der andern der König, auf der einen Seite die gesetzgebende Gewalt, auf der andern die vollziehende Gewalt. Das ist das Schema, unter dem man das öffentliche Recht sieht. So gesehen, wäre die Monarchie eine Regierungsform, in der ein einziges Individuum beauftragt wäre, den Willen aller zu vollziehen. Sie sei, glaubte man, die für einen großen Staat am besten geeignete Regierungsform. Wenn ein Gesetz von der Nation beschlossen ist, muß es gleichmäßig angewandt werden. Und in einem großen Staat ist das beste Mittel zur Erreichung dieses Zieles, den Vollzug des Gesetzes einem einzigen Menschen anzuvertrauen, einen Mann allein an die Spitze der Exekutive zu stellen. Was die Befürchtung anging, die Nation riskiere dabei, ihre Freiheit zu verlieren: Davon konnte keine Rede sein, denn der König war ja nur der Vollzieher der Willensäußerungen der Nation und mußte sich an das halten, was sie beschlossen hatte. Das waren, so dachte man, die Grundlagen einer Verfassung, die mit den Prinzipien des Naturrechts übereinstimmt.

Eine Frage blieb jedoch noch ungeklärt. Denn was diese Verfassung anging, nach der die gesetzgebende Gewalt der Nation und die vollziehende Gewalt dem König zukam: Wer hatte eigentlich das Recht, das zu entscheiden? Auf welche Rechte beruft man sich eigentlich, wenn man dem König die vollziehende Gewalt zuspricht? Und wenn man beschließt, es seien Vertreter zu wählen, die dann im Namen des Volkes Gesetze erlassen: Worauf stützt man sich, um diese Verfassungsbestimmung zu legitimieren? Die Gegner der neuen Verfassung führen ins Feld, die französische Nation sei ja nicht ein eben erst auf Grund eines Gesellschaftsvertrages konstituiertes Volk, sie habe ja bereits eine Verfassung. Will man die Verfassung ändern, fahren sie fort, dann muß das im Rahmen eben dieser Verfassung geschehen, das heißt, man muß damit die durch die Verfassung eingesetzten Instanzen beauftragen. Der König und die Generalstände brauchen sich bloß darüber zu verständigen. Im übrigen sind die Kader der Verfassung bereits gegeben: Die Nation setzt sich aus drei Ständen zusammen: dem Adel, der Geistlichkeit und dem dritten Stand, der alle Bürger umfaßt, die keinem der beiden ersten Stände angehören. Daraus folgt, daß die Bestimmung, die Nation habe die Gesetzgebungsgewalt, bedeutet, daß die drei Stände das Recht der Gesetzgebung haben. Anders ausgedrückt, jeder der drei Stände wählt seine Vertreter, die sich dann mit dem König verständigen können, um eine neue Verfassung zu entwerfen. Die Frage, wie viele Vertreter jeder Stand stellt und ob man bei der Tagung der Generalstände nach Köpfen oder nach Ständen abstimmt, bleibt unentschieden. Aber die

Revolutionäre beharren auf einer Rechtsfrage. Wem steht das Recht zu, die Verfassung zu machen?

Die verfassunggebende Gewalt

So gestellt, ist die Frage nicht mehr die gleiche wie die, welches die Rechtsgrundlagen der gesetzgebenden Gewalt sind. Es versteht sich, daß auch die Artikel der Verfassung als Gesetze betrachtet werden können. Aber wenn man die gesetzgebende Gewalt nur als eine der Statsgewalten, neben der vollziehenden und der rechtsprechenden Gewalt, ansieht, dann muß sie schon durch die Verfassung festgelegt sein. Wenn man beispielsweise beschließt, die gesetzgebende Gewalt müsse durch ein Parlament ausgeübt werden, dann kann dieser Beschluß nicht durch das Parlament gefaßt werden, weil es ja eben dieser Entscheidung seine Existenz verdankt. Daraus folgt, daß die Trennung der drei Gewalten notwendigerweise eine vierte Gewalt voraussetzt: die verfassunggebende Gewalt. Es bleibt also zu fragen, wem das Recht zusteht, sie auszuüben.

Um diese Frage zu lösen, muß man auf den rechtlichen Ursprung der Gesellschaft zurückgreifen. Auf Grund eines Gesellschaftsvertrages ist eine Gesellschaft entstanden, in welcher der Gemeinwille herrscht. Um nun diese Gesellschaft zu organisieren, muß der Gemeinwille bestimmte Maßnahmen verfügen. Als erstes – da es nicht möglich ist, in allen Fällen Einstimmigkeit zu erreichen – muß im Prinzip festgelegt werden, daß die Mehrheit entscheidet, daß sie den Gemeinwillen vertritt. Das hindert nicht, daß dieser Wille ein gemeinsamer Wille bleibt, denn man ist übereingekommen, daß jeder der Einzelwillen, auch dann, wenn er in der Minderheit ist, sich den Entscheidungen der Mehrheit unterwirft. Sodann braucht die Gesellschaft zu ihrer Existenz bestimmte Institutionen. Es ist unmöglich, eine auf ein Ziel ausgerichtete Körperschaft zu schaffen, ohne ihr eine Organisation zu geben, Formen und Gesetze, die sie in den Stand setzen, die Funktionen zu erfüllen, für die man sie bestimmt hat. Es handelt sich darum, die vielerlei öffentlichen Dienste zu schaffen. Die Nation kann nicht selber alle diese offiziellen Funktionen ausüben. Es kann auch so sein, daß die Menschen, die zu einer Nation zusammengeschlossen sind, zu zahlreich und auf ein zu ausgedehntes Gebiet verteilt sind, um ihren gemeinsamen Willen selber zu vollziehen. Dann bleibt der Nation nichts anderes übrig, als Abgeordnete zu wählen, die in ihrem Namen miteinander diskutieren und die Gesetze erlassen. Die Nation ist also, wenn sie sich organisiert, gezwungen, einen bestimmten Teil ihrer Befugnisse zu delegieren. Aber das bedeutet nicht, daß sie sich des Rechtes, einen Willen zu haben, entledigt. Dieses Recht ist unveräußerlich, sie kann nur seine Ausübung *übertragen.* Die Treuhänder ihrer Macht üben diese nicht als ein eigenes Recht aus, sie sind nur die *Diener des Volkes,* der Gemeinwille ist hier nur als Mandat gegenwärtig. Diese Aufteilung der Gewalten im Staat ist das, was man seine Verfassung nennt. Aber wer hat das Recht, darüber zu entscheiden, welches die Treuhänder der verschiedenen Gewalten in der Gesellschaft sein sollen? Die Gesellschaft selbst, die Nation. Daraus folgt, daß die Nation als solche keine Verfassung hat. Die Verfassung betrifft nur die Organisation und Verteilung der öffentlichen Gewalten. Die Nation als solche existiert vor jeder Verfassung. Sie ist der Ursprung von allem. Vor ihr und über ihr gibt es nur das Naturrecht. Sie ist auf Grund einer gegenseitigen Verpflichtung ihrer Mitglieder entstanden, durch den Gesellschaftsvertrag. Sie bedarf nur ihrer eigenen Wirklichkeit, um stets rechtmäßig zu sein, sie ist alles, was sie sein kann, allein dadurch, daß sie ist. Die Nation als solche könnte sich keinesfalls einer Verfassung unterwerfen. Sie kann das Recht, zu wollen, weder veräußern noch sich selbst untersagen, und, welches auch ihr Wille sei, sie kann das Recht nicht verlieren, ihn zu ändern, wenn es ihr Interesse verlangt. Sie könnte sich nur in einem genau begrenztem Umfang verpflichten, in Zukunft nicht mehr zu wollen. Denn sonst würde sie ihre Entscheidungsfreiheit aufgeben und gegen die Grundsätze des Naturrechts verstoßen. Übrigens, wem gegenüber hätte die Nation sich verpflichtet? Sie kann einen Vertrag nur mit sich selbst geschlossen haben, und einen solchen Vertrag kann sie in jedem Augenblick brechen.

Die Verfassung betrifft also die durch die Nation eingesetzten Gewalten, die Verteilung und Organisation dieser Gewalten und nicht die Nation. Diese Gewalten als solche liegen nun aber rechtlich bei der Gesamtheit der Mitglieder einer Vereinigung, und diese Vereinigung, die sich Volk oder Nation nennt, kann darüber nach ihrem Belieben verfügen und sie denen anvertrauen, die sie für würdig hält, sie auszuüben. Das Volk erteilt seinen Beauftragten ein Mandat, das es erteilen oder widerrufen kann, wann es ihm gefällt. Die Nation verpflichtet sich nicht selbst, wenn sie durch Bevollmächtigte regiert, sie behält das Recht, die Verfassung zu ändern, wann es ihr beliebt.

Die Vorstellung von den Rechten der Nation erlangt so eine neue Bedeutung. Man hatte sich darüber gestritten, ob die gesetzgebende Gewalt der Nation anvertraut werden solle. Betrachtete man wie Montesquieu die Ausübung der gesetzgebenden Gewalt als ein gesondertes Recht, genau wie die vollziehende Gewalt, so sah man die Frage zu eng. Sieyès sieht in seiner Schrift »Was ist der dritte Stand?« die Dinge von einem höherem Blickpunkt aus. Er analysiert die Rechtsgrundlage, auf der die verfassunggebende Gewalt ruht, und erblickt in ihr den Ursprung aller anderen Gewalten, die von ihr bestimmt und geschaffen worden sind. Die Maxime »Die Nation besitzt die gesetzgebende Gewalt« erschöpft nicht die Rechte der Nation. Die Nation besitzt sämtliche Rechte; sie vereinigt in sich die Fülle aller politischen Rechte, ohne Ausnahme. Ihr Recht geht allen anderen vor. Alle Machtbefugnisse, die sie ihren Beauftragten überträgt, sind nur sekundär, sind nur Ausstrahlungen des ursprünglichen Rechtes der Nation, über sich selbst zu bestimmen. Und man soll nicht fragen, ob die Nation das Recht hat, dies oder jenes zu tun. Wie sie auch will, es genügt, *daß* sie will. Alle Formen ihres Wollens sind gut, und ihr Wille ist stets das oberste Gesetz. Sie hat das Recht, alles zu tun, von dem sie glaubt, es könne für ihr Glück nützlich oder günstig sein. Die Nation bleibt kraft ihres Rechtes, über sich selbst zu bestimmen, ihr oberster Herr, sie ist ihre eigene Regierung unter Ausschluß jeder anderen. Wenn ein Volk sich schlecht regiert oder von seinem Recht, sich selbst zu regieren, keinen Gebrauch macht, so bleibt dieses Recht trotzdem bestehen.

Alle Rechte, soweit sie politischer Natur sind, soweit sie die gesellschaftliche Gesamtheit, die Sphäre des kollektiven Rechtes betreffen, liegen also beim Gemeinwillen der Mitglieder der Gesellschaft. Man kann sich lediglich die Frage stellen, welche Rechte die Gemeinschaft selbst ausüben kann und welche Befugnisse sie ihren Bevollmächtigten übertragen soll. Es geht nicht um die Frage, welche Rechte die Nation veräußern kann. Diese Frage wäre schlecht gestellt. Es geht um die Ausübung bestimmter Rechte der Nation, nicht um diese Rechte selbst. Diese Frage muß die Verfassung entscheiden. Und da die französische Nation zu zahlreich ist, um sich zu versammeln, muß die Ausübung der gesetzgebenden Gewalt in irgendeiner Form Delegierten übertragen werden. Die Nation wählt Abgeordnete. Außerdem kann die Nation nicht in ihrer Gesamtheit die notwendigen Maßnahmen zur Ausführung der Gesetze selbst treffen. Sie beauftragt damit den König. Wir haben also folgendes Schema: Die Nation vereinigt in sich sämtliche Gewalten, sie ist souverän. In rechtmäßiger Ausübung dieser Souveränität trifft sie konstitutionelle Maßnahmen, sie schafft eine Regierung. Diese Regierung, Geschöpf der Nation, setzt sich aus einem Parlament und einem König zusammen. Das Parlament übt die gesetzgebende Gewalt aus, der König die vollziehende Gewalt. Es bleibt jedoch noch zu klären, ob die Gewalt des Parlaments unbegrenzt sein soll oder ob der König in der einen oder anderen Weise an den Entscheidungen über Gesetze mitwirken soll, sei es auch nur dadurch, daß er sich das Recht vorbehält, sie zu bestätigen oder sein Veto gegen sie einzulegen.

Diese Konzeption des öffentlichen Rechts bedeutet eine radikale Veränderung der Vorstellung, die man sich bisher von den zwischen dem König und der Nation bestehenden Beziehungen gemacht hatte. Zuerst hatte man den König als den Vater seines Volkes betrachtet oder als von Gott mit der Souveränität beliehen. Spuren solcher Vorstellungen sind übrigens zu Beginn der Revolution noch vorhanden. Aber diese Beziehung kindlicher und väterlicher Liebe zwischen dem Volk und dem König konnte dem Bewußtsein ihrer Rechte, das die Bürger hatten, nicht genügen. Später dachte man dann, die Nation habe ursprünglich alle Rechte innegehabt, sie sei souverän gewesen, habe aber dann, da sie selber ihre Rechte nicht ausüben konnte, diese einem einzigen Man, dem König, übertragen, mit der Bedingung, daß sie in seiner Familie weitervererbt würden. Aber, so wenden jetzt die Revolutionäre ein, die Nation kann sich in keiner Weise ihrer Rechte entäußern; denn damit würde sie sich auch ihrer natürlichen Freiheit entäußern. Und hätte sie es doch getan, so wäre sie in jedem Augenblick berechtigt, von neuem die Souveränität auszuüben, die sie ursprünglich besaß. Sie kann ihre Rechte nicht verlieren. Man dachte dann an einen zwischen König und Volk geschlossenen Vertrag. Der König habe sich gegenüber der Nation verpflichtet, bestimmte konstitutionelle Maßnahmen zu respektieren. Die Nation hingegen habe sich verpflichtet, sich dem Willen des Souveräns zu fügen – innerhalb der Grenzen der ihm durch diesen Vertrag eingeräumten Rechte. Die letztere Hypothese schien, jedenfalls bis zu einem gewissen Grad, dem Rechtsgefühl Genüge zu tun. Nach ihr sind die Beziehungen zwischen der Nation und dem König auf das Recht gegründet. Die Idee des dem König geschuldeten Gehorsams wird nicht mehr als von Gott gefordert verstanden, sie ist auch nicht mehr auf ein Gefühl kindlicher Liebe gegründet. Die Pflicht, dem Souverän zu gehorchen, hat eine legitime Grundlage, sie beruht auf einem Vertrag, der die Rechte des Königs und die des Volkes festlegt, der beide Parteien gleichermaßen bindet. Nach dieser Auffassung gäbe es also zwei Parteien, welche Rechte ausüben, die durch einen Vertrag genau bestimmt und abgegrenzt sind, zwei parallele Gewalten: das Volk und den König. Die Rechte beider Parteien müssen gleichermaßen gewährleistet werden. Und wenn man sich weiterhin auf Grund dieses Vertrages auf den Standpunkt der Gewaltentrennung im Staate stellt, dann käme die vollziehende Gewalt dem König zu, während die gesetzgebende Gewalt dem Volke vorbehalten bleibt. Jede der beiden Parteien hätte ihre legitime Rechtssphäre. Aber wenn man die Dinge genauer analysiert, sieht man, daß dieser Vertrag zwischen König und Volk nicht gültig ist. Es handelt sich hier um zwei ungleiche Parteien, und als solche können sie keinen Vertrag schließen. Der Vertrag des Volkes mit einer Person kann nur ein Einzelakt sein und ist infolgedessen rechtswidrig. Das Volk war vor dem Souverän da. Es gibt freie Völker, die keinen König haben, aber es gibt keine Könige ohne Volk. Außerdem besitzt die Nation Rechte, die ihrem Wesen inhärent sind und sich aus den natürlichen Rechten ihrer Angehörigen ableiten. Für den Souverän trifft das nicht zu. Woher sollen übrigens seine Rechte stammen? Sie können ihm nur von der Nation verliehen sein. Das Volk hat auf den König Rechte übertragen. An die Stelle der Idee eines Vertrags zwischen Volk und König tritt die Idee eines Mandates, das das Volk dem König erteilt hat. Die Nation kann keinen Vertrag schließen; sie kann nur ein Mandat erteilen. Sie hat sich nicht gebunden; sie bleibt frei und allmächtig. Sicher, es gibt einen Vertrag zwischen den Mitgliedern der Gesellschaft. Aber das ist eine gegenseitige Verpflichtung – der Gesellschaftspakt – und nicht eine Verpflichtung zwischen der Gesamtheit der Bürger auf der einen Seite und einem einzelnen Menschen auf der andern Seite. »Es gibt nur einen Vertrag im Staat«, sagt Rousseau, »den der Vereinigung, und dieser Vertrag allein schließt jeden anderen aus. Es läßt sich keinerlei öffentlicher Vertrag denken, der nicht eine Verletzung dieses ersten Vertrages wäre[3].« Eine Regierung oder einen König einsetzen heißt sie oder ihn mit der Ausübung der Macht beauftragen. Die Regierung existiert nur kraft Auftrags.

Die Rolle, die der König im Staat spielt, gleicht also in keiner Weise mehr seiner früheren Rolle. Die Könige sind nur Delegierte, Bevollmächtigte der Nationen, während sie vorher – wie es die Konstituante ausgedrückt hatte – deren Eigentümer und Herren waren. Nur das Volk hat Rechte. Der König hat nur Funktionen und Prärogative; er ist der höchste Funktionär des Volkes. Die Zahl derer ist groß, die von neuem im König den Repräsentanten des Volkes sehen möchten, einen permanenten, erblichen Repräsentanten. Aber die Könige werden nicht gewählt, und ohne Wahl kann es keine politische Repräsentation geben. Der König ist also kein Repräsentant, sondern ein Funktionär, ein Delegierter der Nation. Daraus können sich nun Schwierigkeiten hinsichtlich des erblichen Charakters des Königtums ergeben, hinsichtlich der Rolle, die der Zufall bei der Bestimmung der Persönlichkeit spielt, die die höchste Funktion im Staat ausüben soll.

3 Jean-Jacques Rousseau: Le Contrat Social, L. III, chap. XVI.

Es wird eingewendet, wenn der König das ihm vom Volk anvertraute Mandat schlecht erfülle, habe das Volk das Recht, es ihm zu entziehen. Ja, es genüge nicht einmal immer, daß die Nation den König absetzt. Sie kann sogar über ihn zu Gericht sitzen und Sanktionen gegen ihn ergreifen, wenn er die Nation verrät. So hat der Konvent Ludwig XVI. zum Tode verurteilt.

Die Beziehungen zwischen dem Volk und seinen Repräsentanten

Es bleibt jedoch noch eine andere Rechtsfrage zu klären. Es handelt sich um das Problem der Beziehungen zwischen dem Volk und seinen Repräsentanten, die mit der Ausübung der gesetzgebenden Gewalt beauftragt sind. Man hatte gesagt: Das Volk hat die gesetzgebende Gewalt. Der Gemeinwille kann sich seines Rechtes, die Gesetze zu machen, nicht entäußern, ohne daß die Nation ihre Freiheit verliert. Soweit es um die vollziehende Gewalt ging, konnte die Nation diese Gewalt delegieren, jemanden damit beauftragen, ihren Willen auszuführen. Hinsichtlich der gesetzgebenden Gewalt verhält es sich offenbar anders. Die Nation kann jemand damit beauftragen, das von ihr Gewollte auszuführen, aber sie kann niemand damit beauftragen, für sie zu wollen, Gesetze zu beschließen, die sie betreffen. Wenn die Bürger ihren Willen direkt ausdrücken könnten, ohne Vertreter wählen zu müssen, würde die Gesellschaft den höchsten Grad der Vollkommenheit erreichen; dann würde sie in ihrer ganzen Einfachheit, in ihrer ursprünglichen Reinheit hervortreten. Aber das ist bei einer großen Nation unmöglich. Die Nation kann nicht ständig versammelt sein. Wenn man will, daß das Interesse, daß die Einheit des Volkes fortlaufend gewährleistet ist, dann muß das Volk Repräsentanten wählen. Aus der Tatsache, daß die Bürger einer großen Nation unmöglich ständig versammelt sein können, um Gesetze zu beschließen, könnte man zu der Folgerung kommen, daß nur ihre Repräsentanten zur Gesetzgebung befugt sind. Aber das löst die Frage nicht, wie die Beziehungen zwischen der Nation und ihren Abgeordneten zu verstehen sind. Es fehlt an Institutionen des öffentlichen Rechts, die einen klaren Begriff davon geben würden, was politische Repräsentation eigentlich bedeutet. Offenbar wird weder der Gedanke, daß die Nation selbst ihre Befugnisse ausübt, noch der Gedanke, daß sie die Ausübung ihrer Befugnisse delegiert, der Idee der Repräsentation gerecht. Wenn die Abgeordneten Gesetze verabschieden, dann ist es in Wirklichkeit nicht die Nation, die sie erläßt. Die Repräsentation läßt sich schwer als reine Bevollmächtigung begreifen. Wie lautet das Mandat, das den Repräsentanten erteilt wird? Gesetze zu verabschieden? Aber die Gesetze sind ihrem Wesen nach Ausdruck des Gemeinwillens. Man kann nicht zu einzelnen Menschen sagen: Ihr seid jetzt der Gemeinwille. Der Gemeinwille umfaßt den Willen aller Mitglieder der Gemeinschaft, man kann ihn nicht auf den Willen von einzelnen reduzieren. Die Individuen verfolgen ihre Privatinteressen. Die Übereinstimmung zwischen ihrem Willen und dem der Gemeinschaft kann in jedem Augenblick enden.

Die Repräsentation ist für die Franzosen eine neue Idee. Wenn die Generalstände einberufen wurden, hatten die Delegierten den Auftrag, die Wünsche ihrer Wähler dem König zu übermitteln. Die Idee der Repräsentation kommt in ihrer reinsten Form aus England. Um sich darüber klarzuwerden, was sie vom Gesichtspunkt des Rechtes aus bedeutet, mußte Frankreich zuerst eine Reihe von politischen Erfahrungen hinter sich bringen. Um dem Volk in gewisser Weise die Ausübung der gesetzgebenden Gewalt zu belassen, hatte man zuerst die Lösung des imperativen Mandats ins Auge gefaßt, das die Repräsentanten an die Wünsche ihrer Wähler bindet. Es wurde auch erwogen, die Aufgabe der Volksvertreter zu beschränken, so daß sie nur den Auftrag hätten, bestimmte Gesetzesprojekte zu formulieren und zu diskutieren. Anschließend wäre dann durch ein Referendum an das Volk appelliert worden, die Gesetzesvorschläge zu billigen oder zu verwerfen. Aber am Ende mußte man sich in der Praxis doch damit abfinden, den Volksvertretern allein das Recht zur Gesetzgebung zu überlassen. Trotzdem blieb die Vorstellung von der Rolle der Volksvertreter ziemlich verschwommen, sowohl bei diesen selbst als auch beim Volk.

Das Volk hat auch weiterhin ein gewisses Mißtrauen gegenüber seinen Abgeordneten. Für das Volk ist die Nationalversammlung nicht die Nation. Und die Abgeordneten wiederum fragen sich fortwährend, ob sie unpersönlich genug, ob sie wirklich würdig sind, den Volkswillen zu repräsentieren; sie sind sich dessen bewußt, daß sie einer ständigen moralischen Anspannung bedürfen, um das Niveau zu erreichen, das das Volk von ihnen fordert. Diejenigen übrigens, die dieses Niveau nicht erreichen, die, mit ihren eigenen Interessen beschäftigt, weiter die eigene Individualität in den Vordergrund stellen, verdienen es nicht, das Volk zu vertreten; sie müssen im Interesse der Nation abgesetzt werden. Das ist das *Ceterum censeo* Robespierres im Nationalkonvent.

Andererseits hat das Volk das Gefühl, daß es um seine wiedergewonnenen Rechte geprellt wird. Das Volk, sagt man, ist souverän, es ist gerecht, es ist gut. Es hat die Bastille gestürmt, hat sein Blut vergossen, um seine

Freiheit zu erobern. Und jetzt soll es nur noch das Recht haben, alle zwei oder drei Jahre Vertreter zu wählen? Alles befindet sich im Stadium der Umwälzung, überall stehen neue Dinge vor der Tür. Die Volksvertreter sind vor völlig neue Aufgaben gestellt. Sie sind verantwortlich für die Freiheit, für die Existenz der ganzen Nation. Und in einer solchen Situation soll das Volk ruhig warten, bis wieder der Augenblick kommt, wo es neue Abgeordnete wählen darf? Dazu kommt noch, daß während der Französischen Revolution die Versammlungen, die das Volk repräsentieren, nicht nach politischen Parteien unterteilt sind. Man wählt einen Abgeordneten einzig deshalb, weil man Vertrauen in ihn setzt und ihn für fähig hält, in den Fragen, vor die er gestellt wird, ausschließlich das Interesse des Volkes im Auge zu behalten. Aber was rechtfertigt dieses Vertrauen? Die Hoffnung des Abgeordneten, wiedergewählt zu werden? Davon kann keine Rede sein, denn man hat beschlossen, daß kein Abgeordneter, der der »Verfassunggebenden Versammlung« angehörte, in die darauffolgende Volksvertretung, die »Gesetzgebende Versammlung« gewählt werden kann. Außerdem handelt es sich während der Französischen Revolution nicht um eine kontinuierliche, in aller Ruhe stattfindende gesetzgeberische Tätigkeit. Es geht um dringliche Aufgaben, die unverzüglich gelöst werden müssen. Die Sorge, was später wird, wenn eine neue Wahl stattfindet, ist im Augenblick nicht so wichtig.

Wie könnte man unter solchen Umständen erwarten, daß das Volk nicht eingreift, daß es nicht seinem allmächtigen Willen Geltung verschafft? Es ist das Volk, es sind die revolutionären Massen in Paris, die die Abgeordneten überwachen, die auf der Straße oder von den Zuschauerrängen herab ihnen applaudieren oder ihr Mißfallen kundtun. Und das ganze französische Volk organisiert sich in Jakobinerklubs. Diese Organisation hat freilich keinerlei konstitutionellen Charakter, aber sie drückt die ursprüngliche, spontane Souveränität des wahren Volkes aus.

Die souveräne Nation

Wenn wir das System des öffentlichen Rechts, von dem sich die Französische Revolution leiten läßt, zusammenfassend skizzieren wollen, müssen wir von den beiden Ideen ausgehen, die eigentlich die theoretische Grundlage dieses Systems bilden: der Idee einer wechselseitigen, rechtlichen Verpflichtung zwischen den Bürgern, also dem Gesellschaftsvertrag, und der Idee des Willens der Nation als obersten Gesetzes, also der souveränen Nation. Allein dieser Gemeinwille kann dem Land eine Verfassung geben, die dann die Ausübung der Machtbefugnisse der Nation an von ihr ernannte Beauftragte delegiert. In erster Linie geht es darum, wem die Ausübung der gesetzgebenden und der vollziehenden Gewalt übertragen werden soll. Die Ausübung der gesetzgebenden Gewalt wird Vertretern anvertraut, die von der Nation gewählt werden, die Ausübung der vollziehenden Gewalt dem König. Zuerst wird also ein Vertrag zwischen freien und rechtsgleichen Individuen geschlossen, und daraus folgt der Zusammenschluß zu einer Vereinigung. Diese Vereinigung hat gemeinsame Interessen, sie muß die innere und äußere Sicherheit, die öffentlichen Einrichtungen etc. gewährleisten. Sie besitzt einen Gemeinwillen, den gemeinsamen Willen aller ihrer Mitglieder. Stimmen die Einzelwillen überein, so besteht der Gemeinwille aus der Summe dieser Einzelwillen, im andern Fall repräsentiert die Mehrheit den Gemeinwillen. Dieser Gemeinwille teilt die öffentlichen Funktionen auf. Es muß Beamte geben, Richter, Soldaten, Abgeordnete – nach bestimmten Verfassungen auch einen König. Alle diese Personen haben unmittelbar oder mittelbar von der Nation einen Auftrag bekommen. Sie sind für die Nation da; sie sind von ihr abhängig. Die generelle Ordnung dieser Funktionen, ihre Verteilung, ihre Koordinierung oder Subordinierung, die Organisation der Staatsverwaltung und von allem, was damit zusammenhängt, ist Sache der Verfassung. Der Gesellschaftsvertrag, die Souveränität des Gemeinwillens, das Mandat, das die Nation den Personen erteilt, die sie mit der Ausübung ihrer Machtbefugnisse beauftragt: So sieht der Aufbau einer auf das Recht gegründeten Gesellschaft aus, wie sie die Revolution versteht. Es ist die Umsetzung in die Praxis des öffentlichen Rechts, dessen Theorie Rousseau im »Contrat Social« aufgestellt hatte. Das Maß an vitaler Kraft jeder dieser Ideen, ihr Gefühlsinhalt, ihre Wirksamkeit, ihre Bedeutung wechseln im Lauf der Revolution.

Die grundlegende Idee war zuerst die des Gesellschaftsvertrages. Der Gesellschaftsvertrag, so scheint es, sichert jedem einzelnen die Unabhängigkeit, auf die er ein Recht hat. Da jeder von ihnen sich im eigenen Namen gegenüber der Gemeinschaft verpflichtet hat, scheinen hier öffentliches Recht und Privatrecht auf den gleichen Prinzipien des Naturrechts zu beruhen; beide sind offenbar aus dem gleichen Rechtsbewußtsein geboren. Die Bindungen, die jetzt jeden einzelnen mit der Gesamtheit der Gemeinschaft vereinen, sind legitim. Das gleiche gilt für die gegenseitigen Bindungen, die ihn mit allen andern Mitgliedern der Gesellschaft vereinen. Zwischen allen Franzosen besteht eine wechselseitige Beziehung von Rechten und Pflichten, eine Rechtssolidarität. Aus eigener Willensentschließung, nicht auf Grund eines Zwanges, ist jedes Individuum ein Teil des Ganzen; die auf das Recht gegründete Gesamtheit, in die er eintritt, garantiert ihm seine eigenen Rechte. Er ist freier Bürger einer freien Nation. So befriedigt das Bewußtsein des Individuums, daß es auf legitime Weise der Nation angehört, ohne daß seine Freiheit angetastet wurde, sein Gefühl der Menschenwürde und bestimmt zugleich seine Beziehung zur Gesamtheit seiner Mitbürger, vereint ihn mit seinen Landsleuten. Die Nation ist ein legales Ganzes, das sich aus Individuen zusammensetzt, die von Rechts wegen frei und miteinander auf gleiche Weise vereint sind, nämlich durch Vertrag.

So klar jedoch diese Theorie auch sein mag, die Schwierigkeiten beginnen, sobald es darum geht, die Theorie in die Praxis umzusetzen. Es steht fest, daß eine Nation auf Grund des Gesellschaftsvertrags entsteht. Aber Frankreich ist bereits eine Nation. Außerdem ist der Abschluß eines solchen Vertrags ein Akt, der sich, einmal vollzogen, nicht wiederholt. Sobald der Vertrag geschlossen und die Einheit der Nation durch die Verfassung verwirklicht und organisiert ist, sobald die Absicht des Paktes in Vollzug gesetzt ist, bleibt er zwar noch die rechtliche Grundlage der Vereinigung, kann er noch in dem Bewußtsein der Bürger, durch Rechtsbindungen miteinander verknüpft zu sein, weiterwirken, ist aber kein unmittelbar wirkendes Element mehr. Man kann natürlich behaupten, dieser Vertrag werde in jedem Augenblick stillschweigend erneuert, aber es fehlt dann die konkrete Anschauung, das unmittelbare Gefühl, das der Akt des Vertragsschlusses hervorruft.

Anders verhält es sich mit der Idee der souveränen Nation. In einem bestimmten Augenblick, unter bestimmten Umständen, wenn die Generalstände einberufen werden, muß die Nation ihr souveränes Recht ausüben und sich eine Verfassung geben. Selbstverständlich werden Schwierigkeiten auftauchen, wenn es darum geht, im Rahmen dieser Verfassung die Rechte der Nation mit den Rechten der einzelnen zu vereinbaren, die Ausübung der verschiedenen Machtbefugnisse zu delegieren und zu verteilen. Aber die Idee der souveränen Nation bleibt der Eckpfeiler des öffentlichen Rechts, der Wille des Volkes bleibt das oberste Gesetz.

Der Gesellschaftsvertrag und der Vertrag zwischen Volk und Souverän

Wenn wir auf die Ursprünge des von der Revolution übernommenen Rechtssystems zurückgehen, stoßen wir zuerst auf das grundlegende Prinzip, wonach jeder Mensch als solcher Rechte besitzt. Anders ausgedrückt, alle seine Handlungen sind rechtmäßig, soweit sie nicht die Rechte eines anderen verletzen. Das gilt für jeden Menschen in gleicher Weise. Die Menschen sind frei und rechtlich gleich. Zwischen diesen freien, rechtsgleichen Menschen entstehen die verschiedensten Beziehungen: ein Austausch von Dienstleistungen. Dieser Austausch wird durch Verträge geregelt. A tut dies für B. B jenes für A. Sie gehen eine gegenseitige Verpflichtung ein. Es darf jedoch nicht sein, daß einer von beiden auf den andern einen Druck ausübt und ihn zwingt, ihm einen Dienst zu leisten. Damit würde er gegen eines der fundamentalsten Prinzipien des Naturrechts verstoßen, die individuelle Freiheit. Damit beide frei bleiben, muß die Verpflichtung, die sie aus eigenem Entschluß eingegangen sind, gegenseitig sein. Das ist die erste Forderung des Rechts, die Grundbedingung, die sie für das Leben stellt.

Und doch ist in der Praxis das Individuum zu einer ganzen Reihe von Handlungen gezwungen, die dieses Prinzip zu leugnen scheinen. Der König verlangt von seinen Untertanen Gehorsam, der einzelne muß Steuern zahlen, er muß sich bestimmten Gesetzen unterwerfen. Er ist sogar dazu gezwungen, weil er sonst bestraft wird. Hier scheint ein Widerspruch vorzuliegen. Wenn einerseits im Privatleben jemand versucht, mich zu irgendetwas zu zwingen, wehre ich mich dagegen, und mein Widerstand ist legitim; andererseits werde ich im öffentlichen Leben im Namen des Staates gezwungen, bestimmte Handlungen auszuführen. Wie kann man diese beiden Einstellungen miteinander vereinbaren? Die Rechtsprinzipien sind für alle gültig. Ich kann nicht heute sagen, daß niemand das Recht hat, mich zu irgendeiner Handlung zu zwingen, und morgen, daß der König und die Funktionäre des Staates mich gegen meinen Willen zwingen können, eine ganze Reihe von Handlungen vorzunehmen. Es kann zwar sein, daß der einzelne den Befehlen des Staates nachgibt, aber das beweist lediglich, daß auf der Seite des Staates die Macht ist, nicht das Recht. Nun war aber im Namen des Rechtes gerade festgelegt worden, daß es im Privatleben dem Stärkeren unter keinerlei Vorwand erlaubt ist, sich der Gewalt zu bedienen, um den Schwächeren zu bestimmten Handlungen zu zwingen. Auf der einen Seite haben wir also die Grundsätze des Privatrechts, die die Ausübung jeden Zwangs gegen das Individuum, jede Anwendung von Gewalt untersagen; auf der einen Seite die durch das Zivilrecht geregelten Beziehungen zwischen Individuen, auf der andern die Beziehungen der einzelnen gegenüber dem Staat, die dessen souveränem Willen unterliegen.

Um einen Ausweg aus diesem Widerspruch zu finden, gab es nur eine Lösung: die im Zivilleben gültigen Grundsätze auf das öffentliche und politische Leben auszudehnen. Wenn im Privatleben im Prinzip feststeht, daß kein Mensch zu einer Handlung gezwungen werden kann, es sei denn, er habe dem durch Vertrag zugestimmt, dann darf auch die Regierung von den einzelnen keine Handlung fordern, es sei denn kraft eines Vertrages. Das ist das Problem, das sich die Philosophen des Naturrechts gestellt hatten: Althusius, Grotius, Pufendorf, Thomasius, Hobbes und Locke.

Die Idee, die sich zuerst aufzudrängen schien, war die eines Vertrages zwischen Regierenden und Regierten. Wenn die einzelnen der Regierung gehorchen müssen, dann müssen sie sich aus freien Stücken dazu verpflichtet haben. Auch die Beziehung der Untertanen gegenüber ihren Oberen muß durch eine Abmachung geregelt sein. Es bestünde also ein Vertrag zwischen dem Volk und seinen Vorgesetzten. Dieser Vorstellung steht jedoch die Idee des Gesellschaftsvertrages entgegen. Die bloße Tatsache, daß ein Individuum einem Staat, einer Gemeinschaft angehört, setzt schon voraus, daß es sich durch Vertrag an seine Mitgesellschafter gebunden hat. Nehmen wir einen analogen Fall im Privatrecht: Jemand ist Mitglied einer Vereinigung, einer Handelsgesellschaft etwa. Wie hat er es angestellt, zu dieser Vereinigung zu gehören? Er hat sich durch einen Vertrag verpflichtet, in dem seine Rechte und Pflichten als Mitglied festgelegt sind. Wenn eine Gesellschaft dieser Art es sich einfallen ließe, von irgend jemand zu behaupten, er gehöre ihr als Mitglied an, ohne den Beweis liefern zu können, daß er ihr aus freiem Entschluß beigetreten ist, so wäre eine solche Erklärung nichtig. Das gleiche gilt für die Vereinigung, die der Staat bildet. Sie existiert nur kraft einer Verpflichtung, die jedes ihrer Mitglieder eingegangen ist. Aber ebenso, wie es legitim ist, einen Vertrag über den Zusammenschluß zu einer Vereinigung zu schließen, in der »jeder ... sich allen ... und damit niemandem hingibt«[4], ebenso würde ein Vertrag des Volkes mit einem Führer, in dem eine der Parteien sich verpflichtete, zu befehlen, und die andere, zu gehorchen, dem Naturrecht zuwiderlaufen.

Wir stehen also zwei Theorien des Naturrechts gegenüber, die die Machtbefugnisse des Staates mit Hilfe der Idee des Vertrages zu legitimieren versuchen. Die eine ist die Theorie des Gesellschaftsvertrages, die andere die Theorie von einem Vertrag zwischen dem Volk und dem Souverän. Der Gesellschaftsvertrag antwortet auf die Frage, kraft welcher vom Standpunkt des Rechtes aus gültigen Gründen der einzelne Bürger eines Staates ist, warum der eine Franzose, der andere Deutscher oder Engländer ist, mit anderen Worten, welches ganz allgemein die Rechtsgrundlage des Staates ist. Der Vertrag zwischen Volk und Souverän andererseits ant-

4 Jean-Jacques Rousseau: Le Contrat Social, L. i, chap. vi.

wortet auf die Frage, wie man durch Gründe, die vom Standpunkt des Rechtes aus gültig sind, erklären kann, daß der einzelne Untertan der an der Macht Befindlichen ist, daß er dem Gesetz gehorchen muß, mit anderen Worten, welches die Rechtsgrundlage der Macht ist, die die Regierung im Staat ausübt. Im ersten Fall ist der Staat eine Gemeinschaft von Landsleuten: zum Beispiel Frankreich, England, Deutschland. Im zweiten Fall ist er eine bestimmte Organisationsform: Führer und Gefolgsleute, Regierende und Regierte, eine je nach dem Land verschiedene Regierung, zum Beispiel eine Monarchie oder eine Republik. Im einen Fall ist der einzelne Bürger einer Nation, im andern Untergebener der öffentlichen Instanzen. Das sind die beiden Gesichtspunkte, unter denen man den Staat betrachten kann. Und in beiden Fällen führt man zur Unterstützung das Argument des Vertrages ins Feld. Übrigens hatte man angenommen, man könne beide Arten von Vertrag kombinieren. Danach hätten die Bürger zuerst unter sich einen Gesellschaftsvertrag geschlossen, dann hätten sie sich gegenüber selbstgewählten Führern durch Vertrag verpflichtet und sich so einer Regierung unterworfen. Das war zum Beispiel die Auffassung Pufendorfs.

Aber, wendet Rousseau ein, die Einsetzung einer Regierung durch das Volk kann nicht aus einem Vertrag geboren sein. Es kann keinen Vertrag geben zwischen einem Volk und den Anführern, die es sich gibt. Es kann nur eine gegenseitige Verpflichtung der Bürger unter sich geben: den Gesellschaftsvertrag. Dieser Vertrag schließt allerdings ein, daß die Bürger sich den Forderungen unterwerfen, die das Funktionieren der Vereinigung verlangt. Aber ihr Gehorsam ist von ganz anderer Art als der, den man einem Führer schuldet; denn die Regierung, der sie gehorchen, existiert nur kraft Auftrags, und die öffentlichen Instanzen üben nur im Namen des Gemeinwillens die Macht aus, die ihnen von diesem übertragen wurde. Wenn ein einzelner einer Gesellschaft beitritt, dann verpflichtet er sich selbstverständlich, sich in allen die Gemeinschaft betreffenden Angelegenheiten dem Gemeinwillen der Mitglieder, aus denen sie sich zusammensetzt, unterzuordnen. Kehren wir zu unserem Beispiel aus dem Zivilrecht zurück. Trete ich einer Vereinigung von Menschen bei, die sich zur Erreichung eines bestimmten Zieles zusammengeschlossen haben, so bedeutet das selbstverständlich nicht, daß ich von jetzt an das Recht habe, allein über die diese Gesellschaft betreffenden Angelegenheiten zu entscheiden. Aber es bedeutet ebensowenig, daß ich eine Verpflichtung gegenüber einer dritten Person eingegangen bin und dieser gehorchen muß. Es heißt vielmehr lediglich, daß ich mich in Zukunft mit den anderen Mitgliedern der Gesellschaft, der ich mich angeschlossen habe, zusammentun werde, um über die

Angelegenheiten zu entscheiden, die diese Gesellschaft betreffen. Diese Gesellschaft wählt unter Umständen einen Lenkungsausschuß, aber das bedeutet nicht, daß sie einen Vertrag mit den Angehörigen dieses Ausschusses abgeschlossen hat. Sie hat lediglich einige ihrer Mitglieder bestimmt, die sie mit der Ausübung bestimmter Funktionen beauftragt hat. Die Gesamtheit ihrer Mitglieder behält das Recht, über die Angelegenheiten zu entscheiden, die die Gesellschaft allgemein betreffen. Die Angehörigen des Lenkungsausschusses sind nicht die Oberherrn der Vereinigung, sie sind ihre Beauftragten, ihre Delegierten. Und so muß man auch die Gemeinschaft betrachten, die der Staat bildet. Es spielt auch keine Rolle, daß diese Gesellschaft sich aus Millionen von Leuten zusammensetzt. Rechtlich gesehen, macht das keinen Unterschied. Ob es sich um ein Dutzend Menschen handelt, die sich auf einer einsamen Insel getroffen haben, oder um Millionen von Menschen, die über ein großes Land verstreut sind: Die Rechtsprinzipien, auf die sie sich berufen können, sind die gleichen.

Die von einem Staat gebildete Gemeinschaft beruht auf dem Prinzip, daß in den sie betreffenden Angelegenheiten jeder ihrer Angehörigen sich den Entscheidungen des gemeinschaftlichen Willens unterordnen muß, daß aber andererseits seine Eigenschaft als Mitglied ihm das Recht gibt, am Zustandekommen dieses Willens mitzuwirken, das heißt abzustimmen. Wenn in der Folge die Gemeinschaft bestimmte Mitglieder mit verschiedenen Funktionen betraut, so wird sie damit nicht von ihnen abhängig. Es versteht sich von selbst, daß der einzelne den von den Beauftragten der Gesellschaft ergriffenen Maßnahmen Folge leisten muß, aber er tut das deshalb, weil er an der Entscheidung der Gesellschaft mitgewirkt hat, ihnen die Machtbefugnisse zu verleihen, die zu ihrer Ausführung notwendig sind. Die Gesamtheit der in der Gesellschaft Zusammengeschlossenen behält das Recht, in letzter Instanz zu entscheiden. Ihre Mandatare sind vom gemeinschaftlichen Willen abhängig, aber solange die von ihnen ergriffenen Maßnahmen mit diesem Willen übereinstimmen, muß der einzelne sich ihnen unterordnen.

Auf diese Weise beseitigt Rousseau den Dualismus zwischen dem Gesellschaftsvertrag und dem Vertrag zwischen Volk und Souverän. Gewiß, in einem Staat ist der einzelne den öffentlichen Gewalten unterworfen; gewiß, in den die öffentlichen Angelegenheiten betreffenden Dingen ist es nicht sein eigener Herr, kann er nicht tun, was er will. Er hat durch Vertrag bestimmte Verpflichtungen übernommen. Aber wem gegenüber hat er sie übernommen? Darin liegt das ganze Problem. Einige nahmen an, er habe sich gegenüber einem Oberherrn, gegenüber obrigkeitlichen Instanzen verpflichtet. Nein, erwidert Rousseau, er hat sich nur der Gesellschaft gegenüber verpflichtet, der er beigetreten ist. Und aus der Tatsache dieses Beitritts ergibt sich notwendigerweise, daß er sich den Entscheidungen des Gemeinwillens unterwerfen muß. Das gleiche gilt für jeden seiner Mitbürger. Und auf diese Weise entsteht eine Gemeinschaft, ein Volk, ein Staat, die Koordinierung und zugleich Subordinierung der einzelnen. Welche Rolle aber kommt in diesem Zusammenhang der Regierung zu, dem König, den Beamten? Sie sind die Bevöllmächtigten der Gesellschaft, der Nation. Diese Vollmacht berechtigt sie zu der Forderung, daß die einzelnen sich ihren Befehlen fügen. Denn sie selber bleiben der Nation in ihrer Gesamtheit untergeordnet, unterworfen. Der Vertrag zwischen dem Volk und seinen Anführern sollte die Abhängigkeit des einzelnen vom Staate legitimieren, es sollte ferner den Machtbefugnissen der Regierung eine Rechtsgrundlage geben. Aber es handelt sich hier um zwei verschiedene Fragen. Daß die einzelnen dem Gemeinwillen unterworfen sind, ist *per definitionem* in jedem Gesellschaftsvertrag impliziert, wenn man ihn richtig begreift. Im Gegensatz dazu ist die Rechtsgrundlage der Machtbefugnisse der Regierung nicht ein Vertrag, sondern das von der Nation erteilte Mandat. Die Idee des Gesellschaftsvertrages und einer kraft Vollmacht handelnden Regierung sind die Leitgedanken der Französischen Revolution bei der Schaffung der neuen Gesellschaft.

Absolute oder relative Souveränität des Staates

Die Idee des Gesellschaftsvertrages hat eine neue moralische Persönlichkeit, ein neues Rechtssubjekt hervorgebracht. Die Gesellschaft hat das Recht, in bezug auf das Individuum Entscheidungen zu treffen. Wir waren von der Idee ausgegangen, daß das Individuum Rechte besitzt. Auf die Frage »wer besitzt Rechte«? hatten wir geantwortet: der einzelne. Er ist Eigentümer, er hat das Recht, durch vertragliche Abmachungen von seinen Mitbürgern gewisse Leistungen zu verlangen. Jetzt aber handelt es sich um ein Recht, das nicht einem Individuum, sondern einer Gemeinschaft zusteht. Nehmen wir wieder unser Beispiel aus dem Zivilberuf auf. Eine Körperschaft, eine Gesellschaft erwirbt Güter. Sie trifft bezüglich ihrer Güter bestimmte Maßnahmen. Es versteht sich von selbst, daß jedes ihrer Mitglieder sich ihnen unterwerfen muß. Sie kann nicht zulassen, daß eines ihrer Mitglieder sagt: Ich für meinen Teil bin mit dieser oder jener Entscheidung nicht einverstanden. Die andern können mit ihrem Anteil machen, was sie beschlossen haben, ich jedoch mache mit meinem Anteil, was *ich* will. Es ist selbstverständlich, daß das betreffende Mitglied sich der Entscheidung unterwerfen muß, die die Gesamtheit der Gesellschaftsangehörigen hinsichtlich der Besitztümer getroffen hat, über die sie verfügt. Das einzige Recht, das ihm zusteht, besteht darin, mit seiner Stimme wie alle anderen an der Entscheidung darüber mitzuwirken, was mit dem Besitz der Gesamtheit geschehen soll.

Das gleiche gilt für die Gemeinschaft, die sämtliche Bürger eines Staates bilden. Nehmen wir an, der Staat oder eine Gemeinde will eine Straße bauen. Es ist selbstverständlich, daß nicht jeder Bürger das Recht hat, über einen bestimmten Teil dieser Straße frei zu verfügen. Das gilt auch für alle anderen öffentlichen Einrichtungen, für die Rechtspflege, die Armee etc. Es gibt also Rechte, die nur einer Gemeinschaft zustehen können, die ein zusammenhängendes Ganzes bildet. Es gibt eine kollektive Rechtssphäre; die als unteilbares Ganzes begriffene Gesellschaft ist eine moralische Person.

Diese kollektive moralische Person wird genau wie die individuelle moralische Person aufgefaßt. Wenn ich sage, daß es dem Individuum in seiner eigenen Rechtssphäre freisteht, zu tun oder nicht zu tun, was es will, so gilt das gleiche für die Gesellschaft. Die Gesellschaft verfügt unbeschränkt über das, was zu dieser Rechtssphäre gehört. Und zu dieser Rechtssphäre gehört alles, was das Gemeininteresse der Gesamtheit der einzelnen betrifft, Rechtspflege, Erziehung, innere und äußere Sicherheit. So wie das Individuum innerhalb seiner Rechtssphäre souverän ist, ist also auch die Nation innerhalb der ihren souverän. Das ist der Inhalt der Theorie von der Souveränität der Nation. Die als ein Ganzes betrachtete Nation ist ein kollektives Rechtssubjekt und besitzt das uneingeschränkte Recht, in bezug auf das Allgemeininteresse alle Vorkehrungen zu treffen, die es will; in allem, was das Allgemeininteresse betrifft, muß sich jeder einzelne den Entscheidungen der Nation unterwerfen, die in dieser Hinsicht souverän ist. Wenn die Individualrechte unter Berufung auf den freien Willen jedes Bürgers der Gesellschaft verkündet wurden, so geschieht das für die Kollektivrechte unter Berufung auf den souveränen Gemeinwillen.

Die Theorie des souveränen Volkes war nicht neu. Ging man jedoch von der Idee aus, daß die an der Spitze eines Staates stehende Person ihre Rechte vom Volk erhalten hat, das ihm seine Rechte abgetreten hat, dann konnte die gleichzeitige Festsetzung der absoluten Rechte des Volkes und seiner absoluten Souveränität nur dazu dienen, die absolute Macht des Königs zu legitimieren, auf den diese Souveränität übertragen worden war. Da das Volk in seiner Masse nicht regieren kann, hatte man argumentiert, muß es seine ursprüngliche Souveränität an den König abtreten. Diese zuerst von Bodin vorgebrachte Theorie fand ihren vollendetsten Ausdruck bei Hobbes. Eine solche Theorie jedoch konnten Rousseau und die Menschen seiner Zeit nicht akzeptieren. Das Volk, sagt Rousseau, kann seine Souveränität nicht ablegen. Es kann sich seiner Freiheit nicht entäußern. Die Souveränität des Volkes ist unvergänglich. Sie kann auf niemanden übertragen werden. Es ist beim Volk genau wie beim Individuum. Auch dieses könnte nicht seine Freiheit aufgeben und seine Rechte an eine andere Person abtreten, ohne zum Knecht zu werden. Das Volk ist und bleibt souverän.

Und gleichzeitig erklärt Rousseau, diese Souveränität des Volkes sei uneingeschränkt und uneinschränkbar. Wir sahen, daß die Gesamtheit der Gesellschaft innerhalb ihrer kollektiven Rechtssphäre souverän ist. Aber wieweit erstreckt sich diese Sphäre in Beziehung auf die individuelle Rechtssphäre, in Beziehung auf die privaten Rechte eines jeden? In dem Beispiel aus dem Zivilrecht, das wir weiter oben anführten, hat jedes Mitglied einer Gesellschaft hinsichtlich des gemeinschaftlichen Besitzes lediglich das Recht, wie alle andern darüber konsultiert zu werden, wie über diesen Besitz verfügt werden soll. Das einzelne Mitglied kann nicht frei über seinen Besitzanteil verfügen. Aber außer diesem Anteil besitzt der einzelne eigene Güter, hinsichtlich deren die Gesellschaft keinerlei Verfügung treffen kann. Als Mitglied der Geselschaft muß sich also der einzelne Maßnahmen unterordnen, die in Angelegenheiten, welche die Gesellschaft betreffen, gemeinschaftlich ergriffen werden; daneben jedoch hat er seine eigenen Angelegenheiten, in denen er frei nach seinem Belieben verfügen kann. Er hat zwar teil an einer kollektiven Rechtssphäre, besitzt aber auch eine individuelle Rechtssphäre. Er ist mithin einerseits als Mitglied einer Gesellschaft deren Entscheidungen unterworfen, andererseits steht es ihm als unabhängiger Person absolut frei, in seinen Privatangelegenheiten nach seinem Gutdünken zu verfahren.

Das gleiche gilt für den Staatsbürger, der zugleich am Allgemeininteresse teilnimmt und sich mit seinen eigenen Sonderinteressen beschäftigt. Auf der einen Seite trägt er zu den öffentlichen Abgaben bei, genießt den Schutz der Gemeinschaft, ist Nutznießer der Gemeinschaftseinrichtungen, auf der andern Seite hat er gleichzeitig seinen Acker, mit dem er macht, was er will, den er nach seinem Gutdünken bebaut. Aber das ganze Problem besteht darin, festzustellen, bis wohin sich einerseits der Bereich des öffentlichen Interesses, die kollektive Rechtssphäre, andererseits das Privatinteresse, die individuelle Rechtssphäre erstreckt. Wo ist die Grenze zwischen den beiden Bereichen zu ziehen? Setzen wir zum Beispiel den Fall, daß die Gemeinschaft in Gefahr ist. Sie verlangt vom Bürger, daß er sein Eigentum opfert, ja sogar die eigene Person. Hat sie dazu das Recht? Oder ist der einzelne berechtigt zu sagen: Meine Pflichten gegenüber der Gesellschaft gehen nicht so weit, sie greift in meine Rechtssphäre ein. Es geht darum, ob es eine Grenze für die Forderungen der Gesellschaft gegenüber ihren Mitgliedern gibt. Nein, antwortet Rousseau. Es gibt keine solche Grenze, soweit und solange diese Forderungen in Gesetzen niedergelegt sind, die für alle Bürger gleichermaßen gültig sind. Um diese Theorie Rousseaus zu verstehen, müssen wir auf seine Konzeption des sozialen Zustandes zurückgreifen. Sobald das Individuum sich einer Gesellschaft anschließt, beginnt es eine ganz neue Existenz; es ist nicht mehr länger auf sich selber als Mittelpunkt ausgerichtet; es gehört ganz und gar der Gesellschaft an, sein Leben ist nur noch ein Teil des Lebens der Gemeinschaft. Denn es gibt zwei Lebensformen: das Leben, wie es im Zustand der Natur geführt wird, wo der Mensch ganz für sich lebt und seine natürliche Freiheit genießt – und das Lebens, wie es der soziale Zustand verlangt, wo der Mensch nur noch ein Teil des Ganzen ist. Das Individuum tritt in den sozialen Zustand mit allem ein, was es besitzt, und bringt seine ganze Person der Gemeinschaft zum Geschenk. Der einzelne lebt dann nur noch als Mitglied der Gemeinschaft, der er unbeschränktes Recht auf sich einräumt. Es kommt nicht mehr in Frage, daß er sich etwa ein Recht, ein unabhängiges Interesse vorbehielte, auf dessen Grenzen die Macht der Souveränität stieße. Man darf nicht sagen, er sei einerseits Angehöriger einer Gesellschaft, Bürger einer Nation, und andererseits ein Privatmensch, der Rechte genießt und Interessen verteidigt, auf die die Gesellschaft keinerlei Recht hat. Er ist nur noch Mitglied, Teil der Gesellschaft und hat nur noch an der kollektiven Rechtssphäre teil.

Der Souveränität des Volkes ist nur eine einzige Grenze gesetzt: das Gesetz. Das Gesetz ist kraft seines Ursprungs und seines Zieles allgemeiner Natur. Es ist aus dem Gemeinwillen geboren und dekretiert Maßnahmen, die die Gemeinschaft als solche betreffen. Es kann zum Beispiel nicht bestimmen: Dem Soundso ist es verboten, dies oder jenes zu tun. Es kann nur bestimmen: Dies ist verboten. Sein Verbot muß für alle gelten und darf sich nicht auf eine namentlich bezeichnete Person beziehen. Da sich die Souveränität des Volkes im Erlaß von Gesetzen ausdrückt, ist es unmöglich, daß ein einzelner zu einer Verpflichtung gezwungen wird, die nicht gleichzeitig allen anderen Mitgliedern der Gesellschaft auferlegt wird. Die Gesellschaft könnte beispielsweise nicht das Eigentum eines einzelnen beschlagnahmen, sie hat jedoch das Recht, sumptuarische Gesetze zu erlassen, die allen einzelnen ihre Güter teilweise oder ganz wegnehmen und das Privateigentum einschränken oder ganz abschaffen.

Diese Definition der Souveränität des Volkes bedeutet, daß es nur noch eine Sphäre kollektiver Rechte gibt und daß alle Rechte des Individuums auf die Gesellschaft übergegangen sind. Das folgt übrigens aus dem Gesellschaftsvertrag, demzufolge jeder Bürger sich aller seiner Rechte zugunsten der Gesellschaft entäußert und ihr unbeschränkte Rechte ihm selber gegenüber überträgt. Es scheint aber, daß wir uns hier in völligem Widerspruch mit den Rechtsprinzipien befinden, auf die wir uns stützten, um das öffentliche Recht aus dem Naturrecht abzuleiten. Das Individuum als solches besitzt natürliche Rechte. Es ist seiner Natur nach frei. Und jetzt sagt man uns, im sozialen Zustand habe es keine Rechte als Individuum mehr, sondern nur noch als Teil einer Gemeinschaft, die die Rechte aller Bürger in sich vereint. Rousseau hält dem entgegen, daß der Mensch seine natürliche Freiheit solange genießt, als er sich im Naturzustand befindet, aber in dem Augenblick, wo er freiwillig einer Gesellschaft beitritt und den Gesellschaftspakt abschließt, seine natürliche Freiheit aufgibt und sich verpflichtet, sich allen legalen Maßnahmen zu unterwerfen, die der Gemeinwille trifft. Wenn jedoch das Individuum im sozialen Zustand sich seiner natürlichen Freiheit entäußert, so verpflichtet es sich nicht gegenüber einer Person, sondern einzig und allein gegenüber der Gemeinschaft. Der einzelne wird integrierender Bestandteil dieser Gemeinschaft; sein Wille ist nur noch ein Bruchteil des Gemeinwillens. Er nimmt an der Ausarbeitung der Gesetze teil, denen er sich unterwirft. Im sozialen Zustand genießt das Individuum eine neue Art von Freiheit – die Freiheit, sich den Entscheidungen der Gemeinschaft zu unterwerfen und vom Willen keiner Einzelperson abhängig zu sein.

Es gibt also sozusagen zwei Rechtszustände bei Rousseau. Im Naturzustand haben die Menschen Rechte als Individuen. Und eben in Ausübung dieser Rechte schließen sie den Gesellschaftsvertrag. Durch den Abschluß dieses Vertrages jedoch nehmen ihre Rechte einen anderen Charakter an. Der einzelne partizipiert an den Kollektivrechten, er hat das Recht, an den vom Staat getroffenen Maßnahmen mitzuwirken, und die Pflicht, sich ihnen zu unterwerfen. Ursprünglich besaß er das uneingeschränkte Recht, über sich selbst zu verfügen. Aber jetzt, da die Gesellschaft das uneingeschränkte Recht hat, alle sie selber in ihrer Gesamtheit betreffenden Entscheidungen zu fällen, besteht das einzige Recht, das dem einzelnen zusteht, darin, daß er wie alle seine Mitbürger seine Meinung zu den Entscheidungen äußern darf, die in bezug auf die Gemeinschaft getroffen werden. Soll eine Gesellschaft auf das Recht gegründet sein, müssen die einzelnen, die sich ihr anschließen, ihre natürlichen Rechte ausüben; und das tun sie, indem sie den Gesellschaftspakt abschließen. Sobald jedoch diese Gesellschaft gegründet ist, verändern die Rechte der einzelnen ihren Charakter; die Bürger genießen nicht mehr ihre natürliche Freiheit.

Allgemein genommen, hat die Französische Revolution den ersten Teil der Theorie übernommen, aber die Mehrzahl der Männer von 1789 war nicht bereit, zu akzeptieren, daß das Individuum durch seinen Eintritt in den sozialen Zustand sich verpflichtet habe, auf seine natürlichen Rechte zu verzichten. Nach ihnen konnte der Mensch sich seines Rechtes auf Freiheit unter keinerlei Vorwand entäußern. Dieses Recht ist unveräußerlich, es liegt in der Natur des Menschen selbst, es ist ewig. Es bildet in jedem Menschen ein unteilbares Ganzes, das niemand – auch nicht die Kollektivpersönlichkeit, die der Staat darstellt – antasten kann. Rousseau war der Meinung, jedes Individuum erwerbe im Staat eine neue Art von Freiheit, die zivile oder vertragliche Freiheit, die darin besteht, daß man nur den Gesetzen gehorcht. Eine seltsame Freiheit, wird ihm entgegengehalten, Gesetzen zu gehorchen, die die natürliche Freiheit des Menschen beseitigen. Wenn die Rechte der Natur des Menschen innewohnen, sind sie unveräußerlich. Sie bleiben im sozialen Zustand genauso gültig wie im Naturzustand. Ob der Mensch allein oder in einer Gemeinschaft lebt: Er ist frei.

Und wenn diese Rechte eine primäre, ursprüngliche Gegebenheit sind, dann ist es die vordringlichste Pflicht der Gesellschaft, sie zu schützen. Daraus entsteht eine Staatsauffassung, deren Grundbedingung es ist, daß die Rechte des Individuums verteidigt werden, daß den Angehörigen des Staates der ungestörte Genuß ihrer Rechte verschafft wird. Die Rechte des Individuums zeigen an, welche Pflichten und Grenzen die Macht des Staates hat, die auf diesen Rechten beruht und deren Ausübung nur die Bewahrung dieser Rechte zum Ziel haben kann. Die natürlichen Rechte sind dem Individuum nicht durch die Gesellschaft gewährt worden. Sie waren vor ihr da. Die Gesetze sind nicht dazu da, Rechte zu verleihen, sondern einzig und allein dazu, bestehende Rechte zu schützen. Die Verfassung eines Staates hat allein das Ziel, die Menschenrechte zu gewährleisten. Deshalb muß jeder Verfassung eine Erklärung der Menschenrechte vorangehen, damit unzweideutig das Ziel klargestellt ist, auf das die Schaffung und Organisation der gesetzgebenden Macht ausgerichtet ist.

Die Revolutionäre von 1789 waren jedoch nicht die ersten, die den Staat so auffaßten. Vor ihnen hatte schon Locke eine ganz ähnliche Meinung vertreten. Er hatte behauptet, es stehe ein für alle Mal fest, daß der einzelne von Natur aus das Recht hat, seine Freiheit und sein Eigentum zu genießen. Kein Staat kann den einzelnen dieses Recht geben oder sie seiner berauben. Freie Eigentümer waren es, die sich zusammenschlossen und Institutionen schufen, um ihre Freiheit und ihr Eigentum zu schützen. Es wäre deshalb widernatürlich, wenn diese Institutionen in irgendeiner Weise die Freiheit oder das Eigentum dieser einzelnen beeinträchtigten. Sie befänden sich damit im Widerspruch mit dem Zweck, zu dem sie geschaffen wurden.

Wir stehen also vor zwei verschiedenen Staatsauffassungen – einerseits der von Hobbes und von Rousseau, die trotz aller Unterschiede in der Definition des Souveräns ihn als allmächtig gegenüber dem Individuum erklärt, und andererseits der von Locke und seinen Nachfolgern, die der Staatsmacht die Grenze der vorgegebenen Rechte des Individuums setzt, die der Staat in keiner Weise antasten kann. Die Philosophie der Französischen Revolution versucht, diese beiden Standpunkte miteinander zu vereinbaren. Sie räumt ein, daß – wie Rousseau sagte – die Souveränität der Gesamtheit der Mitglieder einer Gesellschaft zusteht, ihrem Gemeinwillen, aber das hindert nicht, daß das Individuum seine Rechte hat, wie sie die »Erklärung der Menschen- und Bürgerrechte« festgelegt hat. Das Ziel der von der Gesellschaft erlassenen Gesetze darf einzig und allein sein, diese Rechte zu schützen. Geht es darum, gemeinsame Schutzmaßnahmen zu ergreifen, um die Rechte der Individuen zu verteidigen, dann versteht es sich von selbst, daß jedes von ihnen nur insoweit daran mitwirken kann, als es Teil der Gesamtheit ist, und daß es sich den gemeinschaftlich getroffenen Entscheidungen fügen muß. Aber da diese Entscheidungen den Schutz der Freiheit und des individuellen Eigentums zum Ziele haben, gehorcht der einzelne nur Maßnahmen, die sein eigenes Interesse und seine eigene Rechtssphäre betreffen. Man hat also damit auf der einen Seite die kollektive Rechtssphäre, die alles umfaßt, was notwendig ist, um den gemeinschaftlichen Schutz sämtlicher Individualrechtssphären zu gewährleisten, und auf der anderen Seite die Sphäre individueller Rechte, die der Staat schützt. Jeder ist Mitglied einer Gesellschaft, mit dem Ziele, die Rechte eines jeden zu schützen.

Auf diese Weise glaubte man, die Antinomie zwischen der natürlichen Freiheit des Individuums und der Souveränität der Gesellschaft beseitigt zu haben. Zunächst hatte man gesagt: Da das Individuum aus eigenem Entschluß der Gesellschaft beigetreten ist, bleibt seine Willensfreiheit im Gemeinwillen unangetastet. Aber diese Aussage hatte nicht genügt. Die

Gesellschaft mußte *per definitionem* die Rechte der Individuen bezwecken. Man nahm im übrigen an, das müsse schon im Gesellschaftsvertrag zum Ausdruck gekommen sein. Jeder hatte sich verpflichtet, dem Gemeinwillen der Gesellschaft zu gehorchen, deren Zweck es war, ihm wie allen seinen Mitbürgern die Ausübung seiner Individualrechte zu gewährleisten. Das war die Bedingung, unter der die Idee des Rechts in der Gesellschaft vollständig verwirklicht werden konnte. Die Gesellschaft ist durch ihren Ursprung – einen gegenseitigen Vertrag zwischen ihren Mitgliedern –, durch ihre Institutionen und ihre Struktur auf das Recht gegründet. Der Gemeinwille ist das oberste Gesetz. Durch ihn werden die Funktionen verteilt, und von ihm bleiben sie abhängig. Die Gesellschaft verwirklicht das Recht in dem von ihr verfolgten Zweck, der nur darin besteht, dem Individuum die freie Ausübung aller seiner Rechte zu sichern. Ihre Grundlage und ihr Ziel ist das Recht.

IX. Kapitel
Schluß

Versuchen wir, zum Abschluß unserer Darlegungen, der Philosophie der Französischen Revolution ihren Platz in der geschichtlichen Entwicklung der philosophischen Ideen zuzuweisen, so können wir sagen, daß sie eine Synthese darstellt zwischen älteren naturrechtlichen Theorien und Elementen, die das 18. Jahrhundert beigesteuert hat. Schon im Mittelalter tritt die Idee des Naturrechts bei den höher entwickelten Völkern in Erscheinung. Man hat das Bedürfnis, Rechtsregeln aufzustellen, die über den von Menschen gemachten Vorschriften des positiven Rechts stehen. Es muß ein von Gott gewolltes, ein göttliches Recht geben. Das ist das Naturrecht. Ein Recht, dem der Papst, der Kaiser, alle Sterblichen, wie mächtig sie auch seien, gehorchen müssen. Diese Theorie eines Naturrechts, das über jedem positiven Recht steht, entwickelt sich dann im 16. und 17. Jahrhundert weiter. Die Vernunft findet in der Evidenz ihrer eigenen Logik die Prinzipien des Naturrechts. Das Bewußtsein von Recht und Unrecht ist in der ganzen Welt das gleiche, es ist kein Urteil, das nur an einem bestimmten Ort, bei einer bestimmten Gelegenheit gültig ist. Die Prinzipien der Vernunft reichen weiter; ihre Urteile sind universal. Man beruft sich auf Cicero, auf die Stoiker. Der Mensch, seiner Unabhängigkeit bewußt geworden, findet in seinem eigenen Inneren Prinzipien, die evident und für alle Menschen gültig sind, das *lumen naturale,* das in jedem von uns vorhanden ist. Es gibt also – denn so können wir den Begriff des Naturrechts verstehen – universale Rechtsprinzipien, deren Evidenz unbestreitbar ist. Nach der Theorie des Naturrechts sind diese Prinzipien mit der rationalen Struktur der Welt gegeben. Der Mensch findet in ihnen etwas von der universalen Ordnung wieder, die von der Vernunft gelenkt wird. Die in den verschiedenen Ländern geltenden Rechtsvorschriften müssen im Lichte der Prinzipien des Naturrechts auf ihre Rationalität hin untersucht werden. Als Ausgangspunkt dienen den Theoretikern des Naturrechts die Rechte des Individuums. Man sucht die Rechtsprinzipien so zu verstehen, daß sie in jedem Menschen aufgefunden werden können. Man versucht, das den Menschen angeborene Rechtsgefühl unabhängig von jedem positiven Recht zu definieren, zu erfassen, worin beim Individuum dieses Bewußtsein besteht, daß es selber Rechte besitzt, die ihm niemand wegnehmen kann, dieses Gefühl der Auflehnung gegen jeden Zwang. Das ist der Ideenzusammenhang, in dem sich die Gedanken von Freiheit und Gleichheit, die »Erklärung der Menschenrechte« allmählich herausbilden.

Im Naturrecht selber jedoch entwickeln sich keine neuen Rechtsreformen. Es handelt sich um eine Rechtsgefühl, das sich im Kontakt mit den im Zivilrecht geltenden positiven Rechtsvorschriften bildet. Diese Vorschriften versucht man im Lichte der Prinzipien der Vernunft zu verstehen, man versucht, Grundlagen genereller Art für diese Vorschriften zu finden. Die bürgerliche Lebensordnung nimmt man als gegeben, trotz aller Unvollkommenheit, die sie unter dem Gesichtspunkt des Rechtes aufweist. Das Eigentum zum Beispiel beruht auf bestimmten, legitimen Rechten. Es geht nur darum, die Gesetzgebung, die das Eigentum regelt, vernunftgemäß zu gestalten. Die Frage, die sich dem geltenden Zivilrecht gegenüber stellt, lautet nicht »Wie kann man eine auf die Prinzipien des Naturrechts gegründete Zivilrechtslehre schaffen?« – sondern »Wie kann das Eigentumsrecht aus rationalen Prinzipien abgeleitet werden?«

Das Naturrecht tritt also zuerst als der Versuch auf, die Grundsätze der Zivilrechtslehre vom philosophischen Standpunkt aus zu verstehen und sie vernunftgemäß zu gestalten. Es geht jedoch noch nicht darum, ein neues Zivilrecht zu schaffen. Erst später wird dann die Forderung erhoben, das positive Recht müsse auf die Prinzipien des Naturrechts gegründet sein und alle nicht vernunftkonformen Bestimmungen im positiven Recht müßten beseitigt werden.

Anders verhält es sich jedoch mit dem Verhältnis zwischen Naturrecht und öffentlichem Recht. Im öffentlichen Recht gab es keine fest anerkannten Rechtsvorschriften, die man nur aus rationalen Prinzipien abzuleiten versuchen konnte. Die Beziehung des Naturrechts zum Zivilrecht ist ganz anderer Natur als die, in der es zum öffentlichen Recht steht. Im Bereich des Zivilrechts bestand das ganze Problem darin, dessen Prinzipien vernunftgemäß zu gestalten. In bezug auf das öffentliche Recht hingegen mußte man sich die Frage stellen, wie man es auf das Naturrecht gründen könne. Es gab offensichtlich bereits vorhandene politische Organisationsformen, Monarchien, Republiken, jedoch keine genau umrissene Rechtsform. Wenn in zahlreichen Staaten der König alle Macht in sich vereinigte und dem Adel seine einstigen Machtbefugnisse weggenommen hatte, so deshalb, weil er im Kampf gegen den Adel siegreich geblieben war, und nicht weil er einen Prozeß gewonnen, weil ihm das *Recht* zuerkannt worden wäre, diese Machtbefugnisse auszuüben. Ist der König berechtigt, souveräne Macht auszuüben, ohne jede Einschränkung? Die Lösung dieser Frage ließ sich nicht in feststehenden Rechtsvorschriften finden, wie das bei den Meinungsverschiedenheiten über das Eigentum der Fall war. Jetzt versteht man, warum das Naturrecht im politischen Leben ungleich wirksamer, im Lauf der Geschichte viel aktueller wurde als im Privatleben. In England bestreitet das Parlament dem König die absolute Macht. Wer hat in dieser Auseinandersetzung das Recht auf seiner Seite? Das Parlament oder der König? Diese Frage konnte man auf Grund des Naturrechts zu lösen versuchen. So hat sich zum Beispiel in der Revolution in England schließlich die Lehre von der Souveränität des Volkes durchgesetzt.

Im öffentlichen Recht also findet das Naturrecht im Lauf der geschichtlichen Entwicklung seinen Ausdruck. In diesem Bereich kann es schöpferisch werden, Revolutionen in Gang setzen. Und hier kann man auch fragen, wie man menschliche Beziehungen, die bisher ausschließlich durch Gewalt geregelt wurden, unter den Gesichtspunkt des Rechts stellen kann. Man versucht zunächst, bestehenden Staatsformen oder den Forderungen einer Partei eine juristische Grundlage zu geben. Theoretiker des Naturrechts versuchen das für die absolute oder die konstitutionelle Monarchie, für die Forderungen des Volkes oder die des Parlamentes, für die Republik. So widersprüchlich ihre Erklärungen auch sind, steckt doch in dieser Betrachtungsweise unter dem Gesichtspunkt des Rechtes ein revolutionäres Element. Anstatt des Versuches, bestehende Rechtsvorschriften in ihren Prinzipien zu erfassen, bemüht man sich, die Rechtsvorschriften aus universalen, von der Vernunft abhängigen Rechtsgrundsätzen zu deduzieren; und damit gelangt man auf ganz natürliche Weise zur Idee eines auf das Recht, das heißt auf die Vernunft gegründeten Staates. Eben das vollzieht sich dann während der Französischen Revolution. Zu Beginn der Revolution versucht man zunächst, sich in der Praxis an das geschichtlich Gegebene zu halten. Frankreich ist eine Monarchie. Wie kann der König die Stellung im Staate behalten, die er innehat, ohne daß die Prinzipien des Naturrechts, sei es auch nur geringfügig, verletzt werden? Später erkennt man, daß die Monarchie mit diesen Prinzipien unvereinbar ist. Man versucht nun, dem Staat eine auf die Naturrechte gegründete Gestalt zu geben, ohne sich um historische Gegebenheiten zu kümmern. Wie muß man vorgehen, um von der Rechtsidee ausgehend einen Staat zu errichten? Solange man unter dem Leitgedanken des Naturrechts sich darauf beschränkt hatte, gegebene Rechtsvorschriften auf rationale Prinzipien zurückzuführen, war man im Bereich der Theorie geblieben. Sobald es aber darum ging, die Rechtsgrundsätze nach rationalen Prinzipien zu verwirklichen, wie das im politischen Leben geschah, drängte sich von selbst die Notwendigkeit auf, das öffentliche Recht neu zu gestalten. So nahm das Naturrecht revolutionären Charakter an. Die Vernunft beschränkte sich nicht mehr länger darauf, zu deduzieren, Rechtfertigungen zu suchen, sie wurde praktisch und konstruktiv.

Die Philosophen haben mithin als gegebene Fakten auf der einen Seite die Idee eines rationalen und universalen Rechts, auf der andern das Beispiel, das ihnen das geltende Zivilrecht bietet. Zunächst machen sie sich Gedanken über die Rechtsgrundsätze, die dem privaten Leben als Grundlage dienen. Sie stellen sich die Frage: Wie kann man sie so fassen, daß sie im Einklang mit der Vernunft stehen und für alle Menschen gültig sind? Sie haben es mit Grundsätzen wie dem Prinzip des Eigentums, des Vertrags und ähnlichen zu tun. Gewiß, diese Prinzipien werden in den verschiedenen, in Geltung befindlichen Rechtsvorschriften nicht angewandt. Aber für den Augenblick geht es noch lediglich um theoretische Fragen. Im übrigen bietet ihnen das römische Recht das beste Beispiel für die strikte Anwendung bestimmter Rechtsprinzipien.

Was bis jetzt feststeht, ist, daß die Prinzipien, die als Grundlage des Eigentumsrechts oder des freien Abschlusses von Verträgen dienen, – und andere mehr – rational und für alle Menschen gültig sind. Erst später gelangt man zu dem Schluß, daß diese Prinzipien, eben weil sie rational und universal sind, auch für den Bereich des öffentlichen Rechts bestimmend sein müssen. Wie, so fragt man sich, kann man die im Zivilrecht geltenden Rechtsgrundsätze auf das politische Leben anwenden, das bisher nicht durch das Recht geregelt war? Man nimmt zum Beispiel den Gedanken des Vertrags, wie man ihn unter Einzelpersonen begreift, und fragt sich, wie er als Grundlage für die Schaffung eines öffentlichen Rechts dienen könnte. Zwei entgegengesetzte Theorien versuchen diese Frage zu lösen: Die Theorie eines Vertragsschlusses zwischen dem Volk und den Oberhäuptern, die es sich erwählt habe, und die Theorie des Gesellschaftsvertrages. Beide versuchen, sowohl die Gemeinschaft, die der Staat bildet, als auch die Macht, die er ausübt, auf eine Rechtsgrundlage zu stellen. Was ist der Seinsgrund eines Staates? Wie kann er seine Existenz legitimieren? Man begreift den Staat als eine Gemeinschaft, eine Gesellschaft von Bürgern. Auch hier kann man im privaten Leben Beispiele von Gesellschaften finden, die auf dem Recht beruhen. Um bestimmte Vorhaben zu verwirklichen, schließen sich die Bürger untereinander auf vielerlei Art zusammen und finden ständig neue Formen von auf das Recht gegründeten Vereinigungen. Das Abhängigkeitsverhältnis, in dem sich der einzelne gegenüber der Gesellschaft befindet, der er angehört, ist auf sehr unterschiedliche Weise bestimmt. Von diesen Beispielen geleitet, gelangt man zu dem Schluß, daß auch der Staat als eine auf das Recht gegründete Vereinigung von Bürgern aufgefaßt werden kann. Und als man sich im Anschluß daran fragt, wie man das Problem der Beziehungen zwischen den Bürgern und der Gesellschaft, der sie angehören, regeln kann, findet man wiederum im Zivilrecht die juristischen Formen, die als Beispiele dienen können. Man kann sagen: Entweder tritt der einzelne mit Leib und Gut, mit allem, was er hat und ist, der vom Staat gebildeten Gemeinschaft bei, oder aber er behält bestimmte Rechte, über die die Gesellschaft keinerlei Macht hat. So gelangt man auf der einen Seite zur Lehre von der absoluten Souveränität des Volkes, auf der andern zur Lehre einer beschränkten Souveränität des Volkes.

Die Lehre von der absoluten Souveränität des Volkes kommt letzten Endes zu dem Schluß, daß die Gesellschaft den Einzelrechten der Bürger gegenüber eine unabhängige Rechtsstellung hat. In Beziehung auf die Individuen ist die Gesellschaft eine Institution, die nicht nur rechtlich autonom ist, sondern auch Rechte ihnen gegenüber besitzt. Im Unterschied zu den privaten Gesellschaften, die nur einen Teil der Interessen ihrer Mitglieder verwalten, ist der Staat eine Institution, die alle Interessen der Staatsbürger, je für sich und in ihrer Gesamtheit genommen, umfaßt. Sobald man den Staat als eine Gesellschaft auffaßt, in die alle Bürger gemeinsam die Gesamtheit ihrer Güter eingebracht haben, muß jeder einzelne alle seine Rechte auf diese Gesellschaft übertragen. Daraus folgt auch, daß es neben dem Staat keine andere Interessengemeinschaft geben kann, da er ja die Gemeinschaft aller Interessen darstellt, und daß, soweit private Gesellschaften vorhanden sind, diese in Abhängigkeit von ihm stehen müssen. Vom juristischen Standpunkt aus läßt die Lehre von der absoluten Souveränität des Volkes nur einerseits Individuen und andererseits eine Staatsgemeinschaft zu, die alle Individuen einschließt.

So faßt die Lehre von der unbeschränkten Souveränität des Volkes die Rechtsnatur der vom Staat gebildeten Gemeinschaft auf, auf die sie die in privaten Gesellschaften gültigen Prinzipien, entsprechend weiter gefaßt, anwendet. Im Gegensatz zu dieser Lehre versuchen die Anhänger einer begrenzten Volkssouveränität die Unabhängigkeit des einzelnen gegenüber dem Staat zu bewahren. Während der Französischen Revolution wird dann der Versuch unternommen, diese beiden Theorien dadurch zu verbinden, daß man als Hauptziel der Gemeinschaft nicht das Allgemeininteresse setzt, sondern Aufrechterhaltung und Schutz der Individualrechte, und ihr zu diesem Zweck die absolute Souveränität zuerkennt. Die »Erklärung der Menschenrechte« setzt zuerst die fundamentalen Rechte jedes einzelnen fest und spricht erst dann dem Volk souveräne Gewalt zu.

Die Theoretiker des Naturrechts hatten die Idee universaler und evidenter Rechtsgrundsätze entworfen. Diese Grundsätze gelten nicht für den Bürger des einen oder anderen einzelnen Staates, sondern für jedweden Menschen, für den Menschen ganz allgemein, und sie gelten in gleicher Weise für jeden einzelnen unter ihnen. Es kam also darauf an, diese Grundsätze so zu formulieren, daß sie auf die ganze Menschheit anwendbar waren. Das geschah zuerst für die Idee der Freiheit, die allen Handlungen eines einzelnen legitimen Charakter verleiht, soweit sie nicht die Rechte eines anderen verletzen. Vergeblich versuchten die Gesellschaftstheoretiker, bestimmte den Menschen zustehende Rechte dadurch einzuschränken, daß sie mit dem Argument freiwillig abgeschlossener Verträge operierten. Jede Einschränkung eines natürlichen Rechtes wurde in der Revolution als illegitim angesehen. Wenn die Grundsätze des Naturrechts universal sind, dann sind sie auch unveräußerlich, und keinerlei Vertrag kann sie ändern. Und so versteht die Revolution auch die »Erklärung der Menschenrechte«.

Andererseits hatten sich die Philosophen des Naturrechts die Aufgabe gestellt, die politischen Beziehungen unter dem Gesichtspunkt des Rechtes zu betrachten – sei es, daß sie versuchten, die Entstehung des Staates durch den Vertragsgedanken zu legitimieren, sei es, daß sie sich bemühten, das Wesen des Staates und seiner Beziehungen zu den Einzelmenschen dadurch zu erklären, daß sie ihn als aus dem Recht geboren betrachteten. Die Theorie des Gesellschaftsvertrages, wie sie Rousseau entwarf, steuerte zur Philosophie der Französischen Revolution den Gedanken bei, daß der Staat eine Rechtsbasis habe. Unter Berufung auf die Rechte des Volkes hatte diese Theorie den Staat für souverän erklärt. Die Männer von 1789 jedoch akzeptieren zwar das Prinzip der Souveränität des Volkes, erklären aber die Rechte des Individuums für unveräußerlich und unverordenbar und behaupten, Hauptziel der staatlichen Allmacht müsse die Verteidigung und Aufrechterhaltung eben dieser Rechte sein.

Die Philosophie der Französischen Revolution stellt gewissermaßen das letzte Kettenglied in der Entwicklung des Naturrechts dar, einmal insofern, als die das Prinzip der universellen Gültigkeit der Rechtsgrundsätze und die Unveräußerlichkeit der Menschenrechte herausstellt, zum andern, weil sie diese Grundsätze auf das politische Leben anwendet. Während der Französischen Revolution bekommen die Prinzipien des Naturrechts eine ganz neue Bedeutung. Es ging darum, die lebendige Wirklichkeit zu verändern, die Prinzipien des Naturrechts in der Praxis zu verwirklichen. Solange man sich an theoretische Deduktionen gehalten hatte, konnten sich Fragen aller Art stellen. Zum Beispiel: Hat wirklich irgendwann eine Versammlung aller Bürger stattgefunden, um einen gegenseitigen Vertrag zu schließen? Oder hat das Volk wirklich irgendwann in der Geschichte seine absolute Macht an einen Souverän abgetreten? Man konnte auf den Gedanken stillschweigend abgeschlossener Verträge zurückgreifen- oder damit argumentieren, daß die juristischen Formen für die Prinzipien fehlten, die man verteidigte: Trotzdem gelang es nicht, irgendwo in den Fakten der Geschichte Fälle zu finden, wo den Forderungen des Naturrechts Genüge getan worden wäre. Sobald man jedoch den Prinzipien des Naturrechts den Charakter von Forderungen gab, die sich gegen den gegenwärtigen sozialen Zustand richten, waren diese Fragen gegenstandslos geworden. Warum soll man sich die Mühe machen, die Prinzipien des Naturrechts in Einklang mit den historischen Entwicklungen zu bringen? Es geht nicht mehr um das, was war oder ist, sondern um *das, was sein soll*. Die Prinzipien des Naturrechts sind zu revolutionären Forderungen geworden. Ihr Ziel ist alles andere als die Rechtfertigung der bestehenden staatlichen Institutionen. Aber damit sie ihre revolutionäre Wirkung entfalten können, sind völlig neue Verhältnisse notwendig.

Bisher hatte den Prinzipien des Naturrechts etwas gefehlt, was sie mit Leben erfüllte, ein unmittelbarer Empfindungsinhalt. Es genügt nicht, daß man sagt: Der Mensch besitzt Rechte, das Volk besitzt Rechte. Die Worte »Mensch« und »Volk« müssen einem konkreten Bild entsprechen und in dem, der sie ausspricht, ein warmes Gefühl erwecken. Man kann für den Menschen und für das Volk nur Rechte fordern, wenn man beide lebendig darstellt, wenn man sie schätzt und liebt. Als juristische Begriffe bleiben Mensch und Volk etwas Abstraktes, Unfaßbares, es sind allzu formale Begriffe, so daß ihr Gehalt nicht richtig sichtbar wird. Um seine Rechte zu fordern, muß der Mensch seiner selbst bewußt geworden sein, er muß seinen Wert als Mensch erkannt haben. Und wenn er Rechte für das Volk fordert, muß er fühlen, daß er ein Teil davon ist, daß das Volk etwas anderes ist als eine rein theoretische Konstruktion, die das Recht entwickelt hat. Er muß in Berührung mit dem Volk gewesen sein, muß dessen Leben mitgelebt haben. Während der Revolution in England war es die religiöse Erfahrung, die zum Verständnis der Forderungen des Rechts beitrug. Während der Französischen Revolution hatten die Resultate, zu denen die geistige Entwicklung im 18. Jahrhundert gelangt war, die Forderungen des Naturrechts zu Ideenmächten, zu einem wirkungsvollen revolutionären Element gemacht.

Rousseau hatte in seinem Werk schon alle Elemente einer Synthese zwischen Doktrin und Gefühl bereitgestellt. Während der »Contrat Social«

die ganze Theorie des Naturrechts in ihren Hauptzügen enthält, hatten seine anderen Schriften den Wert des Menschen als solchen, ganz abseits aller sozialen Erwägungen, ein für alle Mal festgestellt. Dann hatte er – neben dem natürlichen Menschen, dem in Naturzustand lebenden Menschen – den sozialen Menschen definiert, die Beziehungen des Bürgers gegenüber seinem Volk. Er hatte ein konkretes Bild vom Volk gegeben, hatte es liebevoll beschrieben. Und darin liegt die außergewöhnliche Bedeutung des Einflusses, den Rousseau auf die Französische Revolution ausgeübt hat. Er hat nicht nur auf theoretischem Gebiet die Begriffe des Naturrechts entwickelt, sondern diesen auch neues Leben eingeflößt, ihnen einen Gefühlsgehalt gegeben. Auf der einen Seite also der auf einem Vertrag beruhende Staat, die Souveränität des Volkes, – auf der andern der Mensch, wie ihn die Natur geschaffen hat, mit seinem Wert eben als Mensch, der ihn zum Ebenbürtigen jedes anderen Menschen macht – und noch einmal das Volk, das alle Bürger umfaßt und den Mittelpunkt sämtlicher Gedanken und Gefühle eines jeden von ihnen bildet. Auf der einen Seite ein System des öffentlichen Rechts, auf der andern die Gefühle, die der Mensch und die vom Volk gebildete Gemeinschaft in diesem System erweckt haben. Diese Gedanken und diese Gefühle waren jedoch bei Rousseau selber noch keineswegs zu einer Einheit geworden. Er ist sowohl der Theoretiker, der das streng logische Rechtssystem des »Contrat Social« aufstellt, als auch der Visionär, der zu gleicher Zeit von den widersprüchlichen, miteinander unvereinbaren Bildern des natürlichen Menschen, der außerhalb der Gesellschaft lebt, und des Bürgers, der mit Leib und Seele der Gemeinschaft verschrieben ist, heimgesucht wird.

Während der Französischen Revolution wirken diese Bilder kontinuierlich fort und schließen sich zu einer Einheit zusammen. Die Philosophie der Französischen Revolution ist nicht bereit, zuzugestehen, daß zwischen dem sozialen Zustand und dem Naturzustand ein Gegensatz besteht. In einer auf dem Recht beruhenden Gesellschaft kann sich die Natur des Menschen frei entfalten. Von der festen Überzeugung ausgehend, daß der Mensch von Natur aus einen absoluten Wert besitzt, fordert jeder Mensch in gleicher Weise die ihm angeborenen Rechte. Und da alle Menschen durch ihr Menschsein untereinander gleich sind, beruft jeder sich auf die gleichen Rechte. Ebenso fordert jeder Bürger – getrieben von dem leidenschaftlichen Gefühl, das ihn mit der Gemeinschaft verbindet – für das Volk die souveräne Macht im Staate. Der Mensch in seiner ganzen Werthaftigkeit und das Volk als moralische Person werden so während der Revolution zu lebendigen Vorstellungen, erwerben einen affektiven Gehalt. Der Mensch verlangt seine Rechte, weil er sich seiner Menschennatur bewußt geworden ist, und er fordert die Rechte des Volkes, weil sein Leben mit dem der Gemeinschaft innig verbunden ist. Der natürliche Mensch, die Natur des Menschen, das ist nichts Abstraktes mehr, das Volk ist nicht mehr eine logische Konstruktion der Rechtswissenschaft. Die von Rousseau geschaffenen Rechtsformen und seine affektive Einstellung zum Menschen und zum Volk sind zu einer Einheit geworden.

Zu ihrem Teil hatten auch die Philosophen des 18. Jahrhunderts mitgeholfen, diese beiden Ideen mit Leben zu erfüllen, und zwar dadurch, daß sie im Menschen eine Fülle von Handlungs- und Entwicklungsmöglichkeiten entdeckten. Wenn man dem Menschen Rechte zusprach, mußte man sich irgendeine Vorstellung davon machen, warum er diese Rechte besaß und welche Vorteile ihre Ausübung ihm brachte. Man sagte: »Der Mensch ist frei«, aber warum war er frei? Was durfte er in seiner wiedergewonnenen oder neu errungenen Freiheit berechtigterweise tun? Hier nun kommt die Philosophie des Jahrhunderts der Aufklärung zum Zug. Sie zeigt dem Menschen, daß er durch die freie Ausübung seines Denkvermögens neue Erkenntnisse erwirbt, sie erklärt ihm, daß die wissenschaftlichen Erkenntnisse ihrerseits das Leben verändern, es besser und glücklicher machen; sie erklärt ihm, daß die freie Betätigung seiner Arbeitskraft bisher ungeahnte wirtschaftliche Entwicklungsmöglichkeiten in sich birgt. Glaubt an eure Entfaltungsmöglichkeiten, an den Fortschritt, den der Genuß der Freiheit dem Menschengeschlecht bringen wird, bildet alle eure Fähigkeiten aus! sagt Condorcet zu den Menschen.

Aber das Recht für sich allein genügte nicht, um dem Staat eine wohlausgewogene Struktur zu geben. Das Recht konnte zwar den juristischen Charakter der Staatsfunktionen bestimmen, nicht aber diese Funktionen selbst, nicht ihre Natur, ihre Unterschiede, ihre gegenseitigen Beziehungen. Um die Idee der Verwirklichung des Rechts im Staatsleben erfolgreich in die Tat umzusetzen, mußte man die Gemeinschaft in ihrer Gesamtheit ins Auge fassen und die zwischen ihren einzelnen Teilen bestehenden Beziehungen in ihrer generellen Struktur verstehen. Montesquieu hatte den Staat nach seiner Organisationsform analysiert, nach den Fundamentalgesetzen seines Aufbaus, und hatte ihn als eine Gesamtheit, die ein bestimmtes Ziel verfolgt, aufgefaßt. Die Französische Revolution nahm diese teleologische Konzeption des Staates auf und vereinigte sie mit der Idee des Rechts. Das Ziel jeder Sozialorganisation ist das Recht. Die Revolution fordert, daß es im Leben des Staates nichts gibt, das nicht auf dem Recht beruht. Sie nimmt den Gedanken Montesquieus von der teleologische Struktur des Staates wieder auf und setzt der neuen Gesellschaft zum Ziel, die Forderungen des Rechts zu erfüllen.

Eine weitere Frage blieb jedoch noch zu lösen. Wie waren diese Rechtsforderungen zu begründen, wie war der Glaube zu rechtfertigen, daß das Ziel, das die Menschen anstreben mußten, die Verwirklichung dieser Rechte im Leben war, wie war der Kampf um die Durchsetzung dieser Rechte zu begründen? Diese Rechtsforderungen mußten auf einen letzten, unwiderleglichen Grund zurückgeführt werden. Ihr Glaubenspotential, ihre starke Wirkung in der Französischen Revolution verdanken sie der Tatsache, daß sie von der Überzeugung geleitet waren, ihre Erfüllung sei zugleich die Erfüllung der Ziele, die die Natur selbst verfolgt.

So gewinnen die juristischen Konzeptionen, die rechtlichen Forderungen Leben, dank den neuen Bestrebungen, Hoffnungen und Werten, die von den Philosophen der Aufklärung ausgegangen waren. So wie auch andererseits die Ergebnisse der geistigen Entwicklung im 18. Jahrhundert nur dadurch zu revolutionären Forderungen werden konnten, daß sie juristische Form annahmen und sich von ihr bestimmen ließen. Die Philosophie der Französischen Revolution beruht zugleich auf den Elementen, die die allgemeine Entwicklung der Rechtslehre lieferte, und auf den Errungenschaften der Geistesentwicklung im 18. Jahrhundert. Sie unternahm den Versuch, die Idee des Naturrechts im politischen Bereich konsequent zu verwirklichen. Da nun die Rechtsidee impliziert, daß alle Beziehungen, die durch Gewalt und durch die Unterdrückung von Menschen durch andere Menschen entstanden sind, beseitigt werden müssen, und da diese Idee voraussetzt, daß der Kampf der einzelnen untereinander und der Zufall, auf Grund dessen die einen stärker und die anderen schwächer sind, durch eine Lebensordnung nach den Grundsätzen des Rechts ersetzt werden muß, ist es ganz natürlich, daß diese Idee die Tendenz hat, immer neue Bereiche des Menschenlebens dieser Ordnung zu unterwerfen. Im alten Rom haben wir den Versuch, die privaten Beziehungen zwischen den Bürgern zu regeln; in der Moderne dann den Versuch der Naturrechtsschule, die politischen Beziehungen unter den Gesichtspunkt des Rechtes zu stellen, um jede Art von Gewalt, jede auf ihr basierende Herrschaft zu beseitigen; und schließlich noch den Versuch, die Beziehungen zwischen den Völkern zu regeln, ein Völkerrecht zu schaffen. Die Philosophie der Französischen Revolution ist eine Etappe dieser Entwicklung. Durch die Konsequenz, mit der sie unaufhörlich versucht, den Bereich der menschlichen Erscheinungen, auf den sie die Rechtsidee anwandte, auszudehnen, stellt sie gewissermaßen die Krönung der Versuche dar, die die Naturrechtsschule unternahm, um das Recht der Politik zu regeln. Sie hat auch dem Wert, den das 18. Jahrhundert dem Menschen als solchem zusprach, seinen endgültigen Ausdruck gegeben. Sie hat den Menschen, mitsamt den Zielen, die seine innere Gesetzmäßigkeit verfolgt, in die Teleologie des gesamten Weltalls eingeordnet; sie hat ihn als ein soziales Wesen begriffen, als ein Wesen, das seiner Natur nach Mitglied einer Sozialgemeinschaft ist, die durch unpersönliche Gesetze geregelt wird, und schließlich als Mitglied einer Gemeinschaft, die die ganze Menschheit umfaßt. Um den Menschen in seiner Wesenheit auszudrücken, fand sie das Volk in seiner Einheit, die Menschheit in ihrer Gesamtheit; kurz, um das Ziel auszudrücken, das sich die Natur bei der Erschaffung des Menschengeschlechtes gestellt hat, fand sie Rechtsnormen, die den Menschen ihre Freiheit und Gleichheit sichern und den von den Menschen gebildeten Kollektiveinheiten, den Gesellschaften, souveräne Macht über jedes ihrer Mitglieder verleihen.

Diese Ausstrahlungskraft, die ehemals starre Rechtsbegriffe durch die Ideen und Erfahrungen des 18. Jahrhunderts erhalten hatten, reicht übrigens über das Werk der Revolution hinaus. Sobald man diese Begriffe erfaßt und definiert hatte, mußte ihre immanente Logik zwangsläufig zu immer absoluteren Konsequenzen führen: zur Abschaffung des Königtums, zur Errichtung der Republik, zum allgemeinen Wahlrecht, zu dem Versuch, eine immer vollständigere Gleichheit unter den Menschen zu schaffen. Ebenso war es unausweichlich, daß im Lauf dieser dialektischen Entwicklung Gegensätze entstanden, zum Beispiel zwischen dem Prinzip der Volkssouveränität und dem der Repräsentation, zwischen der Unveräußerlichkeit der individuellen Rechte und dem absoluten Recht der Nation, über sie zu verfügen, zwischen der Idee der Rechtsgleichheit und jener, die die ungleiche Verteilung des Eigentums legitimierte. Sobald man daranging, diese Prinzipien in der Praxis anzuwenden, wurden sie natürlicherweise mit einem neuen Leben erfüllt, das unvermeidlich ihre Evolution weitertrieb. Die Nation besitzt souveräne Macht. Aber was ist die Nation? Wo finden wir sie? Sie kann nicht durch das arithmetische Verhältnis zwischen ihrer Mehrheit und ihrer Minderheit bestimmt werden. Sie muß eine Einheit sein, ein lebendiges Ganzes, das von gleichem Geiste beseelt ist. Die Vorstellung von ihr wird in dem Kampf zwischen dem Dritten Stand und den beiden privilegierten Ständen präziser. Die Nation, das ist der Dritte Stand. »Der Dritte Stand umfaßt alles, was zur Nation gehört«, sagt Sieyès; »und alles, was nicht Dritter Stand ist, kann sich nicht als zur Nation gehörig betrachten. Was ist der Dritte Stand? *Alles*[1].«

1 Sieyès: *Qu'est-ce que le Tiers Etat*, 2. Aufl., 1789, S. 11.

Die Nation ist also das Volk, und sie bekommt dadurch einen gewissen affektiven Akzent. Man erhält ihren Begriff, indem man sie in Gegensatz zu den Aristokraten jeder Art stellt, zu allen Elementen, die nicht zum Volk gehören wollen. Die Idee des Volkes nimmt so die unterschiedlichsten Formen an. Für die einen, wie für Danton, ist das Volk bloß die Masse, wie man ihr jeden Tag auf der Straße begegnet. Das Volk wird hier auf naive, unmittelbare Weise begriffen, gewissermaßen mit den Augen. Für andere, wie für Robespierre, ist das Volk etwas Unpersönliches, der Gemeinwille, von dem jeder einzelne durchdrungen sein muß, ein moralisches Ideal, das es zu verwirklichen gilt. Und für manche schließlich, wie für Marat, nähert sich die Vorstellung vom Volk der Vorstellung vom Proletariat; es ist die Masse der Menschen, die stets im Kampf mit dem Elend liegen, stets betrogen werden, stets von der Hoffnung aufrechterhalten werden.

Die Menschen sind soviel wert wie ihre Rechte. Was aus dem Menschen einen Menschen macht, ist zugleich das, was ihm Rechte verleiht. Wie kann man dieses Element des Menschseins in jedem Menschen aufspüren? Wir müssen in den Gefühlen, die wir für die Menschen empfinden, in unserem Bewußtsein von uns selbst als Menschen, stets versuchen, den Wert des Menschen in neuen Formen zu verwirklichen; wir dürfen seine Rechte nie aus den Augen verlieren. Und damit andererseits diese Rechte im sozialen Zustand nicht verletzt werden, müssen wir sie dem souveränen Volk anvertrauen. Das sind die beiden Leitideen der Französischen Revolution. Es bleibt den künftigen Generationen vorbehalten, die Auflösung der Widersprüche zu versuchen, die möglicherweise zwischen der Idee des souveränen Volkes und jener anderen Idee bestehen, die dem Volk die Hauptaufgabe zuweist, die unveräußerlichen und unverordenbaren Rechte des Individuums, insbesondere das Eigentumsrecht, zu verteidigen.

Nachwort von Eberhard Schmitt

Groethuysen: Dilthey-Schüler und französischer Homme de lettres

Bernhard Groethuysen war, so eigenartig das klingt, Diltheyaner und Marxist in einem. Gleich Dilthey stets auf der Suche nach dem letzten Grund, auf den sich alle Metaphysik bezieht, schien ihm doch diese irdische Welt, in der er lebte, diejenige zu sein, in der sich Wahrheit und soziale Gerechtigkeit verwirklichen lassen müsse. So war er im Alltag Marxist. Doch im Denken und wissenschaftlichen Arbeiten ist er immer Diltheyaner geblieben. Die »Struktur der menschlichen Seele« bloßzulegen und zu begreifen, das war sein lebenslanges, eigentliches Bemühen, und eben darin war er Schüler Diltheys. Aber gleichzeitig war ihm klar bewußt, daß das soziale und damit das jeweils historische Milieu der Existenz und dem Bewußtsein des einzelnen enge Grenzen setzt. Diese Grenzen und ihre jeweilige Bedingtheit durch das Milieu zu erforschen, war sein dauerndes Anliegen, und in diesem Punkt ist er weit über seinen Lehrer Dilthey hinausgekommen. Von diesem wissenschaftlichen Ansatz her versteht sich wohl auch das Optieren Groethuysens für den Marxismus, da dieser in der philosophischen Ausprägung des dialektischen Materialismus seinen Forschungsintentionen kaum widersprach, jedoch in den praktischen Folgerungen und in der politischen Verfaßtheit der dreißiger Jahre in Frankreich seinem sozialen Ethos wahrscheinlich am konsequentesten entgegenkam.

Groethuysens Schriften lassen, wie gesagt, den Marxisten kaum ahnen, wohl aber den starken Einfluß der Diltheyschen Geschichtstheorie spüren: daß geschichtlich Gewordenes weiterwirkt, in neuen schöpferischen Geistern zu neuen Vorstellungen geschichtlichen Gestaltens gelangt und so den Geist einer Epoche in einer endlosen Kette an den Geist anderer Epochen bindet. Worauf es ihm immer wieder ankam, war, das Vergangene in seiner Fortwirkung im Gegenwärtigen zur Anschauung zu bringen, in den großen geschichtlichen Zusammenhängen das Hervorgehen selbst des Werdenden aus dem Gewordenen im einzelnen zu erweisen, dabei sichtbar zu machen, wie eins in das andere übergeht, wie es sich modifiziert, sich fortbildet.

Dabei ging es Groethuysen insbesondere darum, jeweils eine Einheit zwischen der geschichtlichen Epoche und der Lebensgestaltung des einzelnen Menschen aufzuzeigen. Er begriff das Leben des Menschen als ein Ganzes, unlösbar in Zusammenhang mit der jeweiligen geschichtlichen

Umgebung, mit ihrem kollektiven Bewußtsein, mit dem »Geist der Zeit«, wie er es auch nannte. So versuchte er in allen seinen philosophisch-historischen Arbeiten, die zeitlich-geschichtliche Bedingtheit des Lebens, zumal des Denkens, sichtbar zu machen, dabei zu zeigen, wie der Status des Menschen zu den verschiedenen Zeiten von der geschichtlichen Entwicklung geprägt ist, wie Formen menschlichen Lebens sich im Verlauf des geschichtlichen Prozesses bilden, wie sich Habitus und Bewußtsein sozialer Klassen und Schichten entwickeln und ändern. Am intensivsten hat er sich, am französischen Beispiel, mit der Entstehung des Bürgertums beschäftigt. Und obwohl wir über die Motivationen für diese Beschäftigung bisher so gut wie nichts wissen, da uns Selbstzeugnisse Groethuysens nicht zugänglich sind, kann man doch annehmen, daß die Beschäftigung mit diesem Gegenstand ihn philosophisch ebenso beeinflußt hat wie ihn seine eigene geistige Entwicklung zunächst an diesen Gegenstand herangeführt hatte. Es ging ihm, der als reformierter Protestant aufgewachsen war, wohl ähnlich wie dem französischen Bürgertum der Aufklärungszeit, das er aus seinen Studien bald besser kannte als sonst ein zeitgenössischer Philosoph oder Historiker: er glaubte vielleicht noch an Gott, an einen zweifellos fernen und unbeteiligten Gott, aber sicher nicht mehr an eine göttliche Vorsehung. Die Philosophie des Seins-für-dieses-Leben hatte bei ihm über die des Seins-für-den-Tod die Oberhand gewonnen. Wohl in diesem speziellen Sinne war er Marxist.

Sein Denken war freilich zu nuanciert, seine Natur zu offen, sein Leben bei weitem zu unregelmäßig, als daß er sich politischem Aktivismus hätte verschreiben oder eine eigene Schule hätte bilden können. Aber er hat einen gewissen Einfluß auf das französische Denken der dreißiger Jahre ausgeübt, er war mit Charles Du Bos, André Gide, Jean Tardieu, André Malraux und Jean Paulhan befreundet, er hat durch sein wohl bedeutendstes Werk, die »Philosophische Anthropologie«[1], das Diltheysche Geschichtsverständnis dem jüngeren Frankreich nahegebracht. Groethuysen sprach und schrieb gleich leicht, klar und bestechend in deutscher wie französischer Sprache. Er war ein sensibler, origineller Forscher und Sucher, aber daneben vor allem Anreger, Vermittler, Helfer, er hat für ein französisches Verständnis des philosophischen Deutschland vor der Zeit des Nationalsozialismus und gleichzeitig für ein deutsches Begreifen der französischen Geistesentwicklung besonders des 18. Jahrhunderts wahrscheinlich mehr getan als sonst ein Angehöriger seiner Generation.

1 Bernhard Groethuysen: Philosophische Anthropologie. München 1931. Nachdruck München 1969. Eine französische Übersetzung erschien bei Gallimard: Anthropologie philosophique. Paris 1953.

Dafür bot sein ungewöhnliches Leben teils die Voraussetzungen, teils hat er sie sich unter Preisgabe seiner materiellen Sicherheit selbst geschaffen:

Bernhard Groethuysen stammte aus Berlin, er kam im Jahr 1880 auf die Welt; sein Vater war eingewanderter Holländer[2], seine Mutter eine altadelige Russin. Nach der Schulzeit in Baden-Baden studierte er an den Universitäten in Wien, München und Berlin Philosophie, Psychologie, Kunstgeschichte und Wirtschaftspolitik. Mit einer Arbeit aus der Psychologie promovierte er in Berlin im Jahr 1904 »summa cum laude«[3]. Zu seinen Prüfern zählten damals Simmel und Dilthey, dessen Theorie historischen Erkennens und Verstehens ihn am nachhaltigsten beeinflußt hat und dessen Gesamtwerk er dann in den zwanziger Jahren mitherausgab[4]. Bereits im Jahr 1907 habilitierte er sich, ebenfalls in Berlin. Fortan widmete er sich zu einem großen Teil der Analyse des Diltheyschen Werks, daneben seinen Vorlesungen sowie einem Forschungsauftrag, mit dem ihn die Preußische Akademie der Wissenschaften nach Paris geschickt hatte und der darin bestand, nach den dort verbliebenen Briefen Leibniz' zu suchen.

Bereits während dieser Zeit las er nur noch während des kurzen Sommersemesters an der Berliner Universität. Den Rest des Jahres verbrachte er in Paris, in dessen intellektuelles Milieu er mehr und mehr hineingewachsen zu sein scheint. Im Grund wissen wir über die zweieinhalb Jahrzehnte zwischen seiner Habilitation und dem nationalsozialistischen Machtantritt sehr wenig. Groethuysen wurde unter anderem zu Beginn des Ersten Weltkrieges in Frankreich interniert, nahm aber nach dem Krieg den alten Rhythmus seines wissenschaftlichen Lebens wieder auf.

Die eigentliche Zäsur in seinem Leben bildete der Beginn des Dritten Reiches. 1933 legte Groethuysen aus Protest gegen das neue Regime seinen Berliner Lehrauftrag nieder und ging für immer nach Frankreich, während in seiner alten Heimat unverzüglich sein Vermögen eingezogen wurde. Von der Natur offensichtlich mit einer erstaunlichen Gleichgültigkeit gegen

2 Der Name spricht sich deshalb – worauf die französischen Nachrufe ausdrücklich hinweisen – holländisch aus, nämlich »Gruthusen«.

3 Bernhard Groethuysen: Das Mitgefühl. Diss. phil. Berlin 1904. Erschienen Leipzig 1904. Diese Fassung stellt jedoch nur Kap. 1 der Arbeit dar. Die vollständige Abhandlung erschien in der Zeitschrift für Psychologie und Physiologie der Sinnesorgane. Bd. 34 (1904), 161–270.

4 Wilhelm Dilthey: Gesammelte Schriften. 15 Bde. Berlin 1922–1928. Groethuysen bearbeitete und leitete ein die Bände »Einleitung in die Geisteswissenschaften« (1922) und »Der Aufbau der geschichtlichen Welt in den Geisteswissenschaften« (1926). Vgl. auch die Groethuysenschen Arbeiten: Dilthey et son école. Paris 1912, sowie: Wilhelm Dilthey. In: Deutsche Rundschau. Bd. CLIV (1913), 69–92 und 249–270.

materielle Erfordernisse ausgestattet, schlug er sich fortan mit Not, aber ohne überhaupt von dieser Not Notiz zu nehmen, durch die weiteren Jahre. 1937 nahm er die französische Staatsbürgerschaft an. Aus der Zeit nach seiner Emigration gibt es eine Fülle von französischen Zeugnissen, die ihn voll Zuneigung, Amüsement und Bewunderung als rastlos forschenden, anregenden, vermittelnden und helfenden, äußerlich völlig vernachlässigten Bohemien – ein wenig Sokrates ähnlich – schildern, der seine Tage und Nächte in endlosen Diskussionen mit Freunden, Café-Nachbarn, Concierges, Prostituierten und Zufallsbekanntschaften verbrachte[5]. André Gide charakterisiert ihn in jenen Jahren, wie es ähnlich viele andere Berichte tun: »En causant avec lui, ah! comme l'on devenait intelligent! On foisonnait. On découvrait en soi-même, accompagné par lui, les richesses qu'il vous prêtait, et l'on s'émerveillait d'être maître de tant de biens insoupçonnés d'abord. Nul apprêt chez lui; rien que de naturel. Il se taisait d'abord pour écouter autrui, s'effaçait, n'était plus qu'attention, prévenance, accueil. Et dès qu'il parlait, adoptant la pensée d'autrui, c'était pour enrichir celle-ci de son extraordinaire érudition, la vivifier par une sorte de ferveur latente, la légitimer par d'infinis arguments dont sa féconde imagination idéologique ne le laissait jamais à court et que soudain il mobilisait à votre secours et service. Il y avait du sourcier en lui; et du sorcier. Il accouchait l'esprit à la manière de Socrate et sa maïeutique était telle qu'on ne savait ce qui dominait là, de l'esprit ou du cœur, confondus dans la bienveillance.[6]«

So verkörperte Groethuysen in sich den höchsten Standard deutschen Gelehrtentums der Jahrhundertwende, lebte seit 1933 das anspruchslose und ungeordnete Leben eines sich von Gelegenheitsarbeiten fristenden Poeten vom Dachboden und sehnte sich bei all dem – wie Jean Paulhan berichtet – nach einer harmonischen sozialistischen Gesellschaft, in der alles seine Ordnung haben würde, ja in der so sensible und weltunerfahrene Sucher wie er sogar überflüssig sein würden[7]. Und all diese Widersprüche

---

5 Hinzuweisen ist aus der großen Zahl der in den Jahren 1946 bis 1949 erschienenen Nachrufe besonders auf Jean Cassou: Présence et parole de Bernard Groethuysen. In: Lettres françaises. No. 133 (8. Nov. 1946); Jean Wahl: Bernard Groethuysen. In: Fontaine. Revue mensuelle de la poésie et des lettres françaises. Bd. 56 (1946), 503–504, sowie auf die Beiträge von Francis Ponge, Brice Parain, Berne-Joffroy, Margarete Susman und Charles Du Bos, in: Cahiers du Sud. Bd. 35 (1948), 3–32. Die persönlichen Erinnerungen von Jean Paulhan sind jüngst auf deutsch erschienen in: Neue Rundschau. Jgg. 1970. Heft 1, 49–72.

6 André Gide: Bernard Groethuysen. In: Les Cahiers de la Pléiade. Avril 1947, 123–124.

7 Jean Paulhan: Groethuysens Tod in Luxemburg (den 17. September 1946, 13.30 Uhr). In: Neue Rundschau. Jgg. 1970. Heft 1, 49–72, 53.

scheint er mit der Gelassenheit und der Selbstgenügsamkeit des Weisen ertragen zu haben.

Von Zeit zu Zeit schrieb er Artikel und Rezensionen, übernahm Korrekturen und Übersetzungen (so stammt die französische Übersetzung des Goetheschen »Werther« in der Pléiade-Ausgabe von ihm) und bewahrte sich so vor dem Verhungern. Zur Zeit der »libération« Frankreichs im Jahr 1944 war er, der holländisch-russisch-deutsche Gelehrte und Dilthey-Schüler, längst zum Inbegriff des französischen Homme de lettres geworden. Er starb im Herbst 1946 sehr rasch an Lungenkrebs in Luxemburg. Bei seinem Tod hinterließ er eine Fülle von Entwürfen, Notizen, philosophischen und historischen Fragmenten, deren Betreuung seine – inzwischen ebenfalls verstorbene – Lebensgefährtin Alix Guillain, Redakteurin an der Wochenzeitung »L'Humanité«, übernahm.

Groethuysens »Philosophie der Französischen Revolution«

Jean Paulhan schreibt in seinen Erinnerungen an Groethuysen und dessen Pariser anspruchslos-entbehrungsreiche, nur der täglichen intellektuellen Neigung gelebten Jahre: »Er arbeitete in jener Zeit an seiner Geschichte des Bürgertums, von welcher nur der erste Band erschienen ist, während der zweite lediglich aus Aufzeichnungen, Entwürfen, Zitaten besteht, alle in einer Schrift, die für Alix oft unlesbar, ja für Groeth selber unlesbar war, weil er die Angewohnheit hatte, was ihm durch den Kopf ging, mit Bleistift auf Papierfetzen, Taschentücher, Zeitungen zu notieren, die zum Glück größtenteils verlorengingen, und was erhalten blieb, wurde ihm selber schon nach drei Tagen unverständlich.[8]«

Diese umfassende Geschichte des Bürgertums ist in der Tat leider unvollendet geblieben. Angelegt war sie von Groethuysen schon in seiner Berliner Zeit auf vier Hauptbände, die allesamt im wesentlichen das Entstehen des Typus des »bourgeois« in Frankreich behandeln sollten: ein erster Teil sollte die Konfrontation der entstehenden bürgerlichen Welt- und Lebensanschauung mit der Soziallehre der katholischen Kirche behandeln, ein zweiter die Auseinandersetzungen mit den Gedankengängen der Parlamente (der höchsten Gerichtshöfe des Ancien régime), ein dritter Teil sollte sich mit der allgemeinen wirtschaftlichen und gesellschaftlichen Bewegung im 18. Jahrhundert beschäftigen und ein vierter schließlich die

8 Ebenda.

Beziehungen zwischen den großen Denkern der Aufklärung und dem auf die Französische Revolution zusteuernden »Geist der Bourgeoisie« untersuchen[9].

Wie immer der Nachlaß Groethuysens aussehen mag, falls er einmal zugänglich wird; was immer sich an nachgelassenen Werken darin noch finden sollte, – erschienen ist zu Lebzeiten des Autors im Jahr 1927 nur das erste Hauptstück der geplanten Tetralogie, und zwar gleichzeitig in stark voneinander abweichenden Fassungen in Frankreich und Deutschland: die umfangreiche Studie »L'origine de l'esprit bourgeois en France« bzw. »Die Entstehung der bürgerlichen Welt- und Lebensanschauung in Frankreich«[10]. Der vorliegende Band »Die Philosophie der Französischen Revolution« dagegen kommt einem Resümee des vierten Hauptstückes nahe: er ist 1956 aus dem Nachlaß Groethuysens von seiner Lebensgefährtin Alix Guillain herausgegeben worden, freilich ohne jede Einleitung, ohne kritischen Apparat, ohne ein klärendes Wort, wie stark der vorhandene Text gegebenenfalls ergänzt oder verändert wurde[11]. Weiter fehlt jede Bemerkung, die ihn an den zutreffenden Platz im Groethuysenschen Gesamtœuvre stellte und ihn in der richtigen Weise mit dem 1927 erschienenen Band »Die Entstehung der bürgerlichen Welt- und Lebensanschauung in Frankreich« zusammenbrächte. So ist zunächst der Gesamtrahmen, in dem die »Philosophie der Französischen Revolution« bei Groethuysen steht, aufzuzeigen.

Es war nicht ohne Grund, daß sich Groethuysen zeitlebens mit der Entstehung des »esprit bourgeois« in Frankreich beschäftigt hat. Für ihn war der Typus des Bürgers nicht eine beliebige Erscheinung in der Geschichte,

9 Diesen Hinweis gibt Berne-Joffroy: Bernard Groethuysen (1880–1946). In: Cahiers du Sud. Bd. 35 (1948), 10–15.

10 Die französische Fassung erschien unter dem Titel: L'origine de l'esprit bourgeois en France. 1. L'Eglise et la bourgeoisie. Paris 1927 (Neuausgabe unter dem Titel »Origines de l'esprit bourgeois en France«. Paris 1956). Die deutsche Fassung lautete: Die Entstehung der bürgerlichen Welt- und Lebensanschauung in Frankreich. Bd. I: Das Bürgertum und die katholische Weltanschauung. Bd. II: Die Soziallehren der katholischen Kirche und das Bürgertum. Halle (Saale) 1927 und 1930.

11 Auf dem Katalogkärtchen der Bibliothèque nationale in Paris ist zu dieser Edition handschriftlich ohne Angabe des Schreibers und der Quelle vermerkt: »La ›Philosophie de la Révolution française‹ est la traduction de notes pour un cour professé par l'auteur à l'université de Berlin 1907.« In der Tat hat Groethuysen im WS 1907/08 über dieses Thema gelesen (Verzeichnis der Vorlesungen an der Königlichen Friedrich-Wilhelms-Universität zu Berlin im Winter-Semester 1907/08. Berlin 1907, 38). Es war mir trotz einer Anzahl von Fühlungnahmen und Korrespondenzen (u. a. mit Ernst Fraenkel, Herbert Marcuse und dem Pariser Verlag Gallimard) nicht möglich, zu klären, ob das 1956 erstmals erschienene nachgelassene Werk Groethuysens in einem Zusammenhang mit eventuell vorhandenen Vorlesungsnotizen steht.

sondern der Menschentypus, der »unsere Zeit« (aus Groethuysens Sicht), nämlich das neunzehnte und bisherige zwanzigste Jahrhundert, prägte, der Typus Mensch also, der unsere moderne Art zu denken, zu handeln und zu sein verkörperte, im Unterschied etwa zum mittelalterlichen Menschen oder zum Menschen der Zukunft, wie immer dieser aussehen mag. So war für ihn die Beschäftigung mit dem »bourgeois«, wie er selbst sagte, eine Weise der Selbsterkenntnis, eine Bewußtwerdung seiner selbst am Geschichtlichen ganz im Sinne Diltheys, für den sich der Mensch nur in der Geschichte zu erkennen vermag, nicht durch Introspektion.

Dieser Bürger, so stellte Groethuysen fest, hatte seine eigene, besondere Welt. Hierdurch unterschied er sich völlig von anderen, früheren Menschentypen. Bezeichnend war etwa das Verhältnis des Bürgers zum Tod. Was ihm die Vertreter der Kirche immer wieder vorwarfen, war, daß er über ein Fortleben nach dem Tode nichts zu sagen wisse. Nicht daß er etwa andere Lösungen als das Christentum anzubieten hatte. Was den »bourgeois« ausmachte, war, daß er sein Leben einrichtete, ohne überhaupt nach einer Lösung der letzten Frage zu suchen, daß er dieses Leben lebte und leben konnte, ohne Gewißheit über die letzten Dinge zu haben, gerade, als sei er unabhängig davon, obwohl er gleichzeitig wußte, daß es den Tod gab und daß er ihm unterworfen war.

Das praktische Verhalten des Bürgers dagegen, konstatierte Groethuysen, ist fast völlig unabhängig davon, ob er Theist oder Atheist ist. Er glaubt in keinem Fall an die göttliche Vorsehung. Er richtet sich nach dem Leben, wie er es vorfindet, erlebt und selbst wiederum zu organisieren vermag. Er richtet sein Leben so ein, daß es in der Praxis berechenbar wird, und zwar so weit wie überhaupt nur möglich, er macht sich vom Übernatürlichen, vom Unerklärlichen (das er nicht prinzipiell leugnet) denkbar unabhängig. Würde er ein Wunder erleben, so empfände er es vielleicht als Sensation oder als Skandal, aber er ließe sich davon seinen gut organisierten Alltag nicht in Unordnung bringen.

Groethuysen wertet diesen Bürger und seine Welt nicht. Er spricht keinen Satz über seine etwaige geschichtliche Leistung aus. Ihn interessiert die Welt des Bürgers selbst und die Anschauung, die dieser davon hat. Diese »bürgerliche Welt- und Lebensanschauung« ist nichts Abgeleitetes, kein Derivat einer Philosophie oder Theologie. Sie ist vielmehr etwas primär Gegebenes, sie ist die Deutung der Welt, wie sie der Bürger selbst unmittelbar sieht, erlebt, begreift. Sie ist aus diesem Grund kein geschlossenes System. Es kann zwar Philosophien geben, die diese bürgerliche Welt- und Lebensanschauung systematisieren. Aber die bürgerliche Deutung der Welt gründet nicht auf solchen Philosophien, und insofern ist sie in Auseinandersetzung mit philosophisch stringenten Systemen und Theorien kaum angreifbar. Auch wenn die systematisierte Anschauung der bürgerlichen Welt als inkonsequent erwiesen würde, die bürgerliche Welt selbst bleibt, wie sie ist und prägt die Anschauung davon neu. Denn der Bürger vertraut seiner Lebenserfahrung mehr als jedem System, mehr als jeder Philosophie oder jeder Religion. Sein Alltag ist ihm eine beständige Bestätigung dessen, was er denkt, vom Leben erwartet und dabei vorauszuberechnen vermag. Diese Welt des »esprit bourgeois«, so stellt Groethuysen fest, ist am frühesten in Frankreich ausgebildet worden.

War es Groethuysen im ersten Band seines großen · Werkes über den Bürger darum gegangen, die Entstehung der bürgerlichen Welt- und Lebensanschauung nachzuvollziehen und in der steten Auseinandersetzung mit der Soziallehre der katholischen Kirche zur Darstellung zu bringen, so handelt die »Philosophie der Französischen Revolution« von einem zeitlich sich teils damit deckenden, teils daran anschließenden Thema: hier stellt sich Groethuysen die Aufgabe, zu zeigen, wie bestimmte, zunächst abstrakte Prinzipien in der Welt des Bürgers allmählich Resonanz fanden, sich im Verlauf der französischen Aufklärung nach und nach konkretisierten und sozusagen lebendig wurden, blutvolle Gestalt gewannen, eine Gestalt, die den Wunschvorstellungen des Bürgers entsprach. Die Triebkräfte bürgerlichen Wollens ihrerseits bildeten die Ideen und Prinzipien weiter, adaptierten die Termini und paßten sich die Inhalte an, modifizierten sie nach den Gegebenheiten des Alltags.

Groethyusen versucht, diese neuen Ideen und Prinzipien im einzelnen immer am Werk zu verfolgen, etwa Begriffe wie »Gesetz«, »Rechtsgleichheit«, »Volkswille«. Gleichzeitig bringt er die Gegenwirkungen zur Anschauung, die realen ebenso wie die möglichen. Er behandelt also die immanente Logik dieser Ideen und Prinzipien und andererseits die Form, die sie in der Wirklichkeit annahmen, wie auch die neuen Probleme, die bei ihrem Kontakt mit der Realität entstanden. Charakteristisch ist, daß sich dieser Prozeß dank einer kollektiven, in gewisser Hinsicht anonymen Entwicklung vollzog, bei der, wie Groethuysen sagt, »das Individuum, wenn es aus der Masse heraustritt, nur zum Ausdruck bringt, wie diese Masse die Dinge begreift und empfindet«.

In diesem Sinne und zu diesem Zweck stellt Groethuysen eine Anzahl der Denker der französischen Aufklärung vor: etwa Descartes, Pascal, Bayle, Diderot, Montesquieu, Voltaire, Rousseau. Sie und viele weitere Schreiber, Kritiker, Gesellschaftstheoretiker, die er behandelt – das

18. Jahrhundert nannte sie »les philosophes« – schufen jenes intellektuelle Klima, das für die Jahrzehnte vor der Französischen Revolution so charakteristisch war. Denn eben damals wurde nicht mehr, wie zuerst, die etwaige Anwendung bestimmter Prinzipien in einem Idealstaat diskutiert, sondern damals begann man die Gedanken bedeutenderer Denker (wie der erwähnten) auf ihre Praktizierbarkeit hin zu überprüfen, sie traten damit aus der sogenannten »République des lettres« heraus und in die Welt des Bürgers ein. »Connaître le monde pour se mettre en état de le changer«: mit diesem Satz hat Georges Lefebvre den geistigen Habitus dieser neuen Phase einmal äußerst treffend charakterisiert[12]. Es ging der selbstbewußt gewordenen neuen Schicht der Bourgeoisie um die Anwendbarkeit bestimmter vernunftgemäßer Prinzipien, um ihre Durchsetzung im Alltag, und längst keineswegs mehr um die Prinzipien in ihrer Abstraktheit selbst, um »Prinzipienreiterei« gewissermaßen, wie der Französischen Revolution so oft und zumal von konservativer Seite vorgeworfen worden ist.

Nachdem Groethuysen die Wandlung des allgemeinen Denk- und Argumentationsmodus im Verlauf der Aufklärung am Beispiel der erwähnten »philosophes« und bestimmter von ihnen bevorzugter Gegenstände deutlich gemacht hat, wendet er seine Aufmerksamkeit diesem langwierigen und komplizierten geistigen Umsetzungsprozeß zu. Hier wird nun sein eigenwilliger, der Sache überraschend adäquater Darstellungsstil besonders augenfällig. Der Autor selbst tritt gänzlich zurück. Er nimmt nicht Stellung, kritisiert niemals von einem Standpunkt außerhalb des dargestellten Zusammenhangs aus, sondern geht jetzt ausschließlich in der Form eines lockeren, leicht faßbaren und gleichzeitig äußerst konzentrierten Dialogs vor, den er sozusagen mit sich selbst führt: einerseits legt er etwa die Gedanken Rousseaus, Voltaires oder die Prinzipien der Rechtsgleichheit, des Volkswillens, der Nationalsouveränität mit allen logischen Konsequenzen, die daraus entspringen, dar; andererseits äußert er selbst all jene Zweifel, Einwände, Fragen, mit denen der diesen abstrakten Prinzipien konfrontierte Bürger zunächst reagierte. Er baut selbst die gedanklichen Mauern auf, die der Verwirklichung dieser Prinzipien zuerst entgegenstanden, doch nur, um sie in der Weise allmählich abzutragen, die auch das Vorgehen des Bürgers der zweiten Hälfte des 18. Jahrhunderts kennzeichnete, und die er aus jahrzehntelangen Quellenstudien intim kennt.

12 Georges Lefebvre: Le despotisme éclairé. In: Annales historiques de la Révolution française. Bd. 21 (1949), 97–115, 100.

Groethuysen führt diese Quellen in der »Philosophie der Französischen Revolution« nicht im einzelnen auf, aber es gelingt ihm weitgehend, auch ohne diesen Nachweis den geistigen Prozeß glaubhaft darzustellen, dank dessen die Adaptierung der abstrakten Prinzipien an die Welt des Bürgers in Gang kam: denn die Willenskräfte des Bürgers kapitulierten nicht vor dem Problem der zunächst offenkundigen Undurchführbarkeit der Prinzipien der Vernunft, wie sie sich ihm präsentierten, sondern sie suchten planvoll nach Wegen, auf denen einmal diese Prinzipien modifiziert und zugleich die sozialen und politischen Verhältnisse diesen modifizierten Prinzipien angepaßt werden konnten.

Im Verlauf dieses in Gang geratenden dialektischen Prozesses änderte sich jedoch gleichzeitig das Bewußtsein des Bürgers: sein Selbstgefühl wuchs, die Vorstellung von der Machbarkeit der Welt nahm zu, die Ablehnung des nicht durch die Vernunft Legitimierten, zumal des historisch Gewordenen, Überkommenen gewann mehr und mehr die Oberhand in ihm, und all dies geschah nicht dank der selbstwirkenden Evidenz der Prinzipien, sondern weil ihre Vernünftigkeit eben der Interessenlage des Bürgers entsprach. Es ist dies Ganze ein komplexer Vorgang von ineinander verschränkten Prozessen der Bewußtseinsveränderung des Bürgers, der Konfrontation seiner sozialen und politischen Welt mit den von ihm bejahten Prinzipien der Vernunft und der allmählichen Annäherung all dieser Entwicklungen aneinander, indem sie sich gegenseitig beeinflussend gleichzeitig veränderten. Und diesen komplexen Vorgang stellt Groethuysen ganz aus seiner inneren Logik heraus dar, indem er den Leser mitten hineinversetzt, ihn zum Mitdenkenden, zum Mitakteur werden läßt, ohne dessen Teilnahme der stete Dialog, ja – so befürchtet man fast – die Entwicklung selbst steckenbliebe. Und all dies geschieht im höchsten Maße einfühlend, in ständigem Weiterschreiten, ohne die geringste leere Abschweifung, anspruchsvoll, dabei immer klar und durchsichtig.

Die Quintessenz der Philosophie der Französischen Revolution findet sich nach Ansicht Groethuysens in der Erklärung der Menschen- und Bürgerrechte vom August 1789. Dieser »Kodex der revolutionären Theorie« beinhaltet die zwei bedeutendsten Prinzipien des vernunftgemäßen Naturrechts: das Recht auf Freiheit und das Recht auf Gleichheit.

Im privaten Bereich waren beide Rechte verhältnismäßig einfach zu verwirklichen: »Jeder muß gleich sein, mit demselben Anspruch in allem, was sein Eigentum betrifft, in seiner wirtschaftlichen und geistigen Produktion« – das hieß in der Praxis von 1789 völlige rechtliche Gleichstellung aller Bürger und Garantie des freien Eigentums. Für die Verwirklichung beider Forderungen fanden sich die Rechtsbegriffe im römischen Zivilrecht. Es ergab sich lediglich die Aufgabe, dieses Zivilrecht von einer kleinen Anzahl von Bürgern auf alle Individuen auszudehnen. Groethuysen sieht freilich weiter: die vom Naturrecht ausgehende Kritik an der Gesellschaftsordnung des Ancien régime mußte alle Versuche, die Prinzipien der Freiheit und der Gleichheit bis zur letzten Konsequenz zu verwirklichen, zu sozialistischen Vorstellungen führen, etwa zu den Plänen Babeufs oder Buonarottis. Für ihn gehören allerdings solche Vorstellungsbereiche nicht in die »Philosophie der Französischen Revolution«[13]. Hier wird überraschend deutlich, wie konsequent der Autor diese Philosophie nur als Systematisierung des revolutionären »esprit bourgeois« verstanden wissen will. Auf die Problematik einer solchen Eliminierung sämtlicher sozialistischer Ideen aus der »Philosophie der Französischen Revolution« wird noch zurückzukommen sein.

Was jedoch die Verwirklichung des Naturrechts bei der Organisation des Staates, also im öffentlichen Recht, angeht, so waren keinerlei Traditionen vorhanden, auf die man sich hätte stützen können. Die Aufgabe war also, aus vielerlei gedanklichen Ansätzen und theoretischen Teilstücken ein öffentliches Recht zu schaffen, einen Staat zu konstituieren, in dem es nichts gab, das nicht auf das Naturrecht zurückgeführt werden konnte. Das hieß in der Praxis eine durch und durch rationale Gestaltung des öffentlichen Lebens, Unterwerfung einer jeden Lebensäußerung unter für alle gleich verbindliche, vernünftige Gesetze. Die Kunst der Gesetzgebung galt so von vornherein als die Beherrschung des Instrumentariums, um eine vernünftige Gesellschaftsordnung durchzusetzen.

Diesem Zweck dienten die über zweijährigen Verfassungsdebatten der Assemblée constituante von 1789–1791, die Ernst Fraenkel einmal zu Recht als das größte verfassungstheoretische Seminar aller Zeiten bezeichnet hat. Das Kapitel, in dem Groethuysen diese Problematik behandelt, ist sicher eines der bedeutendsten in seinem Buch. Er stellt darin die theoretischen Schwierigkeiten dar, die sich bei der Abgrenzung des öffentlichen Rechts gegenüber dem Privatrecht ergaben, zumal bei der Konfrontation

13 Groethuysen beschreibt das Denken der Revolution über diese Konsequenz mit folgenden Worten: »Gewiß, man hatte sich schon zu Beginn der Revolution gefragt, ob der, der nichts besaß, nicht in moralische Abhängigkeit von dem geriet, der Besitz hatte, ob eines Teils seiner natürlichen Freiheit verlustig ging, ob von einer Gleichheit der Rechte zwischen Armen und Reichen gesprochen werden konnte. Man hatte sich jedoch mit der Hoffnung getröstet, daß im Rahmen der neuen Ordnung jeder Arbeiter, der sich ernsthaft bemühte, es eines Tages dazu bringen werde, selber Eigentümer zu sein, daß die neu errungene Freiheit zu einer besseren Eigentumsverteilung führen und der Kleinbesitz zunehmen werde. Man nahm sich vor, mit allen Kräften auf dieses Ziel hinzuarbeiten« (S. 138).

der in den »Menschen- und Bürgerrechten« garantierten Rechte des Individuums mit den Tendenzen zur Staatsallmacht, die sich aus einem vorgestellten, der Staatsorganisation zugrunde gelegten Contrat social, aus den Prinzipien der Volkssouveränität und eines einheitlichen allverbindlichen Gemeinwillens logisch herleiteten. So wurde das System des öffentlichen Rechts der Revolution aus praktischen Erwägungen ein zäh erarbeiteter Kompromiß, der einerseits die Konsequenzen des Repräsentativsystems und andererseits die einer echten plebiszitären Volonté générale zu umschließen suchte. Groethuysen stellt hierbei knapp und einsichtig das Spannungsfeld dar, in dem sich die theoretischen Diskussionen bewegten und dank der naturrechtlichen Prämissen bewegen mußten. Er verschweigt nicht, daß viele Fragen offen, viele prinzipielle Ansätze in der Praxis undurchführbar blieben und so zu späteren neuen Spannungen Anlaß gaben[14].

So ist Groethuysens »Philosophie der Französischen Revolution« letztlich kein geschlossenes System, obwohl sie eine Systematisierung des Alltagsgedankenguts der Jahrzehnte vor der Revolution und der Hauptargumentationen der Revolution selbst (allerdings im wesentlichen der Assemblée constituante) darstellt. In der gedanklichen Anlage, in der weiträumigen Gliederung des Stoffes, in der einfühlenden Darstellung, die nur systemimmanente Kritik zu Wort kommen läßt, ist diese »Philosophie der Französischen Revolution« bis heute ein Einzelstück in der umfangreichen Produktion der Revolutionshistorie geblieben. Und es scheint, als würde sie das auch weiterhin bleiben, da diese Revolutionshistorie gegenwärtig andere Wege geht, als sie Groethuysen einschlug.

Freilich ergibt sich von einem solchen Fazit her die Forderung, auch nach dem Stellenwert der Groethuysenschen »Philosophie der Französischen Revolution« im Rahmen der gesamten modernen Bemühungen um Erforschung und Deutung der Französischen Revolution zu fragen.

Denn die Revolutionshistorie ist, wie angedeutet, seit Groethuysen nicht stehengeblieben. Sie hat seither ganz im Gegenteil — besonders seit dem Zweiten Weltkrieg — einen starken Aufschwung genommen, sie hat ihre Methoden differenziert und viele ältere Aussagen über die Revolution

---

14 Gerade über diese Problematik liegt eine ganze Reihe von Untersuchungen vor, die ausnahmslos in deutscher Sprache erschienen sind. Vgl. Egon Zweig: Die Lehre vom Pouvoir constituant. Tübingen 1909; Robert Redslob: Die Staatstheorien der französischen Nationalversammlung von 1789. Leipzig 1912; Karl Loewenstein: Volk und Parlament nach der Staatstheorie der französischen Nationalversammlung von 1789. Studien zur Dogmengeschichte der unmittelbaren Volksgesetzgebung. München 1922, Nachdr. Aalen 1964; Christoph Müller: Das imperative und das freie Mandat. Leiden 1966.

dank erneuter, gründlicher Quellenstudien revidiert. In diesem größeren Rahmen nimmt die vorliegende »Philosophie der Französischen Revolution«, wie zu erwarten, keinen gänzlich unumstrittenen Rang ein. Doch das tut kein Werk innerhalb der Zunft.

Ein erster Ansatz zur Kritik liegt sicherlich in der Groethuysenschen Bezeichnung seines Gegenstandes selbst. In den Augen des Autors existiert eine »Philosophie« *der* Französischen Revolution: für ihn ist das die Quintessenz der vernunftgemäßen Prinzipien der Revolutionäre, die systematisierte Gedankenwelt, die das Handeln der Französischen Revolution bestimmte und auf diese Weise das Ancien régime liquidierte, so wie es der Welt des Bürgers entgegenstand, zum Beispiel als Soziallehre der katholischen Kirche, als feudales Bewußtsein des privilegierten Adels, als Regierungsapparat der Krone, als Legitimierung der Herrschaft dieser Krone durch das Gottesgnadentum. So erscheint das Denken und Handeln der Revolutionäre bei Groethuysen als ein einheitliches Phänomen. Die Revolution selbst ist dementsprechend ein kompakter Vorgang, ein tief in der Geschichte angelegtes Ereignis, das sozusagen aus dem »esprit bourgeois« entsprungen sei. Clemenceaus vielzitiertes Wort von 1897 – »la Révolution est un bloc« – kennzeichnet diese Grundhaltung Groethuysens zutreffend. Sie liegt unbesehen seiner ganzen Arbeit zugrunde.

Groethuysen ist bei weitem nicht der einzige Historiker der Revolution, der diese »Blockthese« unreflektiert übernommen hat. »Dieses berühmte Wort Clemenceaus«, hat Herbert Lüthy einmal gesagt, »ist das Dogma der Politiker wie der Geschichtsschreiber geblieben; sie lassen sich nichts von dem großen Mythos abmarkten, der ungeschieden und unverdaut von Generation zu Generation weitergegeben wird[15].« In der Tat kann man festhalten, daß sich an der Bewertung dieser als festgefügte Einheit verstandenen Revolution noch heute die Geister innerhalb der französischen Nation scheiden, daß jedoch die viel wichtigere Frage einer quellenorientierten historischen Differenzierung des Revolutionsphänomens kaum je zur Diskussion steht.

Demgegenüber hat die moderne – zumal außerfranzösische – Revolutionshistorie inzwischen triftig dargelegt, daß die Französische Revolution unter welchem Gesichtspunkt auch immer keine Einheit dargestellt hat: aus soziologischer, kollektivpsychologischer wie ideologischer Warte zerfällt sie in eine Vielzahl von Vorgängen, die zwar ineinandergreifen und sich gelegentlich auch bedingen, die aber auf keinen einfach zu formulie-

15 Herbert Lüthy: Frankreichs Uhren gehen anders. Zürich–Stuttgart–Wien ¹1954, ⁴1958, 31.

renden Nenner zu bringen sind. Damit fällt selbstredend die Vorstellung, daß eine »Philosophie« *der* Revolution, einer einheitlichen Französischen Revolution, überhaupt formuliert werden kann. In der Tat gab es in den Jahren 1789–1799 eine solche Fülle von konkurrierenden Programmen, Gedankengängen und geistigen Lebensäußerungen, daß sie insgesamt wohl überhaupt nicht zu systematisieren sind.

Doch dieser bedeutsamen Wahrnehmung entgeht Groethuysen auf Grund seiner spezifischen Arbeitsweise, und hier liegt ein zweiter möglicher Einwand gegen seine »Philosophie der Französischen Revolution«. Diese Arbeitsweise hat ihn ersichtlich zu wenig mit den Quellenbeständen und den vorhandenen Forschungen konfrontiert, die das praktisch-politische Handeln der Revolution und ihrer einzelnen Phasen, ihrer einzelnen Akteure betreffen. Denn sonst hätte er die außerhalb des großen Stroms bürgerlichen Denkens liegende diffuse Gedankenwelt der Jahre nach 1789 in seine Arbeit einbeziehen müssen. Doch Groethuysens »Philosophie der Französischen Revolution« ist offenbar aus dem Kopf in einem einzigen Zug niedergeschrieben. Sie basiert auf intensiven Quellenstudien über die Entstehung der bürgerlichen Welt- und Lebensanschauung, auf sicherer Kenntnis der großen Denker der Aufklärung sowie auf ebenso sicherer Kenntnis der großen verfassungstheoretischen Debatten der Assemblée constituante von 1789 bis 1791. Aus diesem Material hat Groethuysen intuitiv seine »Philosophie der Französischen Revolution« entwickelt. Das hat für den Leser große Vorteile: der Text des Autors ist brillant formuliert, er ist kohärent und deshalb leicht faßbar. Der Verzicht auf trockene Belege dient der Einheit der Darstellung. So ist Groethuysens Buch das Gegenteil eines Lehrbuchs und doch in eminenter Weise pädagogisch. Aber seine Verfahrensweise hat den Autor auch dazu verführt, jeweils dort, wo sich in der historischen Realität die Entwicklungen komplizierten – und das taten sie unzählige Male –, den Faden der Darstellung rein gedanklich weiterzuspinnen, bis die Ereignisse wieder damit zusammenstimmten. Ob sie das zufällig oder auf Grund einer immanenten Logik der Geschichte taten, erfährt der Leser nie genau; er muß aber das zweite annehmen.

Dementsprechend ist bei Groethuysen nie von anderen Ursachen der Revolution als von denkerischen die Rede, nie von Faktoren, die in Personen oder in Zufällen und sprunghaften, unvorhersehbaren Entwicklungen lagen, desgleichen nie von kontroversen Programmen und inhaltlich voneinander abweichenden Phasen der revolutionären Entwicklung. So übergeht er auch, wie bereits erwähnt, alle sozialistischen Gedanken-

gänge bei Darstellung seiner »Philosophie der Französischen Revolution«
(und solche Beispiele ließen sich vermehren), wie er denn überhaupt die
Phase des Konvents, der Jakobinerherrschaft, die Prinzipien der Verfassung von 1793 so gut wie außer acht läßt. Groethuysens Blick ist vielmehr
auf die Assemblée constituante fixiert und damit sehr einseitig auf die
Verwirklichung der Forderungen der Bourgeoisie, deren historischer Spezialist er ist. Aber er übersieht dabei, daß er auf diese Weise nur die Phase
der konstitutionellen Monarchie behandelt, die in der modernen Revolutionsforschung bezeichnenderweise »la Révolution bourgeoise« oder »la
Révolution de la Liberté« heißt, während er die zweite, radikale Phase
der Revolution, die der »Révolution de l'Egalité« und damit die der Herrschaft des Comité de salut public von 1792–1794 einfach übergeht.

Dennoch sind die Darlegungen Groethuysens alles andere als unzutreffend. Sie sind nur zu ausschließlich auf die gesamte Revolution gemünzt,
während sie in Wirklichkeit lediglich auf einen Teil des revolutionären
Denkens zutreffen und deshalb vielleicht besser »Philosophie der Französischen Revolution während der Phase der konstitutionellen Monarchie«
hießen. Es scheint, als habe Groethuysens lebenslange Beschäftigung mit
dem frühen Bürgertum zu dieser beträchtlichen Verengung seiner historischen Optik geführt: in der neueren Revolutionsforschung ist man einhellig
der Meinung, daß das Werk der Assemblée constituante, die – bürgerliche –
Verfassung von 1791, gerade daran gescheitert sei, daß sie die Menschen-
und Bürgerrechte von 1789 zu einem reinen Lippenbekenntnis verdammte.
Infolge der Einführung des Zensuswahlrechts ließ sie praktisch nur den
Besitzbürger zu politischer Aktivität zu. Die Bourgeoisie schloß so schon
1791 die Masse der Franzosen von jeder Beteiligung an der politischen
Macht aus, und gerade dagegen richteten sich die Ereignisse seit Herbst
1792, die dann konsequent zu einem egalitären Wahlrecht und zum Versuch der sozialen Nivellierung führten. So kann von einer Einheit des
revolutionären Denkens, der revolutionären Programme, der revolutionären Akteure, der revolutionären Aktionen im Rahmen der sogenannten
»Französischen Revolution« keine Rede sein. Diese immense Differenzierung des Phänomens »Revolution« kann jedoch Groethuysen, für den die
»Philosophie der Französischen Revolution« die Inkarnation des *bürgerlichen* revolutionären Denkens ist, nicht wahrhaben, einmal wegen seines
vorwissenschaftlichen Popularverständnisses von »Revolution«, und zum
anderen auf Grund seiner intuitiven Verfahrensweise bei Behandlung
seines Gegenstandes.

Liegt in diesem Umstand die Schwäche der wissenschaftlichen Position

Groethuysens, so ist von daher dennoch keineswegs ein ablehnendes Urteil über die vorliegende »Philosophie der Französischen Revolution« begründet. Dieses Werk muß nur als das genommen werden, was es ist: eine intuitiv erarbeitete (und das heißt: in den Aussagen großenteils hypothetische) Darstellung des Wirkens des »esprit bourgeois« als herbeiführender Faktor der Revolution von 1789, soweit sie zur Errichtung der konstitutionellen Monarchie führte. Die Arbeit verfolgt in idealtypischer (und eben nicht in realtypischer) Weise den Hauptstrom bürgerlichen Denkens, der sich letztlich erfolgreich um Durchsetzung des modernen liberalen Verfassungsstaates bemüht hat. Denn aufs ganze gesehen hat sich nur dieser Hauptstrom verfassungsgestaltend auf das europäische 19. Jahrhundert ausgewirkt. Das radikal-egalitäre Denken der Französischen Revolution dagegen ist erst in unserem 20. Jahrhundert zur vollen politischen Durchsetzung gekommen. So ist aus einer umfassenderen Sicht die Französische Revolution in der Tat der Triumph des Typus des Bürgers über einen früheren Menschentypus gewesen, über seine Institutionen, seine soziale Ordnung und seine Weltanschauung. Groethuysen hat diesen Zusammenhang klar gesehen, und er hat das Denken dieses Menschentypus (nicht der wirklichen historischen Akteure) in eindringlicher, nachvollziehbarer Weise systematisiert. Darin liegt seine große Leistung. Unter diesem Gesichtspunkt gibt es kein Werk, das dem seinen an die Seite zu stellen wäre.

Namensverzeichnis

Bitte beachten Sie
die folgenden Seiten

Geschichte des Sozialismus

Herausgegeben von
Jacques Droz

ein Ullstein Buch

Geschichte der Philosophie

Herausgegeben von
François Châtelet

ein Ullstein Buch

Gaston Bachelard

Epistemologie

Ausgewählte Texte

Ullstein Buch 3099

Gaston Bachelard (1884—1962) hat einen entscheidenden Einfluß auf das zeitgenössische Denken in Frankreich ausgeübt. Seine theoretischen Einsichten prägten so bekannte Wissenschaftler wie M. Foucault und L. Althusser. »Epistemologie« ist ein wichtiger Beitrag zum Verständnis des französischen Strukturalismus und seiner Auswirkungen.

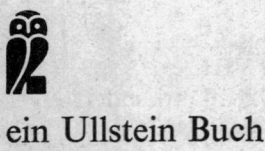

ein Ullstein Buch

Johann Gottlieb Fichte

Schriften zur Revolution

Herausgegeben und
eingeleitet von
Bernard Willms

Ullstein Buch 3001

In seinen politischen
Frühschriften zeigt sich
Fichte nicht als der
nationalistische Agitator, für
den er später gehalten
werden konnte, sondern als
radikaler Verfechter des
Naturrechtsdenkens der
Aufklärung und als
bürgerlich-revolutionärer
politischer Theoretiker.

ein Ullstein Buch

**Philosophische Texte
Luchterhand**

Herausgegeben von
Hans Heinz Holz
(Marburg), Alessan-
dro Mazzone (Messi-
na/Rom) und Helmut
Plessner (Erlenbach
bei Zürich)

Galvano Della Volpe
Rousseau und Marx
Übersetzt und eingeleitet von Nicolao Merker. PhT 1.
Der bedeutende italienische marxistische Philosoph wird mit
diesem Werk in die marxistische Auseinandersetzung einge-
führt.

Klaus Peters/Wolfgang Schmidt/Hans Heinz Holz
Erkenntnisgewißheit und Deduktion
PhT 2.
Drei Grundsatzbeiträge aus der neuen „Marburger Schule"
zum Aufbau der philosophischen Systeme bei Descartes,
Spinoza und Leibnitz.

Hans Heinz Holz
Logos spermatikos
Ernst Blochs Philosophie der unfertigen Welt
PhT 3.
Form und Stil. Inhalte und Aspekte. Probleme und Aporien.

Peter F. Schütze
Zur Kritik des literarischen Gebrauchswerts
Eine literaturphilosophische Untersuchung. PhT 4.
Im Mittelpunkt dieser Untersuchung steht der historisch-ge-
sellschaftliche Vermittlungsprozeß von Literatur.